«Sex oder Liebe, Orangen- oder Apfelsaft? Andauernd fühle ich mich überfordert, zaudere und scheitere an den kleinen Fragen des Alltags – und laufe durchs Leben wie ein Hamster in seinem Rad.

Deswegen habe ich mir vorgenommen, meine eigenen Erwartungen zu bremsen. Das habe ich neulich erfolgreich ausprobiert. Ich war mit Nora in einem sehr durchschnittlichen Restaurant – ich hatte es im Vorbeilaufen gesehen, und es war mir in seiner Unauffälligkeit sympathisch. Ich wusste, es würde unperfekt, aber irgendwie nett sein. Wir erlebten dann einen wundervollen Abend, schöner als alle meine Besonderheitsversuche zuvor. Selbst das Vergleichen gewöhne ich mir gerade ab. Das Wichtigste auf dem Weg zur entspannten Entscheidung: weg mit dem Satz «Hätte, hätte, Fahrradkette». Nie wieder Reue! Den Fokus auf das lenken, was ich erreicht habe, und nicht auf das, was vielleicht möglich gewesen wäre. Immer häufiger folge ich auch meiner Lieblingsband Tocotronic: ‹Mach es nicht selbst›. Andere für mich entscheiden lassen, wenn ich gar nicht mehr weiterweiß.»

Florian Schroeder (Jahrgang 1979) studierte Philosophie und Germanistik in Freiburg. Mit seiner Mischung aus messerscharfer Beobachtung, politischer und philosophischer Substanz und hintergründigem Humor spannt er federleicht den Bogen von Kant bis Facebook. Ob als Vortragsredner oder Kabarettist – Florian Schroeder begeistert bundesweit seine Zuschauer; seit Herbst 2014 ist er mit seinem neuesten Programm «Entscheidet Euch!» auf Tour. Er moderiert die SWR-Kabarettsendung «Spätschicht». Florian Schroeder lebt in Berlin.

FLORIAN
SCHROEDER

HÄTTE, HÄTTE, FAHRRADKETTE

**DIE KUNST DER
OPTIMALEN
ENTSCHEIDUNG**

Rowohlt Taschenbuch Verlag

INHALT

Originalausgabe
Veröffentlicht im Rowohlt Taschenbuch Verlag,
Reinbek bei Hamburg, November 2014
Copyright © 2014 by Rowohlt Verlag GmbH,
Reinbek bei Hamburg
Umschlaggestaltung ANY. Konzept & Design, Änni Perner
Foto Tom Oettle nach einer Motiv-Idee von Thorsten Wulff
Illustrationen und Grafiken ANY. Konzept & Design, Änni Perner
Satz Garamond Premier Pro, InDesign,
bei Dörlemann Satz, Lemförde
Druck und Bindung GGP Media GmbH, Pößneck
Printed in Germany
ISBN 978 3 499 62920 4

Das für dieses Buch verwendete Papier ist FSC®-zertifiziert.

VORWORT 8

«Nur wer alle Optionen kennt, kann optimale
Entscheidungen treffen!» **9**

ALLTAG 15

Snooze Alarm – einmal richtig aufstehen **16**

Gegen den Uhrzeigersinn – warum wir kaufen,
was wir nicht brauchen **26**

Brust oder Keule – warum falsche Entscheidungen
besser sind als gar keine **36**

Der Psychotest **48**

BERUF 57

Im Auge des Assessment-Centers – von Entscheidern,
die nicht entscheiden wollen **58**

Sicheres Geld oder warum Geld und Sicherheit
nie in einen Vertrag passen **69**

Wer bietet weniger? Warum Frauen und Männer immer
noch unterschiedlich viel verdienen **74**

Mehr oder weniger ist mehr? Der Stress
mit den ewigen Vergleichen **80**

Feierabend! **88**

PARTNERSCHAFT 97

Wenn die Zahlen entscheiden – von der
Partnersuche im Internet **98**

Wer riecht denn hier? Entscheidungen
beim ersten Mal **107**

Kings and Queens – was unsere Matratzen über unsere Beziehungen erzählen **114**

Wenn Schmetterlinge eingemottet werden – vom richtigen Schlussmachen **129**

GELD 135

Das Kaninchen vor der Schlange – warum wir schlechte Geldentscheidungen treffen **136**

Mietest du noch, oder kaufst du schon? Von effektiven Jahreszinsen und anderen Mietdschungel-Prüfungen **146**

Von Bullen und Bären – erfolgreiche Geldanlage ist kein Streichelzoo **152**

Betrügen geht über probieren – von Zalando-Zockern und Hoeneßbrüdern **158**

GESUNDHEIT 173

Heavy Metal oder wie ich Handlesen lernte **174**

Glanz und Elend der Intuition **179**

Der frühe Vogel fängt den Krebs – was bringen Screenings? **187**

OP or not OP? Wie Sie sich noch schneller ins eigene Fleisch schneiden **191**

Basic, Smart und Flexi – was Organspender mit Billigfliegern gemeinsam haben **194**

Always check six – warum jeder gute Arzt auch Pilot sein sollte **200**

Doktorspielchen – wenn Arzt und Patient gemeinsam entscheiden sollen **204**

Dr. Außer House – von Pharmapfeifen und Transplantationstricksern **209**

KINDER 217

Die Guten ins Töpfchen **218**

Ice Ice Baby – von der Abschaffung der Wechseljahre **223**

Kevin allein zu Haus – von richtigen Entscheidungen
und falschen Namen **227**

Ohne Rohmilchkäse und garantiert glutenfrei –
Notizen aus der optimalen Kindheit **236**

Nachsitzen! Wenn NSA-Eltern Lehrer spielen **242**

POLITIK 255

Die offenen Geheimnisse der Autokratie, oder
wollen wir wirklich wählen? **256**

Wählerentscheidungen **264**

Das Unheil der Politastrologen – warum
Meinungsforscher meistens danebenliegen **271**

Wählen, ohne zu wählen – wie Politiker entscheiden **280**

Einbahnstraße – woran Großprojekte scheitern **292**

Aber nur mit Helm! Warum wir Verbote so lieben **299**

EXIT

... oder vom Sterbenlassen **317**

Nachwort **340**

Anmerkungen **348**

Lektüretipps **351**

«NUR WER ALLE OPTIONEN KENNT, KANN OPTIMALE ENTSCHEIDUNGEN TREFFEN!»

Das Haus, das meiner Wohnung gegenüberliegt und eine Weile leer stand, ist wieder bezogen worden. Eine hippe Internet-Werbeagentur ist der neue Mieter. Der Claim der Firma heißt «Nur wer alle Optionen kennt, kann optimale Entscheidungen treffen». Auf der Homepage der Firma steht er unter «Philosophie».

Es handelt sich hier um einen Mobilatsatz. Er muss einwirken. Ich nehme mir vor, ihn nicht gleich in die Tonne der dummdreisten 08/15-Slogans zu kloppen, sondern ihn wie ein Brause-Bonmot auf der Zunge der Aphorismen zergehen zu lassen. Es gibt diese Momente, in denen ein Satz, eine Formulierung einen Punkt trifft. Der Moment, in dem das Lächerlichste, Übersehenswürdigste vielleicht die eigene Zukunft bestimmen wird. «Nur wer alle Optionen kennt, kann optimale Entscheidungen treffen ...» Der Satz hallt nach: Ausreichend Optionen habe ich; oft mehr, als mir recht sind. Und entscheiden kann ich mich oft trotzdem nicht. Ich gehöre zur schorlifizierten HUGO-Generation. Von allem etwas, aber nichts richtig. Ausgehen oder zu Hause bleiben, Sex oder Liebe, Orangen- oder Apfelsaft? Andauernd fühle ich mich überfordert, hadere, zaudere und scheitere an den kleinen Fragen des Alltags – und laufe durchs Leben wie ein Hamster in seinem Rad. Am Ende kaufe ich eine Rhabarbersaftschorle und fühle mich schlecht. Will ich in den Urlaub fahren, weiß ich zwar sehr zielsicher, wohin ich **nicht** will:

in die Berge, dahin, wo's kalt ist, und in die Berge, in denen es kalt ist. Daraus lässt sich geschwind ableiten, was ich will: alles, wo man wenig anhaben muss. Aber sobald es um die Wahl der Unterkunft geht, ist meine Entschiedenheit dahin, wie ein Feuer unter einem feuchten Handtuch. Die Frage «Appartement oder Hotel» bekommt schnell die Qualität höherer Mathematik. Sobald ich mich grundsätzlich entschieden habe, bin ich schon mit einer Hand im Internet, während die andere noch immer voller Zweifel zittert. Wer mich loswerden will, muss mich nur auf eines der unzähligen Vergleichsportale loslassen. Für Tage bin ich verschollen, gefangen zwischen Preisen, Sternen und Qualitäten unterschiedlicher Unterkünfte. Mehrere Wochen widme ich mich den sprachlich hingerotzten, von chronischem Legasthenie-Schimmelpilz befallenen Kommentaren der Nutzer, die das Mobiliar vor Ort womöglich so hinterlassen haben, wie sie hier schreiben: vollgekotzt und zugeschissen. Wenn ich sehe, dass das privat reisende Swingerpärchen «Knuddelknautschzone69» aus Bad Oldesloe mein erwähltes Appartement negativ bewertet hat («In der Dusche war kaine Badevanne!»), will ich da schon nicht mehr hin. Eine Spur Selbstverachtung mischt sich dann schnell in mein Tun, schließlich verachte ich Menschen, die im Internet schlecht gelaunt und frei von Takt und Ton irgendetwas kommentieren, so sehr wie sonst nur Leute, die Pilze am Wegesrand mit dem Spazierstock zertrümmern. Und jetzt lese ich freiwillig, was diese Leute schreiben, lasse mich von ihnen leiten, spreche ihnen Kompetenz und Autorität zu? Das ganze Unterfangen ist so heuchlerisch wie ein Sparkassendirektor, der sein eigenes Geld in Liechtenstein bunkert. Ich tue das alles nur, weil ich mich nicht entscheiden kann. Und warum kann ich das nicht? Wahrscheinlich, weil ich stets das Beste will.

«Nur wer alle Optionen kennt, kann optimale Entscheidungen treffen.» Wollen wir wirklich alle Optionen kennen? Und können wir uns darum besser entscheiden? Das Leben als permanente Pro-und-Contra-Liste? Eher nicht. Psychologen haben herausgefunden, dass die Depressionsrate dort am höchsten ist, wo die Freiheit am größten ist. Ist Pjöngjang am Ende doch das bessere New York?

Ist das auch der Grund, warum wir uns von der Politik, ohne mit der Wimper zu zucken, vorschreiben lassen, wie wir zu leben haben, was gut ist und was schlecht? Rauch- und Trinkverbote, Lebensmittel-Ampeln in Supermärkten, Tempolimits offline (auf Straßen) und online (sobald ich es wage, die Grenzen meines Heimatlandes zu verlassen und mir, kaum über die Grenze spaziert, für ein Schweinegeld einen Roaming-Pass zulegen muss, der angeblich einen Tag gilt, aber nach einem Besuch bei Spiegel Online irgendwie schon wieder aufgebraucht ist). Der Weg zum Eingang in die selbstverschuldete Unmündigkeit ist gedrosselt, beschränkt und ausgeschildert. Lethargisch lassen wir uns leiten und sind froh, wenn es Leute gibt, die uns eine Entscheidung abnehmen. Auch wenn es «die da oben» sind, die wir eigentlich verachten. Vor lauter Möglichkeiten sehen wir die Wirklichkeit nicht mehr.

Ich beschließe an diesem kalten Morgen: Ich werde an mir selbst und an allen, die ich kenne, überprüfen, ob dieser Satz stimmt: «Nur wer alle Optionen kennt, kann optimale Entscheidungen treffen.» Ich werde jeden Winkel des Lebens ausleuchten: vom Aufstehen bis zum Schlafengehen, vom Einkauf über den Arztbesuch bis zur großen Politik. Kaufen oder mieten? Geld oder Liebe? Kopf oder Zahl? Wie entscheiden wir? Mit dem Bauch? Oder doch für den Arsch? Ich betreibe fortan Seelen-Feng-Shui: Alles wird neu ein- und wieder ausgerichtet, irgendwie Richtung Fenster. (Schwierig ist das nur, wenn man mit seinem Ich in einer WG im Souterrain lebt. Dann ist man im inneren Pjöngjang angekommen Ich muss nur lernen, damit klarzukommen.) Und das heißt im ersten Schritt: nie mehr Jein, nie mehr Rhabarbersaftschorle, nie mehr zwischen allen Stühlen, sondern einfach auch mal Platz nehmen und einen Zitronensaft trinken. Frisch gepresst.

Mein morgendliches Ritual ist das Radio. Richtig schöner kulturloser Dudelquasselfunk mit vielen Gewinnspielen und ab und zu ein paar leichtverdaulichen Infohäppchen, damit ich weiß, welche Sau heute durchs Dorf gejagt wird, um später im Mittagsmagazin geschlachtet, in den Tagesthemen verspeist und morgen früh in den Zeitungen noch einmal halbverdaut in die Dorfkloake geklatscht zu werden. Längere Gespräche mit Vizefraktionsvorsitzenden aus der Politgockel-Legebatterie ertrage ich um diese Zeit nur unter Schmerzen. Ich frage mich: War das Radioeinschalten ausgerechnet dieses Senders schon eine Entscheidung, oder lasse ich diese Sitte einfach so halbzufrieden laufen wie andere Leute ihre Ehe? Zu meiner Eigenerbauung beschließe ich, dass es sich hier um eine Entscheidung handelt, und zwar eine ganz bewusste.

Warum muss ich überhaupt optimale Entscheidungen treffen, denke ich so vor mich hin. Ist fürs Erste nicht mehr gewonnen, wenn ich mich überhaupt einmal entscheide? Woher kommt diese Sehnsucht nach dem Optimum? Was löst es aus? Bessere Entscheidungen oder doch eher Angst vor Entscheidungen?

Während ich so dasitze, serviert mir das Radio den Song «Echt» von Glasperlenspiel, der neuen Band von Hermann Hesse, dem alten Narziss. Aus Langeweile höre ich zum ersten Mal auf den Text dieses Songs: «Ich erwart' nicht viel von diesem Moment. Ich will, dass er perfekt ist, dass er echt ist.»

Ich muss spontan an die Internetwerber denken: Wer einen perfekten Moment will, muss zuvor eine optimale Entscheidung treffen. Ob Glasperlenspiel den Jungs ihren Claim verpasst haben? Vielleicht stecken die unter einer Decke. Ich bin kurz vor dem Entwurf einer Weltverschwörungstheorie. Aber Verschwörungstheoretiker müssen auch Vizefraktionsvorsitzende im Radio ertragen. Darum verbiete ich mir diese Idee und denke weiter auf Glasperlenspiel herum: Dass ich von einem Moment nicht viel außer Perfektion erwarte, ist – vorsichtig ausgedrückt – ein Widerspruch, der argumentationslogisch zum Himmel schreit. Das ist so, wie wenn ein Fußballspieler sagt: Wir erwarten von dieser Begegnung nichts, nicht einmal Tore – nur den Sieg. Wenn ich Perfektion erwarte, erwarte ich schon sehr viel – möglicherweise zu viel. Als Mann kann ich ein Dudelfunklied davon singen: Will ich meiner Freundin den absolut perfekten Abend mit 4-Gänge-Menü, Kerzenschein, Kamin und Kerzen im Kamin bescheren, ist die Gefahr recht groß, dass gerade die Erwartung die Stimmung tötet. Große Erwartungen und große Enttäuschungen sind Nachbarn in der monokulturellen Hausgemeinschaft der Optimierung.

Dennoch ist es das große Ziel heute: Optimale Entscheidungen treffen, um ein perfektes Leben zu führen. Aber optimale Entscheidungen haben einen Haken: Es finden sich immer Gründe, warum sie noch nicht ganz optimal waren. Das Optimum ist ein Wert, dem man sich zwar annähern, ihn aber nie erreichen kann. Das Optimum ist die Fata Morgana unter den Entscheidungen, in ihm wohnt die Melancholie des Vollendeten, das sich immer entzieht. Das bringt mich in den Kreislauf der Optimierung: Ich muss mich mit jeder Entscheidung weiter optimieren, um noch optimalere Entscheidungen zu treffen und immer so weiter. Optimierung ist das Heroin des Perfektionsjunkies.

Während ich so versonnen auf den Rosinen meines Müslis herumkaue, höre ich die Glasperlenspiel-Zeile zum vierten Mal: «Ich erwart' nicht viel von diesem Moment. Ich will, dass er perfekt ist, dass er echt ist.» Der zweite Widerspruch ist der Anspruch an Echtheit: Das Perfekte ist selten echt und das Echte selten perfekt. Perfekte, makellos schöne Frauen haben zumeist ja alles Echte verloren. Sie sind im schlimmsten Falle künstlich, im besten einfach nur glatt. Charakter dagegen, Ausstrahlung, speist sich aus dem Unperfekten: aus Brüchen und Wunden, aus Spuren, die das Scheitern hinterlassen durfte. Scheitern aber ist in unseren Breitengeraden nicht vorgesehen. Wie auch, wenn es stets ums Optimale geht.

Den Gesetzen des modernen Chartplastik-Hits folgend, müsste der Song innerhalb der nächsten dreißig Sekunden zu Ende sein. Ich erwarte nichts mehr von ihm, erst recht nichts Echtes, geschweige denn etwas Perfektes. Aber dann – Überraschung – kommt unverhofft ein wenig Sinn aus den Zwischenräumen der Zeilen gestolpert: «Für diesen einen Augenblick sind alle meine Zweifel weg», singt das Stimmchen da und ahnt nicht, welch große Wahrheit es hier gelassen vorträllert. Der Zweifel ist die andere Seite der Optimierungsmedaille. Mit jedem Schuss Optimierung, den ich mir setze, steigt die Angst, zu scheitern, nicht optimal genug zu sein, und mit der Angst das Bedürfnis, sich noch weiter zu optimieren. Je weiter ich die Spirale drehe, umso größer wird die Angst vor dem, was nicht vorgesehen ist: dem Absturz. Vielleicht müsste ich, statt entscheiden zu lernen, besser scheitern lernen. Ich beschließe spontan, zum Innovationsführer zu werden, und möchte die Scheiter-App entwickeln. Mit einem lustigen Scheiterhaufen als Bild. Als interaktives Element bekommt der Käufer das Spiel «Lücke im Lebenslauf» mitgeliefert, eine Art «World of Warcraft» für ewige Studenten. Wer dreimal hintereinander reinfällt, hat verloren und wird mit der Höchststrafe des Smartphone-Users bestraft: Das Handy schaltet sich für mehrere Stunden aus.

1. Kapitel
ALLTAG

snoozen

aufstehen

SNOOZE ALARM – EINMAL RICHTIG AUFSTEHEN

Aufstehen ist die erste Entscheidung des Tages, finde ich. Ich neige dazu, früh und vor allem schnell aufzustehen. Es gab schon Tage, da bin ich erst aufgewacht, als ich mir schon die Zähne geputzt hatte. Warum das so ist, kann ich nur bedingt beantworten. Wahrscheinlich will ich wenigstens am Anfang des Tages eine optimale Entscheidung getroffen haben. All die anderen Optionen, von mehrmaligem Umdrehen bis zur Frühlektüre der Zeitung auf dem iPad, sind nur Aufschieben für Anfänger.

Meist erwache ich, blinzle und schaue auf die Uhr, um zu sehen, wie lange ich noch habe, ehe das Weckerzertrümmern rechts neben mir seinen unheilvollen Lauf nimmt. Meine Freundin Nora ist bekennende Snoozerin. Der Wecker klingelt bis zu zehnmal, bis sie endlich aufsteht. Und das Schlimme: Von Klingeln zu Klingeln wird ihr Ärger über das Ding auf ihrem Nachttisch größer. Sie hat schon ganze Tage damit verbracht, alle drei Minuten auf die Snooze-Taste zu hämmern, um danach zu behaupten, sie habe endlich mal wieder richtig ausgeschlafen. Gäbe es Amnesty International für Haushaltsgeräte, müsste sie sich vor dem Internationalen Gerichtshof für Elektrorechte verantworten – wegen Verbrechen gegen die Häuslichkeit.

Verschlafene Tage im Bett sind mir ein Grauen. Einmal habe ich zu Nora gesagt: «Während du snoozt, werden in China ganze Großstädte aus dem Boden gestampft. Selbst die Kanzlerin sitzt schon seit mindestens 1 ½ Stunden in Amt und Würden und hat, während du selig vor dich hin schlummerst, schon drei

Hilfspakete geschnürt, achtzehn Rettungsschirme aufgespannt und vierunddreißig Staatssekretären ihr vollstes Vertrauen ausgesprochen.» Die Müllabfuhr war schon da, und der Postbote irrt auch schon seit Stunden verzogenen Mietnomaden hinterher. Und Madame? Liegt weiter im weiblichen Wachkoma. Nora hingegen meint, mein Stehaufmännchen-Gehabe sei präsenile Bettflucht mit neurotischen Zügen. Auch wenn ich erst um 6 Uhr ins Bett gekommen bin, wache ich zweieinhalb Stunden später wieder auf, pünktlich wie jeden Tag.

Ist Aufstehen wirklich eine Entscheidung? Oder einfach eine Notwendigkeit? Irgendein schlauer Kopf hat doch mal gesagt, Freiheit sei Einsicht in die Notwendigkeit. Dann wäre mein täglicher Entschluss, die Augen aufzumachen und den Tag in meine Welt hineinzubitten, schon ein Akt der Freiheit und damit eine Entscheidung. Der Philosoph Isaac Berlin unterschiedet zwei grundsätzliche Arten von Freiheit. Freiheit von etwas und Freiheit zu etwas. *Freiheit von* bezeichnet Freiheit von Zwängen. Wenn ich in einem Land lebe, in dem ich nicht drangsaliert und nicht schikaniert, nicht geschlagen und nicht getreten werde, bin ich zwar frei von Unterdrückung, aber ich habe mich noch nicht entschieden. Ich habe meine Freiheit noch nicht genutzt. Das geschieht erst, wenn ich die *Freiheit zu* etwas gebrauche. Zum Beispiel dazu, in ein anderes Land zu fahren, eine Beziehung einzugehen oder es bleibenzulassen, aufzustehen oder eben liegen zu bleiben.

Verdammt schwere Gedanken für den Start in einen Tag und zu einem Zeitpunkt, als die grellgrünen Digitalziffern meines Weckers erst die Zahlen 08:16 anzeigen. Wenn ich eine Entscheidung treffen will, brauche ich mindestens zwei Optionen, nur dann habe ich die Wahl. Wenn die Kanzlerin also sagt, es handele sich um eine «alternativlose Entscheidung», ist das geistiger Dünnpfiff, der die Luft vernebelt, ein Fall fürs Sprachendlager: Es ist ein Oxymoron, wie der Hobbygermanist sagt, das rhetorische Rauschmittel der Hadernden und Zaudernden, die aus Hassliebe zu sich selbst Eile mit Weile bevorzugen und danach auf dem Trockenen schwimmen.

Forscher sagen, dass wir bis zu 100 000 Entscheidungen am Tag treffen, von denen wir die allermeisten gar nicht mitkriegen. Der Weg zur Arbeit läuft nach Schema F, wir können uns auf andere Dinge konzentrieren, wie das Radio rechtzeitig umzuschalten, wenn überraschend Glasperlenspiel aus den Boxen jault.

Das menschliche Gehirn sucht nach dem Bekannten und Gewohnten, um den kognitiven Aufwand in Grenzen zu halten. Der Psychologe und Wirtschaftsnobelpreisträger Daniel Kahneman unterscheidet zwei mentale Systeme: System 1 ist das intuitive, ich nenne es die Bauchwelt. Sie arbeitet automatisch und schnell. Sie kommt zum Einsatz, wenn Nora entdeckt, dass ich den Müll nicht heruntergebracht habe. Innerhalb von Millisekunden erkenne ich, wie sich ihr Gesicht verfinstert, sehe die Wut, die ihre sonst so sanft geschwungenen Gesichtszüge schlagartig zu einem kaum bezwingbaren Bergmassiv der Aggression macht. System 2, die Kopfwelt, dagegen ist zuständig für komplexe Aufgaben, die unsere Konzentration beanspruchen. Wenn es darum geht, jemandem meine Telefonnummer zu nennen, nur blonde Frauen in einer Menschenmenge zu finden oder meine Steuererklärung zu machen, dann bin ich gefordert, muss den intuitiven Autopiloten ausschalten und die manuelle Bedienung hochfahren.

Die Bauchwelt ist zwar effektiv, aber auch abhängig von Erfahrungen und Assoziationen und entsprechend anfällig für Fehler. Die Kopfwelt dagegen ist genauer, erfordert aber viel Aufmerksamkeit und Selbstkontrolle. Menschen, die Entscheidungen treffen müssen, die hohe Selbstkontrolle erfordern, neigen deutlich stärker zu Erschöpfung: Das Ergebnis einer Studie mit

Bewährungsrichtern in Israel zeigt, dass satte Richter zwei Drittel aller Anträge auf vorzeitige Entlassung bewilligten, hungrige Richter nur halb so viele. Ein niedriger Blutzuckerspiegel sorgt also dafür, dass sie auf die Standardoption, nämlich Ablehnung der Anträge, zurückgreifen. Wenn Sie also ein Verbrechen planen und bald vor Gericht stehen, schauen Sie, dass Ihr Prozess nach dem Mittagessen stattfindet. Sollte er vorher angesetzt sein, bringen Sie ausreichend Traubenzucker mit.

Wenn wir schon beim Essen sind: Auch im Restaurant treffen wir zunächst stereotype Entscheidungen, die unseren geistigen Stress in Grenzen halten. Vorspeise oder nicht? Fisch oder Fleisch? Am Ende nehmen wir doch immer das Gleiche, weil wir es kennen. Experimente haben gezeigt, dass Figuren, die Menschen häufiger gezeigt wurden, ihnen auch besser gefallen. Damit dürfte auch die seltsame Prominenz zahlreicher hauptberuflicher Show- und Hochglanzrandbegabungen entzaubert sein: Wer sowohl in bunten Blättchen als auch auf roten Teppichen und in Talkshows Präsenz zeigt, wird, wenn er sich nicht kolossal danebenbenimmt, früher oder später eine Fangemeinde um sich scharen. Boris Becker verdankt seinen Status nach dem Ende seiner Tenniskarriere entsprechend ausschließlich der Faulheit unserer Gehirne.

Ist Aufstehen wirklich eine stereotype Entscheidung? Augen auf, Wecker aus, einen Fuß vor den anderen, und los geht's? Mein Morgen sieht anders aus: erst Wecker aus, dann Handy an, dann Augen auf, dann Mails checken. Ich küsse mein Handy wach und frage Facebook, wie es geschlafen hat. Und schon ist das Aufstehen im Handumdrehen zu einem hochkomplexen Akt geworden, der den ganzen Menschen fordert.

Zum Glück kriegt Nora das alles nicht mit. Snoozen hat eben doch Vorteile, würde sie jetzt sagen. Ich habe ihr einmal vorgeschlagen, sie solle den ganzen Tag so angehen, wie sie aufsteht.

> Die Frage, ob uns eine unserer täglichen 100 000 Entscheidungen
> überhaupt bewusst ist, hängt davon ab, wie viele Informationen
> wir brauchen, um sie treffen zu können.

100 000 ENT

REFLEKTIERTE *Entscheidungen*

Kaufen oder mieten? Trennen oder bleiben?
Geld oder Liebe? Berge oder Meer?

Stressfaktor im Kopf: 7 bis unendlich

STEREOTYPE *Entscheidungen*

«Spiegel» oder «Focus»? Fernsehen oder ausgehen?
Fisch oder Fleisch im Restaurant?

Stressfaktor im Kopf: 4

ROUTINE - *Entscheidungen*

Lacht oder weint mein Gegenüber?
Ist die Ampel rot oder grün?

Stressfaktor im Kopf: 1

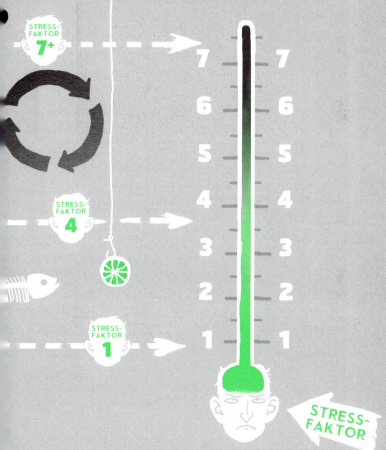

Zehnmal alle zehn Minuten die Dusche eiskalt laufen lassen und sich beim elften Mal dann bei warmem Wasser drunterstellen. Oder zwanzig verschiedene Zahnpasta-Sorten auf die Zahnbürste drücken, von denen sie schon vorher weiß, dass sie sie nicht benutzen wird. Oder das Notebook hundertmal hintereinander an- und wieder ausschalten, einfach, um die Arbeit noch nicht beginnen zu müssen. Säßen an den Schaltstellen der Macht nur Snoozer – das Bruttosozialprodukt wäre am Boden.

Die Entscheider und Leistungsträger unserer Gesellschaft sind mehrheitlich Frühaufsteher. Manager und andere Firmenlenker stehen zwischen 5.30 Uhr und 6 Uhr auf. In einer Umfrage erzählte eine Mehrheit von ihnen, dass sie die frühen Morgenstunden nutzt, um langfristige Strategien ungestört zu planen. Klar, sie müssen die wichtigen Entscheidungen treffen, solange keiner da ist, der ihnen widersprechen kann. Entscheider sind Lerchen, Menschen, die morgens besser arbeiten können. Man sagt, Entscheider seien sorgfältiger, korrekter, bürokratischer. Während die Eulen, die abends zur Hochform auflaufen, eher kreativ sind. Der Gedanke, dass mich mein Frühaufstehen zum Bürokratieverwalter werden lässt, macht mich direkt ungeheuer müde.

Der große Philosoph Immanuel Kant war zeit seines Lebens ein sehr origineller, und gleichzeitig hochpräziser Denkarbeiter. Jeden Morgen soll er um 5 Uhr aufgestanden sein. Bevor er an die Arbeit ging, trank er einen Tee und rauchte eine Pfeife. Helmut Schmidt behauptet bis heute, dass Kant sich das bei ihm abgeguckt hat. Wahrscheinlich musste er so früh aufstehen, damit er auf die epochalen Gedanken kommen konnte, für die er heute verehrt wird. Nach Kant heißt die positive «Freiheit zu» Autonomie – ein Wort, das auf seiner langen Reise von der Antike ins 21. Jahrhundert mittlerweile irgendwo zwischen radikallinken Hausbesetzern und radikalkorrekten Jack-Wolfskin-Eltern gegen die Wand gefahren worden ist. In ihrer ursprünglichen Bedeutung heißt «Autonomie» Selbstgesetzgebung. Wir können es heute mit Selbstbestimmung übersetzen. Ihre Grundformel liegt in Kants Satz, mit dem seit Generationen junge Ethikschüler gequält werden, sobald sie dem bilingualen Kitajoch entkommen sind: «Aufklärung ist der Ausgang des Menschen aus der selbstverschuldeten Unmündigkeit.» Sein Ziel muss es sein, sich seines eigenen Verstandes «ohne Leitung eines anderen zu bedienen».[1] Dank meines freien Willens bin ich jederzeit frei zu entscheiden. Das ist die gute Nachricht. Die schlechte ist: Entscheidungen sind ein verdammt beschwerliches Unterfangen, ein Ankämpfen gegen den inneren Schweinehund, ein Akt der Befreiung vom Gängelband der eigenen Bequemlichkeit und bedürfen der permanenten Arbeit an sich selbst. Welche Qual das bedeuten kann, sehe ich jeden Morgen, wenn Noras Wecker wieder knapp an der Nahtoderfahrung vorbeischrammt.

Autonomie ist der Ankerpunkt unseres Denkens, wenn wir über die Bedingungen freier Entscheidungen sprechen – und sie erzählt uns etwas über den Anspruch der Optimierung unserer Zeit, denn Kant sagt: «Das Prinzip der Autonomie ist also: nicht anders zu wählen, als so, daß die Maximen seiner Wahl in demselben Wollen zugleich als allgemeines Gesetz mit begriffen seien.»[2] Aha. Oder wie man bei McClean sagt: «Verlassen Sie die Toilette so, wie Sie diese vorfinden möchten.» Wer einmal die Toilette eines Regionalexpress von innen gesehen hat, weiß, wie schwer das oft ist.

Im Handumdrehen ist aus Kants freiem Wollen ein Sollen geworden, die Neigung ist jetzt eine Pflicht. Alles, was ich tue, soll stets allgemeines Gesetz werden können. Zwischen mich und die Menschheit darf kein Blatt Papier passen. Meine Entscheidung muss ich stets vor der gesamten Gattung rechtfertigen können. Das ist ein Ziel, das nie wirklich erreichbar ist, es bleibt also beim Einzelnen stets ein Moment des Ungenügens zurück.

Ein Gefühl, das wir aus dem Alltag kennen: Je mehr Autonomie uns am Arbeitsplatz zugesprochen wird, desto größer wird die Verantwortung, je selbstbestimmter wir arbeiten sollen und dürfen, desto größer wird das Gefühl, nicht standhalten zu können. Unter dem Vorzeichen der Autonomie kippt das Unterfangen in Selbstausbeutung. Herzlich willkommen, Burnout. Je kleiner die Maßstäbe sind, die von außen angelegt werden, desto größer müssen die inneren sein. Autonomie wird zum Placebo für eine dauernde Optimierung der eigenen Möglichkeiten. «Die Dialektik der Freiheit besteht darin, dass sie neue Zwänge entwickelt», schreibt der Philosoph Byung Cul Han.[3]

Wie einem rumänischen Hütchenspieler gelingt es Kant, das Leistungsprinzip in seine Ethik unter der Hand einzuschleusen. Selbstbestimmung wird zur dauerhaften Selbsterziehung und Selbstdisziplinierung. Und was ist das Klingeln eines Weckers anderes als ein Peitschenhieb fürs Trommelfell?

Der Frühaufsteher Kant muss einen besonders brutalen Wecker gehabt haben, der ihn zu Zeilen wie diesen inspirierte: «Jeder Mensch hat Gewissen und findet sich durch einen inneren Richter beobachtet, bedroht und überhaupt im Respekt gehalten, und diese in ihm wachende Gewalt ist seinem Wesen einverleibt.»[4] Der Feind ist also in uns selbst, wir sind immer eine gespaltene Persönlichkeit, in der Angeklagter und Richter wohnen. Hoffentlich haben beide gut gegessen, bevor sie aufeinandertreffen.

Kant entpuppt sich so als früher Globalisierer, bei dem die Selbstbestimmung zum privaten Projekt wird. Von der Selbstermächtigung des Einzelnen bei Kant zum Phänomen des Burnouts und der Depression in der Gegenwart führt, wie ich meine, ein ziemlich direkter Weg. Oder – einfacher gesagt – Kant ist das Glasperlenspiel des 18. Jahrhunderts.

Meine Freundin meint, all die Entscheider-Lerchen seien auch nur frühe Vögel, die sich ein Wettrennen um den Wurm liefern, übersehen aber in ihrer Verbissenheit, dass sie ihn vor allem deshalb nicht fangen können, weil er noch gar nicht anwesend ist.

Es heißt, man solle darauf achten, immer zur gleichen Zeit aufzustehen. Menschen dagegen, die unter der Woche um 7 Uhr, am Wochenende aber erst um 16 Uhr hochkommen, haben ein Problem: Sie leben im Dauerjetlag. Im Lauf der Woche schlafen sie ein dermaßen großes Schlafdefizit zusammen, dass sie dann am Wochenende nur noch pennen. Diese Leute fliegen innerhalb von fünf Tagen einmal nach Sydney und wieder zurück, obwohl sie nur eine viertel Stunde im Bus saßen. Menschen im Dauerschlafjetlag sind unzufriedener und rauchen häufiger. Man erkennt sie daran, dass sie direkt nach dem Aufstehen die Zigarette danach brauchen, obwohl sie gar keinen Sex hatten.

Im Kern also machen Entscheider alles richtig mit ihrem Frühaufsteh-Wahn. Erwachsene, die früher aufstehen, leiden seltener unter Depressionen, weil sie der REM-Schlafphase aus dem Weg gehen, die vor allem in den Morgenstunden auftritt. REM-Schlafphasen aber können Depressionen fördern. Das verbindet sie mit der Musik der gleichnamigen Band.

Meine erste Entscheidung lautet also: Ich stehe noch früher auf. Schnell, ohne Umdrehungen und noch vor Noras Snooze-Phase. Um 5.30 Uhr winke ich all den anderen Entscheidern zu und schnappe ihnen den frühen Wurm vor der Nase weg. Die REM-Phase habe ich damit quasi komplett abgeschafft. Nachdem sich die Band aufgelöst hat, war das auch ein Gebot bedingungsloser Fan-Solidarität.

GEGEN DEN UHRZEIGERSINN — WARUM WIR KAUFEN, WAS WIR NICHT BRAUCHEN

Mein Notebook hat den Geist aufgegeben. Aber Krisen sind Chancen, sagt man im Fernen Osten. Und wer sich, wie ich, entschieden hat, Seelen-Feng-Shui zu betreiben, muss auch den ganzen restlichen Kult von da drüben a priori Hammer finden. Außerdem ist «Krisen sind Chancen» ein wunderbar überflüssiger Smalltalk-Satz, der einem so schnell herausrutscht wie ein Aal aus einem Bärenmaul, während man Signale interesselosen Wohlgefallens zu seinem Gegenüber schubst.

Die Reparaturkosten würden die Kosten eines neuen Gerätes bei weitem übersteigen, sagte man mir. Ich habe mir dann eine Weile überlegt, was ich mache: der Macht der Gewohnheit ihren Triumph gönnen und das Teil trotzdem reparieren lassen – und in ein paar Monaten vor dem gleichen Problem stehen? Oder gleich ein neues aussuchen, wozu mir alle rieten, die etwas verstanden von der Materie Notebook. Schweren Herzens entschied ich mich für den Neustart. Von einem Freund hatte ich mir sagen lassen, dass ich ein Macbook kaufen solle. Er habe damit gute Erfahrungen gemacht. Bislang war ich Windows-Kunde. Ich weiß nicht genau, warum, aber ich bin es seit Jahren. Ich meine, der Grund für meine gesammelten Windows-Treueherzen war ganz profan: eine recht hübsche Mitarbeiterin bei der Vertragswerkstatt in meinem Viertel. Vertragswerkstätten in der Nähe sind mir sehr sympathisch. Bei einem so wichtigen Werkzeug wie einem Notebook braucht man einen Ansprechpartner um die Ecke.

Nichts ist mir verhasster als die Vorstellung, dass das Ding um die halbe Welt fliegt, bis es irgendwann von schlecht bezahlten Kinderhändchen in Bangladesh wieder zusammengeflickt wird.

Ich nehme den Tipp des Freundes dankend an. Im Media Markt würde ich alle Optionen haben und somit eine optimale Notebook-Entscheidung treffen können. Mein Markt ist Teil einer riesigen Höllenmall, die damit wirbt, dass ich in 180 Shops auf fünf Floors konsumtechnisch Party machen kann, bis der Insolvenzverwalter kommt. Gezielt laufe ich also in die Notebook-Abteilung, in der Hoffnung auf eine schnelle Entscheidung, um das Ungeheuer der Auswahl schnell und effizient zu besiegen. Ich nehme mir vor, erst zu ruhen, wenn ich hier mit einem neuen Gerät unter dem Arm hinauslaufen kann.

Vor mir habe ich 122 Notebooks der Firmen Acer, HP, Toshiba, Sony und Asus, dazu kommen 53 Ultrabooks und ein knappes Dutzend Netbooks, 18 Macs und 66 Tablets. Ausgestattet mit i3, i5 oder i7-Prozesoren, mattem oder spiegelndem Full-HD, mit jeweils 14-, 15-, 16-, 17- und 18-Zoll-Bildschirm, mit Ultrabay-Einschubschacht und ohne, eines mit Gorilla Glass (ich hätte lieber Schimpanse!), mit und ohne Turbo-Boost-Technik (fliegt das dann wie K. I. T. T. aus Knight Rider über Bahnübergänge und durch Häuserfluchten?), ultraleicht und hammerleicht, verdreh-, verstell-, auf- und abbaubar. Ich habe keine Ahnung, wo ich anfangen soll, und flüchte überstürzt in eine andere Abteilung, um mich abzulenken. Aber hier ist es noch schlimmer: Bei den Smartphones erwarten mich 105 verschiedene Geräte, dazu 677 Cases und Taschen, 39 Headsets und 40 Lautsprecher. Bei Fernsehern habe ich die Wahl zwischen 148 Geräten und zusätzlich 48 3-D-Screens. Ich bin komplett überlastet. Ich muss hier raus, denke ich.

In meiner Optionsparanoia laufe ich in einen Subway. Habe ich Hunger? Keine Ahnung. Der kommt ja oft auch erst beim

Essen, also anstellen. Als ich mitkriege, dass die Frau vor mir ein Dutzend Entscheidungen treffen muss, ehe sie etwas im Mund hat, verlasse ich auch diesen Laden.

Vielleicht mal eben Wasser kaufen, Mineralwasser. Das gleiche wie immer. Classic? Ja, genau, Classic. Es gibt aber auch Medium, Naturell und Sanft. Verdammt! Die Serie «Activ» wartet auf mit Zitruskirsche, Pinkgrape und Zitrusgrape, Tropical und Vital. «Activ Vital» – bei Kindern nennt man das ADS.

In der Drogerie nebenan bin ich froh, dass ich keine Frau bin: Über 100 Lippenstifte und fünf Eyeliner und sicher an die 500 Shampoos, Schaumfestiger und Hautcremes. Allein die Firma L'Oréal teilt ihre Shampoos ein in Bedarf und Marke. Unter Bedarf habe ich die Wahl zwischen coloriertem, trockenem Haar im Alter, dünnem und krausem Haar – und ganz unten, so als wäre es das Seltenste und Unwahrscheinlichste: normalem Haar. Wahrscheinlich muss ich meinen Friseur bitten, meine Haare dahingehend zu ruinieren, dass sie danach den «Bedarf» der Firma L'Orèal befriedigen.

Die Liste wird noch länger, für jede Minderheit ist etwas dabei: Color Glanz (für Leute mit glänzenden Full-HD-Bildschirmen), Energie (für Aktiv-Vital-Wassertrinker), Anti-Bruch (für gebrochene Herzen), Anti-Schädigung (für Hobby-Schadensersatz-Kläger), Glatt-Intense (für Geliftete und anderweitig Operierte), Haar-Auffüller (für Getränkeabteilungs-Mitarbeiter), Multivitamin (für die Saftjunkies unter den Getränkeabteilungs-Mitarbeitern), Nutri-Gloss (für Lipgloss-Chicks), Nutri-Gloss-Chrystal (Für Lipgloss-Chicks, die sich irrtümlich für Lipgloss-Ladys halten), Öl Magique (klingt wie eine Massage mit Happy End), Re-Nutrition (mit Ion drin? Nur was für AKW-Betreiber, ergo: Sammlerstück!), Revitalisierend (für Verstorbene), Total Repair 5 (wo sind denn I–IV abgeblieben? Habe ich die verpasst? Oder ist das ein Daily-Soap-Shampoo, bei dem ich jederzeit ein- und wieder aussteigen kann?), Repair Extreme (für Extremsportler), Volume-Collagen (für Künstler), EverRich (für alle oberhalb der 50 000 brutto – monatlich) und EverPure (für Hartz-IV-Empfänger).

Ich habe ein schlechtes Gefühl: Bin ich der Einzige, der das Gefühl hat, in der Hölle zu sein, während die anderen es hier paradiesisch finden?

Auswahl und Möglichkeiten sind die Bibel, auf der wir schlafen. Wir leben in der Multioptionsgesellschaft. Man hört dem technokratisch-kühlen Wortungetüm an, wie sehr es dem verkrusteten Standesdünkel der deutschen Universitätselite genügen musste. Lassen wir den akademischen Hochnebel etwas verziehen, wird der Blick frei für eine fruchtbare Einsicht in die Tiefenstrukturen unserer alltäglichen Erfahrung.

Im Jahr 1887 schrieb Friedrich Nietzsche den Satz, der sich heute erst langsam selbst zu verstehen scheint: «Gott ist tot! ... Und wir haben ihn getötet!»[5] An dieser Stelle sagen viele: «Stimmt! Aber gibt's das auch als App?» Gott ist bei Nietzsche nicht nur der Schöpfer einer durchgeknallten Glaubensgemeinschaft, die für sich beansprucht, das Universum erschaffen zu haben. Es ist auch keine bekloppte Bande, die sich im Namen des Chefs auf Marktplätzen in den siebten Himmel katapultieren will. Gott ist ein Bild, ein Synonym für eine Ordnung der Welt, für einen Rahmen, eine Instanz der Orientierung. Oben und unten, rechts und links, Gut und Böse – das waren bis dahin Haltepunkte, Sammelpunkte der Selbstgewissheit von Epochen. Nach dem Tod Gottes sind alle Werte relativ.

Der Soziologe Zygmunt Bauman bemerkte, dass Gott zwar vom Thron gestoßen worden sei, der Thron aber noch stehe. Unwiderstehlich und geheimnisvoll, anziehend wie eh und je, wirkte er «für Visionäre und Abenteurer wie eine Einladung». Die ausgeschriebene Stelle verlangt unfehlbare Führerqualitäten, kein Mittelbauhüsteln. Die Voraussetzung ist grenzenlose Selbstoptimierung.

Das durchschnittliche optionsgestresste Ich, das sich nach Leitung und Orientierung sehnt, statt nach Autonomie, ist nun plötzlich allein an den Hebeln der Macht über das eigene Leben. Lokomotivführer ohne Ausbildung. Gefangen in der Freiheit der permanenten optimalen Entscheidungen. Die einzigen Welterklärer, die einen Boxenstopp beim Grand Prix des täglichen Im-Kreis-herum-Fahrens garantieren, sind die Hirnforscher, eine Art serienmäßig eingebauter Atempausen-Airbag in der säkularisierten Welt, der den Aufprall beim Crash mit der totalen Freiheit ein wenig abfedern soll. «Nein», sagen die Hirnforscher, «du bist nicht für alles alleine verantwortlich, es gibt etwas in dir, das mehr weiß als du.» Wo Sigmund Freud noch eine Menge Hirnschmalz aufs Über-Ich verwenden musste, jagt uns der Hirnforscher heute einmal durch den Kernspintomographen und gut.

So haben wir diesen Hirnis die beruhigende Erkenntnis zu verdanken, dass wir zwei Drittel unserer Kaufentscheidungen gar nicht planen können, im Gegenteil: Wir treffen sie spontan. Der Supermarkt ist das Spinnennetz, in das Konsumenten wie Fliegen hineingeraten sind. Hier sind wir so anfällig für Manipulationen wie ein Sportwetten-Büro. Das haben die ALDI-Brüder und LIDL-Schwestern vom Orden der Konsumtempelritter längst verinnerlicht.

So werden wir stets gegen den Uhrzeigersinn durch Kaufhäuser geschleust, weil das zehn Prozent mehr Umsatz bringt. Darum geht der Einkauf in vielen Geschäften von rechts nach links. Letztlich ist das eine Allegorie auf das Leben. Die meisten Leute betreten das Leben in den Jugendjahren mit linken Visionen und werden im Alter rechts aus der Kurve getragen. Schon am Ladeneingang werden wir aber recht schnell ausgebremst vom jungen

Gemüse, das nur darauf wartet, ausgepackt zu werden. Auf Augenhöhe ist später das, was nervt und keiner braucht, während Taschentücher, Klopapier und andere Teile des täglichen Bedarfs immer am Boden sind. Damit, wer älter ist und noch keinen Hexenschuss hat, sich spätestens hier einen einfängt. Preisschilder am Wegesrand sollen uns auf Abwege bringen – sie werben für Schnäppchen, indem sie den normalen Preis in Signalfarben zeigen. Und die Auswahl der Musik beeinflusst uns maßgeblich dabei, welchen Wein wir kaufen werden für die Stunden nach Sonnenuntergang. Französische Chansons lassen den Absatz französischer Weine steigen, Glasperlenspiel nur den von Abführmitteln.

Dann ist Zahltag, und wir sehen, dass sich der Kreis wieder geschlossen hat. Die Kasse rechts ist direkt neben dem Eingang links. Anfang und Ende, linke Vision und rechte Enttäuschung am Ende sind Nachbarn. Wie schrieb schon der Apostel Paulus: «Im Kreise laufen die Gottlosen.» Bis zum Ladenschluss.

Bei Kaufentscheidungen sind wir in etwa so selbstbestimmt wie ein Mönch bei der Wahl seiner Klamotten. In einem Experiment ließen Psychologen Konsumenten Coca-Cola und Pepsi mit verbundenen Augen trinken. Beide Getränke schnitten gleich gut ab. Sobald die Forscher den Probanden sagten, was sie tranken, schnitt Coca-Cola bedeutend besser ab. Die Präsentation des Markenlogos von Coca-Cola rief mehr Assoziationen im Gedächtnis hervor. Und bevor Sie jetzt rufen: «Ich trinke gar keine Cola, ich trinke nur Bier, und da erkenne ich mein Beck's sofort!», rufe ich zurück: Irrtum! Nur mit Etikett auf der Flasche schmeckte das Lieblingsbier tatsächlich besser als die Konkurrenz, wie Studien gezeigt haben. Selbst beim Preis sind wir Gefangene. Ließ man Versuchspersonen einen Wein zweimal probieren, schnitt er in dem Moment besser ab, in welchem man ihnen sagte, dass er 40 Euro koste statt fünf. Und das, obwohl es

kaufenkaufenkaufenkaufenkaufen
DIE KAUFENTSCHEIDUNGSAMPEL

Die Hausentscheidung

Der Stresskauf. Der neue Flat-Screen, das neue Auto, das neue Haus. Alles, was Zeit und Nerven kostet.
Maximale Information nötig.

Die Kaugummientscheidung

Der Spontankauf. Schnell, klar, zielgerichtet. Wird am Regal im Supermarkt getroffen. Schokoriegel, Kaugummi, Batterien.
Wenig Information nötig.

Die Milchentscheidung

Der Gewohnheitskauf. Einmal entschieden, dabei geblieben. Toilettenpapier, Milch, Duschgel.
Keine Information nötig.

keinen Unterschied gab zwischen dem, was jeweils ausgeschenkt worden war. Ein hoher Preis ist für uns gleichbedeutend mit höherer Qualität.

Im Jahr 2014 gilt: «Namen sind das A und O.» Markenprodukte sind nicht teurer, weil sie besser sind, sondern weil sie das ganze Geld wieder in die Kassen spülen müssen, das sie für nervtötende Werbung in die Luft geblasen haben, um so bekannt und vertraut zu werden, dass sie dann wiederum den Preis verlangen können, den sie jetzt aufrufen. So verwechseln wir Penetranz mit Qualität.

Es ist also Schwachsinn, die Vielfalt der Optionen für den Heiland zu halten. Am Ende bleibt es ein vielfältiger Einheitsbrei. Und wir treffen in den multiplen Möglichkeiten alternativlose Entscheidungen. Gruß an die Freunde des Oxymorons.

Auf der linken Seite der Mall ist eine Buchhandlung. Ich schmökere ein wenig. Wie zufällig entdecke ich ein Buch, das nur für mich hier zu stehen scheint. Es trägt den wundervollen Titel «Anleitung zur Unzufriedenheit». Ich stelle den gesamten Laden auf den Kopf, um zu schauen, ob es nicht noch irgendwo ein anderes, besseres, dickeres, tieferes, vielsagenderes oder sonstwie besonderes Buch zum Thema gibt. Aber nein, es ist das einzige und letzte Exemplar. Das ist ein Zeichen! Es gibt EIN Buch zu EINEM Thema in EINEM Buchladen. Verwundert laufe ich zur Kasse und dann mit dem Buch nach Hause. Alle Wassershampoolaptopsorgen sind wie weggeblasen.

Ich lese, der Autor, Barry Schwartz, ein US-Psychologe, unterscheidet zwei Menschengruppen: Ich nenne sie Optimierer und Gelassene. Optimierer sind Leute, denen auch das Beste nicht gut genug ist, immer unruhig, immer auf der Suche nach etwas, das noch besser ist, noch mehr kickt, gefangen in der Wahl zwischen unendlichen Alternativen. Leute wie ich, die morgens früh aufstehen und sich noch vor dem Bett stehend fragen, ob sie nicht vielleicht noch besser hätten aufstehen können. Leute, die auch nach dem Kauf eines Notebooks noch die Kundenbewertungen bei Amazon lesen und mit den anderen Notebooks vergleichen, gegen die sie sich nach langem Hickhack entschieden haben. Der Gegensatz dazu ist der Gelassene: Leute, die sich einfach zufriedengeben mit dem, was gut genug ist. Der Gelassene sucht und findet dabei durchaus das Ausgezeichnete, während der Optimierer endlos weitersucht, um das absolut Beste zu bekommen.

Die Paradoxie besteht nun darin, dass Optimierer zwar häufig tatsächlich die besseren Produkte kaufen, im Schnitt auch mehr bekommen als Gelassene, aber am Ende doch unzufriedener sind. Optimierer sind pessimistischer, grüblerischer, niedergeschlagener und weisen häufiger depressive Tendenzen auf als Gelassene. Das kenne ich: Wenn ich die Amazon-Bewertungen meines Notebooks noch einmal lese, fange ich immer mit den dreien an, die einen Stern vergeben haben, statt mit einer der 300, die 5 Sterne verteilten.

Es spricht wohl vieles dafür, dass eine Zeit, die Optionenvielfalt zum Maß aller Dinge erhoben hat, auch mehr Optimierer hervorbringt und ein Gefühl der Hektik, des «nie genug» erzeugt und unterstützt. Zum ersten Mal habe ich Zweifel: Ist es wirklich gut, alle Optionen zu kennen? Treffe ich dann wirklich optimale Entscheidungen? Sorgt der Zwang zur Freiheit vielleicht am Ende für einen neuen Zwang zur Befreiung? Zur Befreiung von Entscheidungen? Barry Schwartz beschreibt ein Experiment, bei dem Psychologen in einem Delikatessgeschäft Probiertische aufstellten. Auf einem Tisch standen 24 Marmeladengläser, auf dem anderen sechs. Der Tisch mit den 24 Gläsern hatte mehr Besucher, am Tisch mit den sechs Marmeladen wurden zehnmal so viele verkauft.

Vielleicht ist meine Aufgabe weniger, mich entscheiden zu lernen, als vielmehr mal einen Gang runterzuschalten und ein wenig mehr Gelassener und ein bisschen weniger Optimierer zu werden. Ein erster Schritt in diese Richtung scheint mir gelungen: Ich schreibe diese Zeilen auf meinem neuen Microsoft-Laptop, obwohl mir der Media-Markt-Verkäufer bei meinem zweiten Besuch nachdrücklich abgeraten hat. Ich habe mich dafür entschieden, weil es mir schon gereicht hat, dass das «x», mit dem ich eine Datei schließe, bei Apple links und nicht wie ich es gewohnt bin, rechts oben ist. Was rechts ist, muss rechts bleiben. Man könnte sagen, ich bin faul. Ich sage: Ich bin konsequent. Und bevor ich am Ende Office kaufe und es mir auf den Mac spiele, kann ich es auch gleich auf einem Windows-Rechner laufen lassen. Office auf einen Mac spielen – das ist wie Nuspli in Nutella mischen. Außerdem würde ich das tägliche Schließen von Sicherheitslücken sehr vermissen. «Nur Reklamationen!» habe er. Also, nicht er, denn er habe diesen Rechner gar nicht im Programm, aber Kollegen früherer Kollegen hätten das vom Hörensagen gemeint, gewusst zu haben. Oder so. Na dann. Ich aber habe allen Preis-Leistungs-Core-Intel-Prozessoren- und Turbo-Boost-Bewertungsvergleichen widerstanden und bin dem Tipp eines Freundes gefolgt. Nächste Woche werde ich ihn fragen, ob er mir auch ein gutes Haarshampoo empfehlen kann. Er ist da Experte: Er trägt Glatze.

BRUST ODER KEULE – WARUM FALSCHE ENTSCHEIDUNGEN BESSER SIND ALS GAR KEINE

Ich muss gestehen, ich habe Hemmungen, die Bilanz des gestrigen Abends zu erzählen. Sie als fatal zu beschreiben wäre maßlos untertrieben. Im Grunde ist alles schiefgegangen, was schiefgehen konnte. Dabei hatte alles so harmlos angefangen.

Ich hatte, ganz Gentleman, Nora zum Essen ausgeführt. Drei Restaurants standen zur Auswahl, die ich allesamt für gut – nein, welch niederträchtiger, entspannter Wellness-Satz –, die ich alle für die Besten hielt.

Ich wollte an diesem Abend auf keinen Fall in der Pizzeria um die Ecke landen, dort waren wir in der Woche zuvor schon mehrfach gewesen. Jedes Mal hatte ich die Nummer 7 mit doppeltem Käse bestellt, denn das war das definitiv Beste, was ich dort bekommen konnte. Meine Freundin sagt, ich sei ein langweiliger, einfallsloser Kumpan, wenn es um die Essenswahl in der Pizzeria geht, aber damit kann ich leben. Meine Meinung war: Wir könnten mal was Neues ausprobieren.

Ich hatte von einem neuen Restaurant gehört, das sehr angesagt sein soll, obwohl es sich nicht entscheiden kann, was es sein will, und darum irgendwo zwischen BarLoungeClubCafé-Restaurant mit Take-away-Möglichkeiten firmiert. Kurz: eine Rhabarbersaftschorle unter den Lokalitäten der mittelbaren Nachbarschaft. Und wahrscheinlich darum genau das Richtige für uns. Wie in bilateralen Beziehungs-Verhandlungen üblich, machte die Gegenseite leider sofort von ihrem Vetorecht Gebrauch und wandte ein, ihr sei der Weg ausgerechnet heute zu weit. Sie neigt zu möglichst entspannten Entscheidungen, wofür ich sie in stillen Momenten ein wenig beneide. Ist der Weg zu weit, optiert sie eben für ein mittelmäßigeres Restaurant in der Nähe, mit dem sie dann auch erstaunlich zufrieden sein kann.

Auf meinen zweiten Vorschlag, den schicken Italiener mit den bayerisch anheimelnden weiß-blau karierten Tischdeckchen, hatte Nora keine Lust, sie wollte *easy* in Jeans weg. Beim dritten Restaurant waren wir schnell beim Totschlagargument: Das war ihr zu teuer. Das war meine Chance: Um es perfekt zu machen, entschied ich kurzerhand, sie einzuladen und damit der Diskussion ein Ende zu bereiten. Mit Erfolg.

Wie immer hatten wir nicht reserviert. Das hätte ja vorausgesetzt, dass wir einen Plan gehabt hätten, der wiederum eine Entscheidung im Vorfeld notwendig gemacht hätte. Die einen nennen es Naivität, die anderen Hybris, aber ohne Reservierung in ein unbekanntes Restaurant, das ist Risiko, das ist Action, das ist ungeschützter Sex mit Risikogruppen für Hungrige. Jedenfalls gingen wir mit dem allergrößten Selbstüberschätzungs-Selbstbewusstsein davon aus, in diesem von allen Szeneblättchen hochgeschriebenen Restaurant einen Platz am Fenster zu bekommen. Aber, Achtung, achtes Weltwunder! Es gab zahlreiche Zeitgenossen, denen dieses Lokal auf unbekannten Wegen – wahrscheinlich per Flaschenpost oder Rauchzeichen – ebenfalls zu Ohren und Augen gekommen war und die dazu noch die Dreistigkeit besessen hatten, vor uns Platz zu nehmen. Wahrscheinlich hatten sie reserviert, diese Spießer!

Das wäre uns in der Pizzeria Nummer 7 nicht passiert. Niemals. Erstens ist sie näher, zweitens gemütlicher, das Design weniger gebotoxt und die Leute nicht so aufgespritzt. Kurz: ein ruhiges Restaurant für Entspannte. Hier aber waren wir in einem Optimierungs-Laden allerschlimmster Güte gelandet, dessen Insassen den Hals nicht vollkriegen konnten, weshalb sie Nora sofort zu ebendiesem raushingen. Und mir auch ein bisschen.

Ich haderte mit den Möglichkeiten, die ich jetzt hatte. Nach Hause gehen, warten, einen schlechteren Platz annehmen? Der Tisch am Fenster ist der Platz an der Sonne des Schlemmerfürsten. Ein Platz in der Mitte oder gar am Rand des Raums, irgendwo vor den Kühlkammern der Weißweine, das war unannehmbar für so ein Optimierungs-Hochleistungsmännchen wie mich. Wir suchten zusammen mit dem Oberkellner nach Lösungen. Und ja, kurzzeitig standen unsere trilateralen Verhandlungen kurz vor dem Bruch und die Welt am Abgrund, als er uns in den hintersten Winkel seines Schuppens verbannen wollte. Ausgerechnet in unmittelbarer Nähe zu einer krawattierten Firmen-Neujahrsfressorgie. Meine Freundin stimmte, ohne zu zögern, für den drittklassigen Tisch. Zum ersten Mal tat es mir leid, dass ich mich durchgesetzt hatte. Und ich musste an den Psycho-Reue-Test denken, den ich neulich durchgespielt hatte.

Sozialpsychologen haben ihn entwickelt, und wer ihn beantwortet, muss hart mit sich ins Gericht gehen wollen. «Nach jeder Entscheidung, die ich getroffen habe, frage ich mich, was passiert wäre, wenn ich mich anders entschieden hätte», heißt eine der Antwortmöglichkeiten dort. Oder: «Wenn ich über mein Leben nachdenke, kommen mir oft verpasste Chancen in den Sinn.» Der Test hat Erstaunliches zutage gefördert. Volle Punktzahl bei drei von fünf Fragen: Nach jeder Entscheidung frage ich mich, was passiert wäre, wenn ich anders entschieden hätte, zu welchen Ergebnissen die anderen Alternativen geführt hätten, und selbst die beste Entscheidung empfinde ich als Misserfolg, wenn sich im Nachhinein eine bessere Möglichkeit zeigt. Hätte ich im Mathetest in der Schule nur annähernd eine so hohe Punktzahl erreicht wie hier, wäre ich heute Nobelpreisträger und würde mir solche Reuetests ausdenken.

Studien haben gezeigt, dass Optimierer wie ich überdurchschnittliche Reuewerte haben. Sie bedauern mehr und sind insgesamt schlechter drauf. Zugleich sind sie das Vorbild unserer Zeit: Sie wollen optimale Entscheidungen treffen, immer und überall. Sie wollen vorab so viele Informationen wie möglich über ihre Optionen einholen, um die beste zu finden. Barry Schwartz schreibt, der Grund, warum Menschen überhaupt erst zu Optimierern werden, sei die Angst vor der falschen Entscheidung, die Reue mit sich bringt wie der Sturm die entwurzelten Bäume. Meine These ist: Die ungeheure Zahl an Optionen und das unausgesprochene Verbot zu scheitern sorgen dafür, dass wir nervöse, gierige Perfektionisten werden und entsprechend mehr Reue erleben, weil uns im Grunde nichts mehr genügen kann. Entspannteren Naturen dagegen gelingt es, aus den vorhandenen, notwendigerweise immer unzureichenden Informationen das Beste zu machen. Offenbar hat die Evolution im Eifer des Gefechts vergessen, mich auf mich vorzubereiten. Optimierung war im Plan der Natur nicht vorgesehen. Schließlich waren die Entscheidungen, die unsere Vorfahren treffen mussten, wesentlich einfacher: Sind die Beeren giftig oder nicht, ist der Schlafplatz sicher, könnten nachts Tiere im Wigwam stehen? Die Zahl der Informationen, die man damals brauchte, um zu entscheiden, waren überschaubar. Die Masse der Optionen unserer Zeit sind die vergifteten Beeren der Gegenwart. Heute stehen wir vor den Möglichkeiten wie das Kaninchen vor der Schlange. Paralysiert und überfordert, entscheiden wir lieber gar nicht als falsch.

So romantisch es sein mag, sich semisentimental in Weltfluchtphantasien zu ergehen und sich, wie der Philosoph Michel de Montaigne sagte, «in die eigene Haut zusammenzuraffen»[6], so wenig zielführend ist es doch im Alltag: Entscheidungen, die sich im Nachhinein als falsch herausgestellt haben, bereuen wir nur kurzfristig. In einer weiteren Perspektive, im Hinblick auf

Monate, Jahre oder ganze Lebensabschnitte, sind die nicht getroffenen Entscheidungen viel schwerwiegender: All die Momente der Ohnmacht und der Lethargie, des Zweifelns und Zügel-aus-der-Hand-Gebens, des Hoffens darauf, dass die Zeit, das Schicksal oder der Lauf der Dinge entscheiden werden, ohne dass wir es merken; all die verpassten Gelegenheiten, zu denen Mut, Entschlossenheit oder Kraft gefehlt haben. Zu Hause geblieben und vor dem Fernseher eingeschlafen zu sein, würden Nora und ich uns noch in zehn Jahren an den Kopf knallen. Mein falsches Restaurant dagegen wird schon bald vergessen sein. Ein paar Tage werden wir noch daran vorbeilaufen und allen, die es nicht wissen wollen, erzählen, wie schlecht es dort war und dass niemand dorthin gehen sollte. In ein paar Monaten werden wir darüber lachen, und in einem Jahr wird der Besitzer wechseln, und aus dem stylishen Barlounge-wasweißichwas-Lokal wird ein bayerisches Trachten-und-Dirndl-Stübchen mit Bierbänken und Weißwurscht-Diktatur auf der Speisekarte, weil irgendein Marketing-Heinz meinte, das sei eine Marktlücke. Spätestens dann ist der Abend sowieso Geschichte. Fest steht: Der falsche Abend wird uns immer zu einer launigen Anekdote verhelfen.

Warum sind falsche Entscheidungen besser als gar keine? Walter White, die Hauptfigur der US-Serie *Breaking Bad*, bekommt kurz nach seinem 50. Geburtstag die Diagnose Lungenkrebs. Lebenserwartung: ein Jahr. Innerhalb dieses Jahres entwickelt er sich vom biederen Chemielehrer zum ebenso genialen wie rücksichtslosen Crystal-Meth-Koch und Drogenbaron. Als ihm im letzten Drittel der Geschichte eine dreistellige Millionensumme im Drogengeschäft in Aussicht steht, erklärt er in einem vielsagenden Monolog seine Motivation weiterzumachen: Als Student hatte er mit ein paar Freunden eine Firma gegründet. Zwischen den drei Gründern gab es Streit, und White verkaufte seine Anteile für 5000 Dollar an seine beiden Partner. Heute ist die Firma

2,16 Milliarden wert. Die falsche Entscheidung des jungen Studenten hilft dem Älteren, sein Leben als Schwerkrimineller zu rechtfertigen. Auch wenn diese Begründung moralisch mindestens zwielichtig ist, entscheidend ist: Er hat eine Geschichte dazu. Und das ist schon viel wert. Bei einer Nichtentscheidung (Abwarten mit anschließendem Rausschmiss ohne jede Abfindung) gäbe es auch keine nachträgliche Begründung.

Wir lieben Geschichten, genauer, unser Gehirn liebt Geschichten. Sie machen die komplexe Realität fassbar und lassen unser Leben sinnvoll erscheinen. Wir sind nicht gemacht für eine schwierige Welt voller Zahlen und Statistiken. Nora versuchte sich an diesem Restaurantabend die Nummern ihrer Gerichte auf der Speisekarte zu merken. Es gehört offenbar zum eigenartigen Verständnis von Originalität dieser Lokalität, sich Zahlenfolgen in vierstelliger Höhe auszudenken, die damit eher an eine Aktennotiz im Amt für öffentliche Ordnung oder einen Onlinebanking-Zugang erinnern als an eine Speisekarte. Beim Onlinebanking hat sich Nora mittlerweile fünfmal den Zugang zuschicken lassen, weil sie gesperrt worden war, nachdem sie mehrfach die Zahlenkombination des Passwortes falsch eingegeben hatte. Inzwischen hat sie sich eine Eselsbrücke mit Tieren gebaut. Jedes Tier steht für eine Zahl. Affe-Giraffe-Schildkröte-Eidechse-Ratte-Möwe-Affe-Affe. Oder so. Vor mir ist ihr Konto jetzt sicher, ich kann mir nicht einmal die Hälfte aller Tiere merken. Ein phantasievolles Brainstorming über mögliche Tiere, die zum Zwecke der Bestellung zum Einsatz kommen könnten, ersticke ich im Keim. Meine Sorge ist zu groß, dass sie am Ende Pferd bestellt und das dann überraschend sogar auf der Karte ist.

Mit nachträglichen Geschichten hingegen betrügen wir uns oft nur selbst: Der Dichter Charles Baudelaire verglich unser Gehirn einmal mit einem antiken Stück Pergament, auf dem der alte Text getilgt und immer wieder mit Neuem überschrieben wird. Dabei selektiert unser Gehirn. Wir erzählen uns selbst immer wieder die gleichen Geschichten und verändern sie mit jeder neuen Wiedergabe in ebendie Richtung, die uns zu entsprechen scheint. Das menschliche Hirn ist wie ein schlechtes Boulevardblatt: Hat es einen Promi einmal auf dem Kieker, hat der verloren: Egal, was er tut oder sagt, alles wird auf der Folie des Schwachsinns zu einer weiteren Idiotie. Oder, um schnell wieder aus der Gossip-Gosse rauszukommen: «Jeder Mensch erfindet sich früher oder später eine Geschichte, die er für sein Leben hält», heißt es bei Max Frisch, dem Franz Josef Wagner für Leute, die auch bei Nebensätzen an Bord bleiben.[7]

Als Nora und ich neulich einmal vor Freunden beschreiben sollten, wie wir uns vor fünf Jahren kennengelernt hatten, gaben wir nach einer halben Stunde entnervt auf, weil wir das Gefühl hatten, zwei komplett verschiedene Geschichten von zwei Menschen zu erzählen, die garantiert nie zusammengekommen wären. Ich nenne dieses Problem das Guido-Knopp-Dilemma: Zeitzeugen erinnern sich im Nachhinein haargenau an Dinge, von denen sie nichts mehr wissen.

Zugleich können wir unsere Neigung zu Geschichten nach falschen Entscheidungen auch nutzen: Menschen, die unter schweren Schuldgefühlen leiden, sollten jeden Tag 15 Minuten lang ihre Geschichte aufschreiben – egal, ob das Schuldgefühl berechtigt ist oder nicht. Mit der Zeit bekommt das Geschehene so den Charakter des Zwangsläufigen.

Der frühere Wall-Street-Trader und Philosoph Nassim Nicholas Taleb empfiehlt Menschen, die beruflich häufig weitreichende Entscheidungen treffen müssen, Tagebuch zu schreiben, um Burn-out vorzubeugen. Was niedergeschrieben ist, ist archiviert und abgelegt, weggesperrt in die Dunkelkammern der Vergangenheit.

Weitreichende Entscheidungen haben immerhin einen Vorteil: Sie sind meist endgültig. Es mag paradox klingen, aber schlimmer als endgültige Entscheidungen sind jene, die wir zwar schon getroffen haben, aber danach noch ändern können. Es ist dem Optimierungsethiker des 21. Jahrhunderts vielleicht schwer zu vermitteln, aber die Erkenntnis, dass ein Geschäft abgeschlossen, ein Tarif gewählt oder ein Restaurant ausgesucht ist und es danach keine Alternativen mehr gibt, hilft, das anstrengende Grübeln danach einzustellen. Finale Entscheidungen sind besser als vorläufige.

Möglicherweise hat der godfather of unverständlicher Philosophie, Georg Wilhelm Friedrich Hegel, das geahnt, als er Ehescheidungen verbieten wollte mit der Begründung, «das Recht der Sittlichkeit müsse gegen das Belieben aufrechterhalten werden»[8]. Hegel wollte die Ehe vor den Launen ihrer User schützen. Vor dem Hintergrund von Drew Barrymore (schon drei Ehen), Tom Cruise (noch drei) und Angelina Jolie (bald schon mehr als drei) spottet die Idee der Wirklichkeit. Hätte Hegel nur einmal die «Gala» gelesen, hätte er anders gedacht. Es hätte vermutlich schon gereicht, einmal in ein Restaurant wie unseres zu gehen und den Nachbartischen bei der Glitzerblättchen-Exegese zu lauschen.

Der uns zugewiesene Tisch im Restaurant stellte sich als in nerviger Nachbarschaft befindlich und wackelig heraus. Ich war sofort hin- und hergerissen zwischen aufflammendem Hass auf das Preis-Leistungs-Gefälle und dem Versuch, meiner eigenen Wahl einen Rest an Würde zu lassen. Zugleich überspülte mich eine Welle der Scham bei dem Gedanken, dass ich mal wieder irgendeinem überschätzten In-Schuppen auf den Leim gegangen sein könnte. So mussten erst einmal drei Servicekräfte anrücken und gemeinsam drei Bierdeckel unter das kaputte Holzbein legen. Während des Darunterlegens bemerkten sie, dass die drei Deckel nicht reichten, um die Unbehagen bereitende Schieflage auszugleichen, weswegen zwei weitere Bierdeckel geliefert wurden und noch einmal zerteilt werden mussten, was am Ende dazu führte, dass der Tisch nun auf meiner linken Seite leicht, ja sehr leicht, aber dennoch fühlbar kippte, sodass in einem letzten Akt maskulinen Körpereinsatzes wieder eine Schicht Bierdeckel auf der ursprünglich verarzteten Seite heruntergenommen wurde. Der Tisch stand nun, von uns beiden mehrfach überprüft, wie eine Eins auf seinen vier Beinen. Statt des Tisches kippte nun meine Stimmung.

Obwohl das Essen noch gar nicht auf dem Tisch stand, bereute ich den Abend schon. In diesem Punkt bin ich frühreif. Reue danach ist besser als Reue davor. Das ist die antizipierte Reue: Wir sammeln Gründe, warum wir die Entscheidung, die wir noch nicht getroffen haben, auch nicht treffen können, weil sie sich möglicherweise als falsche herausstellen wird. Die Hölle der Reue kommt im Konjunktiv, dem Raubtier der Sprache, das sich leise anschleicht, um dann mit einem gezielten Biss Tage, Monate, Jahre zu zermalmen. «Hätte ich doch mal ...», «man könnte ja mal ...», «wir sollten aber auch». «Hätte, hätte, Fahrradkette» wird dann zum Lebensmotto. Der Konjunktiv ist gut getarnt in der freien Wildbahn der maximalen Optionen. In dieser Welt steht er unter Artenschutz.

Reue lässt Menschen anders wählen: Die Angst vor ihr lässt uns risikoscheuer werden und damit konventioneller entscheiden. Erinnert man Käufer daran, dass sie ihre Kaufentscheidung irgendwann bereuen werden, ziehen sie Markenartikel unbekannteren No-Name-Produkten vor. Das ist einer der Gründe, warum Chefs und Firmenlenker häufig als mutlos und entscheidungsschwach wahrgenommen werden: Je größer die Fragen, je größer die Verantwortung, desto größer auch die Gefahr, dass eine Entscheidung falsch sein könnte, und entsprechend konservativer und gelähmter die Entscheider.

Am Ende einer längeren Diskussion über die kriegsentscheidende Frage «Vorspeise oder nicht?» beantworteten wir die Frage übereinstimmend mit «Ja», und es konnte losgehen. Ich kam dieses Mal mit einer ganz neuen, von mir selbst erfundenen und verordneten Methode zum Ziel: Ich habe mir exakt fünf Minuten gegeben, um die Speisekarte zu studieren. Wenn ich mich bis dahin nicht entscheiden kann, nehme ich das fünfte Gericht von oben, habe ich zu mir gesagt. Zugleich spürte ich leisen Zweifel lauter werden: War es überhaupt gut, eine Vorspeise zu wählen? So grundsätzlich? Schließlich ist die Vorspeise nicht zum Verzehr da, sondern damit der Wirt das Preisniveau festlegen, die Latte hochhängen kann, um anschließend beim Hauptgang richtig fett Kasse zu machen. Die Vorspeise ist die überbewertete Anleihe des kulinarischen Devisenmarktes. Wer bestellt schon freiwillig eine roh marinierte Gelbschwanzmakrele mit Chili, Ingwer, Sojasauce in schottischer Halligalli-Vinaigrette für 23 Euro? Dann doch lieber den Ziegenfrischkäse, geschmorte Salatherzen, Kirschtomaten, Buttermilch und Haselnussessenzen mit Weißweinaroma und Estragonnote im Abgang für 22 Euro. Der eine lächerliche Euro Unterschied ist dann tatsächlich die Grundlage für die Wahl. Derartig behämmerte Entscheidungen treffen Menschen. Gäste neigen nämlich dazu, statt des teuersten lieber das zweitteuerste Gericht auf der Karte zu bestellen, auch wenn der Preisunterschied minimal ist. Stellt der Wirt das Vorspeisen-Ensemble klug zusammen, steigt der Gesamtgewinn. Nummer fünf auf unserer Karte ist ausgerechnet das teuerste Gericht, dieser halbsublime Versuch der Selbstüberlistung ist wohl nach hinten losgegangen.

Besonders beim Essen orientieren wir uns an unserer Umgebung: Was und wie viel andere zu sich nehmen, prägt unsere eigenen Entscheidungen. Würde ich also jetzt ohne Vorspiel direkt mit dem Hauptgang anfangen, wäre es gut möglich, dass meine

Freundin mir darin folgen würde. Je mehr Menschen zusammen in einem Restaurant essen gehen, desto mehr nehmen sie zu sich: Zu zweit essen wir 35 Prozent mehr als zu Hause, zu viert 75 Prozent und bei Gelagen von mehr als sieben Personen sind es fast 100 Prozent mehr. Kein Wunder also, dass Übergewicht ansteckend sein kann, wenn sich Menschen dauerhaft in einer entsprechenden Umgebung bewegen. Auch auf die Gefahr hin, mit dem folgenden Satz den magersüchtig-asketischen Erwartungen der Gegenwart noch ein Stichwort zu liefern, aber wer Cindy aus Marzahn heiratet, braucht sich nicht zu wundern, wenn er als leptosomes Piet-Klocke-Imitat anfängt und als adipöses Sigmar-Gabriel-Lookalike endet. Ich möchte dieses Gedankenexperiment hier gerne abbrechen – einfach aufgrund akuten Kopfkinos.

Wie zu erwarten war, dauerte es, bis die Vorspeise sich ihren Weg zu uns bahnte. Das war mir vollkommen klar: Ein derart hochgehypter Laden kommt mit den Konsequenzen des Hypes naturgemäß nicht klar, im Gegenteil, er muss scheitern – am Personal, von dem es zu wenig und zu schlechtes gibt, weil sich das Interieur mit dem herumlungernden Personal auch noch selbstgefällig im schützenden Kokon des Angesagtseins stylish ausruht.

Als schließlich ein Kellner den Weg zu unserem Tisch fand, nachdem er unsere Vorspeisen schon drei anderen Tischen angeboten hatte, die aber erkennbar schon beim Dessert angekommen waren, besserte sich meine Stimmung nur leicht: Die Suppe war zu kalt und der Salat meiner Freundin zu trocken, fand ich. «Das könnt ihr besser!», dachte der Optimierer in mir. Nora hingegen, ganz gelassen, war zufrieden. Ich schlug derweil vor, diesen Salat auf der Stelle zurückgehen und einen neuen, saftigeren, nach allen Regeln der Salatsaucen-Kompositionskunst angemessen angefeuchteten Salat zu bekommen. Aber meine Freundin lehnte ab mit diesem durch nichts zu störenden gelassenen Lächeln. Beim anschließenden Hauptgang war das Rind «zu rot», meinte ich, ihr Fisch dagegen für mich «zu durch», jede Faser eine gefühlte Gräte, von den echten Gräten kaum zu unterscheiden. Es hätte mir egal sein können, ich musste ihn ja nicht essen, den Fisch, aber der Abend war meiner und das Restaurant auch. Dazu die Feierfighter neben uns, deren Lautstärkepegel zusammen mit dem alkoholischen exponentiell stieg und sich dem Level eines Inhouse-Presslufthammers annäherte – und dann noch der berlinerisch schnodderige Kellner (Berliner und Italiener – eine wahrhafte Katastrophen-Kreuzung unter den Migrationshintergründen, insbesondere bei Servicepersonal).

Kurz: Der Abend stand kurz vor dem Ruin, wohin ich ihn auch noch vollends brachte: Ich warf meiner Freundin vor, alles einfach immer zu schlucken, statt auch mal zu widersprechen. Ich sah die langsam einsetzende emotionale Abenddämmerung in ihrem Gesicht. Wenn es so weiterging, würde der Sonnenuntergang auch noch von Wolken verdeckt. Überlastung, Unsicherheit und Angst vor der drohenden Dunkelheit breiteten sich in mir aus, denn im Grunde bin ich emotional nachtblind. Ich zahlte schweigend, wir gingen getrennt voneinander nach Hause.

Auf dem Weg dachte ich, das Bedauern hat auch eine gute Seite: Sie ist Ausweis meines Verantwortungsgefühls. Ich fühle mich verantwortlich für die Wahl, die ich getroffen habe, und ihre Konsequenzen. Und das sogar, obwohl ich für die Konsequenzen gar nichts kann: Weder habe ich den Hipster-Junggesellenabschied neben uns bestellt noch dem Tisch das Bein abgeschnitten, erst recht nicht die Gräten in den Fisch gebracht und den schnodderigen Kellner eingestellt. Ich habe einfach nur begeistert eine Entscheidung getroffen.

DER PSYCHOTEST

Es war nicht gut, diese Seite aufzuschlagen. Es ist ein Kapitel, das wir besser hätten schließen sollen, bevor wir es überhaupt öffneten: Es war meine Idee. Aber dass er so sehr zwischen uns stehen würde, hatte ich nicht erwartet. Nora zögerte von Anfang an, sie zögerte lange. Aber schließlich sagte sie zu. Ich überredete sie damit, dass es auch in längeren Beziehungen wichtig sei, zwischendurch Neues auszuprobieren, auch wenn dieses Neue allem widersprach, was wir sonst für gut und richtig hielten. Natürlich haben wir es dann getrennt voneinander getan, ohne uns dabei zuzuschauen. Danach trafen wir uns, um uns zu sagen, wie es war. Ja, er kann das Gefühlsleben ordentlich durcheinanderwirbeln, so ein Psychotest.

Immerhin war es ein seriöser Test. Mein Ehrgeiz war groß: Wir beantworteten also insgesamt dreizehn Fragen: Ob wir viel zappen, selbst wenn wir eigentlich eine ganz bestimmte Sendung sehen wollen, ob es uns schwerfällt, einen Brief zu schreiben, und wie viele Entwürfe wir dafür brauchen.

Wichtig, so hieß es, seien «spontane Antworten». Genau das Richtige für mich! Schon beim Gedanken daran tat sich ein Abgrund auf. War das vielleicht schon die vielsagendste Antwort, dass ich nassgeschwitzt war von einem Test, der mir Spontanität abverlangte, ohne ihn überhaupt begonnen zu haben? Ich zog mich also zurück und fing an. Hinter jeder Antwort sollte ich eine Zahl zwischen 1 (trifft auf mich gar nicht zu) und 7 (trifft voll auf mich zu) notieren.

1. *Wenn ich fernsehe, zappe ich durch die Programme und überfliege die zur Verfügung stehenden Alternativen, auch wenn ich eigentlich eine bestimmte Sendung sehen möchte.*

Trifft voll auf mich zu, und ich gebe mir direkt zum Start volle Punktzahl. Das kann ja lustig werden. Sobald ich eine Talkshow im Ersten entdeckt habe, weckt diese Assoziationen. Ich denke daran, dass Maischberger im Ersten nur bedeutet, dass Lanz gleichzeitig im Zweiten läuft, und ich denke an Barbara Schöneberger und Hubertus Meyer Burkhardt. Das ist aber in jedem Falle ein Grund, mal in die Dritten rüberzuschauen, vielleicht gibt es da etwas zu verpassen, was ich nicht verpassen darf. Kaum bin ich dort, denke ich: Die Dritten sind schon wirklich sehr 80er, Gegenwart sind die Digitalsparten, also nix wie ab dahin, da läuft sicher irgendeine hammermäßige US-Serie, die in Deutschland nie möglich wäre, weil wir einfach nicht die Leute und nicht das Geld und vor allem nicht die Zuschauer haben, außer mir natürlich, der sich die Serie jetzt gleich auf dem Laptop anschauen wird.

Nora ist da entspannter. Sie zappt, findet etwas, guckt es ... ja, wie soll ich sagen ... zu Ende. Ja, sie guckt Dinge zu Ende. Unvorstellbar! Gibt es gegen meine Nervosität ein Medikament? Aber bitte keine bitteren Pillen, eher was zum Trinken, das auch noch nach Orange schmeckt. ADS Akut Hektiklöser zum Beispiel. Nora entscheidet sich sogar vorher, was sie sehen will. Ich glaube, sie würde auch Fernsehzeitschriften kaufen und die Dritten gucken. Beneidenswert. Sie wird besser abschneiden bei dieser Frage. 7 Punkte für mich.

2. **Wenn ich im Auto Radio höre, prüfe ich oft die anderen Radiosender daraufhin, ob sie etwas Besseres spielen, sogar wenn ich relativ zufrieden bin mit dem, was ich gerade höre.**

Ja, das ist so. Das liegt aber vor allem an der miserablen Qualität der deutschen Radiosender. In Amerika, da, wo auch DIE! Serien laufen, da gibt es bessere Radiosender. Aber hierzulande wird entweder zu viel gelabert oder zu wenig, bei Klassik Radio fehlt mir persönlich oft Bon Jovi. Es liegt also nicht nur an mir, ich bin in dieser Frage eingeschränkt schuldfähig. 4 Punkte.

3. **Mit Beziehungen ist es wie mit Kleidungsstücken: Ich gehe davon aus, dass ich viele ausprobieren muss, bevor ich die perfekte Passung finde.**

Zum ersten Mal bin ich froh, dass wir uns entschieden haben, diesen Test getrennt voneinander zu machen. Natürlich gibt es immer noch was Besseres, denn meine Lebensmaxime ist: Das Gute ist der Feind des Besseren. Und das gilt in allen Bereichen, finde ich. Klar gucke ich mich um, also ich drehe mich nicht um, das ist ein wichtiger Unterschied. Noch lieber gucke ich den Röcken hinterher, die vor mir laufen, und versuche, sie einzuholen, ja, zu überholen, auf den Rolltreppen des Lebens. Dann fahre ich wieder nach Hause, denn gegessen wird zu Hause, das ist ausgemacht. Außer, ich bin eingeladen. Ich bin ein Liebeskonjunktivist. Allein für dieses Wort hat es sich schon gelohnt, diesen Test bis hierhin zu machen. 3 Punkte.

4. **Egal wie zufrieden ich mit meinem Beruf bin, es ist immer sinnvoll, sich umzuschauen.**

Puh, endlich Entspannung. Ein klares Nein, na ja, fast, eher ein och nöö. Eigentlich bin ich ganz zufrieden, nur manchmal nicht.

Aber dann bin ich zu müde, um mich umzugucken. Ich gucke ja schon nach anderen schönen Töchtern von anderen schönen Müttern, da kann ich mich nicht auch noch nach anderen schönen Jobs umschauen. Und eigentlich ist der Job auch ganz in Ordnung. Jeder Mensch, auch der schlimmste Optimierer, hat ja Bereiche, in denen er Gelassener ist. Und das ist bei mir der Beruf. 3 Punkte.

5. Ich phantasiere oft darüber, ein Leben zu haben, das sich von meinem jetzigen unterscheidet …

Ja, aber nur eines mit allen Vorteilen, die das jetzige hat. Und trotzdem ganz anders ist. Hilfe, bin ich das? So viele Punkte kann es gar nicht geben, wie ich allein für diese sehr gestörte Antwort bekommen müsste. 7 Punkte.

6. Ich bin ein großer Freund von Ranglisten (die besten Sänger, die besten Sportler, die besten Bücher).

Ja, absolut. Als ich mir neulich eine neue Waschmaschine kaufen musste, habe ich die Suche sofort auf AAA eingeschränkt. Diese Währung kenne ich sonst nur von Ratingagenturen. Und als Kunde bin ich doch auch so was wie eine menschgewordene Ratingagentur. Während deren Agenten ganze Länder zu Fall bringen, bringe ich ganze Firmen ins Schlingern mit meiner gnadenlosen Bewertung. Jedes Hotel, jedes Musikstück, jeder Sitzplatz im Zug, alles wird mit Punkten versehen und in meine inneren virtuellen Tabellen gestopft. Ich habe eine Meinung, und wenn ich sie schon nicht in Worte kleiden will, weil ich mich nicht in ie Reihe der Kommentarschreiber stellen will, dann verewige ich mich in Zahlen. Ich bilde mir ein, dass meine Bewertungen bei dem einen oder anderen Urlaubshotel schon mehrere Stellen hinter dem Komma ausmachen. Irgendwie muss es sich ja auszahlen, dass ich mittlerweile zehn verschiedene Accounts habe auf den einschlägigen Portalen.

Auch bei Büchern bin ich ein Freund von Bestsellerlisten. Ich lese sie komplett – also die Listen, nicht die Bücher. Ein ganzes Buch beim Zappen zwischen zwei Fernsehsendern durchzukriegen ist schwierig. Ich kann ja nicht nur Bücher von Dan Brown lesen.

Mein Highlight aber sind Rankingshows im Fernsehen. Von den 100 schönsten Frauenbeinen über die 50 tollsten Hundehütten bis zu den schönsten Bergen der Zugspitze – ich gucke alles – und zwar immer. Aber weil ich ständig weiterzappen muss, verpasse ich immer die Besten der Besten. Ich habe mir schon oft vorgenommen, wieder einzuschalten, wenn die beim Ranken auf Platz 2 sind, habe dann aber immer in die Werbepause reingezappt und gedacht, alles ist schon rum, obwohl erst danach Platz 1 kam. Mein Problem ist Timing. Vielleicht sollte ich Schauspieler werden. 6 Punkte.

7. Es fällt mir häufig schwer, ein Geschenk für einen Freund zu kaufen.

Ja, aus zwei Gründen: Erstens bin ich wahnsinnig vergesslich, was dazu führt, dass ich sogar meinen eigenen Geburtstag mehrfach vergessen habe. Darum hab ich ihn jetzt in mein Handy eingetragen, und dann backe ich mir einen Kuchen, den ich dann selbst nicht essen will, weil ich als Konditor so brauchbar bin wie ein Schrebergarten auf einer Straßenkreuzung. An die Geburtstage meiner Freunde erinnert mich Nora, die mittlerweile auch alle Geschenke kauft. Wenn ich es täte, wäre der Jubeltag schon längst vorbei, ehe ich mit meinem Präsent vor der Tür stünde. 6 Punkte.

8. Wenn ich einkaufen gehe, fällt es mir schwer, Kleidungsstücke zu finden, die ich richtig gut finde.

Ja, leider. Bei Klamotten bin ich die Hölle auf Erden für jeden Begleiter. Ich finde nichts, und wenn ich meine, das Richtige gefunden zu haben, gefällt es mir spätestens zu Hause nicht mehr, dann muss ich es umtauschen, und dann ist die Alternative auch weg. Ich bin dauernd unzufrieden. Hier ist meine Östrogenisierung erschreckend weit fortgeschritten. Hier stehe ich meiner Freundin in nichts nach. Sind Östrogene ansteckend? Egal. Zu gerne würde ich wissen, ob sie hier ein wenig schummelt, nur, um ihren Optimierungspegel künstlich niedrig zu halten. 7 Punkte.

9. Videos auszuleihen ist sehr schwierig. Ich mühe mich stets damit ab, das Beste auszusuchen.

Es erfreut mein Nostalgikerherz, dass in diesem Test von 2006 noch von Videos die Rede ist. Ich leihe nämlich regelmäßig VHS-Kassetten in der Videothek aus, am liebsten die mit den Fettfingerabdrücken und den Ketchupresten des Vorgängers. Ich bestelle dann beim Gucken immer das, was mein Vorausleiher auch gegessen hat. Ich unterstelle kulinarische Kompetenz: Vielleicht wird der Film durch das richtige Dressing erst zum Blockbuster. Der Appetit kommt schließlich beim Essen. Ich habe die Erfahrung gemacht: Wenn ich im Museum ein Eis esse, finde ich auch den abgefahrensten Picasso plötzlich wundervoll. Der ästhetische Gewinn geht mit dem kulinarischen einher. Mein Plan ist, Amazon das als Geschäftsmodell vorzuschlagen: «Andere Zuschauer, die diesen Film sahen, aßen dazu …».
Am schwierigsten ist es für mich bei E-Books. Da kann ich mich für nichts entscheiden, weil ich auf allen Portalen den besten Preis suche. Und dann kommt doch immer der gleiche. Wo ist die Marktwirtschaft, wenn man sie braucht? Die Buchpreisbin-

Der Psychotest

dung ist Zwang zur Entspannung. Eine Art Kommunismus für Leute, die Buchstaben in unvorhersehbaren Reihenfolgen auch auf langen Strecken immer in korrekten Sinnzusammenhängen kombinieren können. **6 Punkte.**

10. *Ich finde Schreiben schwierig, sogar wenn es darum geht, einem Freund einen Brief zu schreiben. Es ist wirklich nicht leicht, die richtigen Worte zu finden.*
Das ist ein großes Probl... nein, es ist grauenha... entsetzl... nein, auch nicht, es ist eigentlich ganz einfach, aber... ach, wenn dieses Aber nicht wä... also, im Grunde wollte ich... also sagen... ich finde mich spontan am besten. **1 Punkt.**

11. *Egal was ich tue, ich messe mich am höchsten Standard.*
Nein, eigentlich nicht. Nur beim Schreiben. Verdammt, ich fange an zu lügen, weil ich meine Punkte schon mal zusammengezählt habe. Also ehrlich: **5 Punkte.**

12. *Ich gebe mich nie mit dem Zweitbesten zufrieden.*
Doch, sehr oft. Wenn ich bei den Rankingshows Platz 3 verpasst habe, weil ich unentschieden rumgezappt habe, nehme ich auch Platz 2. **4 Punkte.**

13. *Wenn ich eine Entscheidung treffen soll, versuche ich mir alle anderen Möglichkeiten vorzustellen, sogar die, die momentan gar nicht zur Verfügung stehen.*
Ja, das ist sehr oft so. Auch wenn es eine Hose gar nicht mehr gibt, stelle ich mir vor, wie es wäre, wenn ich sie jetzt tragen könnte. **7 Punkte.**

Quelle: Greifeneder/Betsch, Lieber die Taube auf dem Dach! Eine Skala zur Erfassung überindividueller Unterschiede in der Maximierungstendenz, in: Zeitschrift für Sozialpsychologie, 37 (4), 2006, S. 233-243

Ich war durch. 69 Punkte insgesamt! Als wir uns beide verglichen, stellten wir fest, dass Nora bei 35 Punkten herausgekommen war.

Das Ergebnis war eindeutig: Ich war – wer hätte es gedacht – mit meinem Wert im Optimierungsbereich gleichsam durch die Decke gegangen, während Nora im gediegenen Gelassenen-Areal blieb. Immerhin waren wir damit ein sehr repräsentatives Vorzeigepärchen. Männer neigen nämlich stärker zum Optimieren als Frauen. Psychologen vermuten, dass die Ursache dafür noch immer in alten Rollenbildern liegt: Bei Frauen ist bescheidenes Auftreten erwünscht, Männer sollen nach dem Optimum streben. Schuld sind wahrscheinlich die Gene und die Gesellschaft oder beides zusammen mit dem Testosteron, das ja auch sonst für jeden Krieg und jedes Elend verantwortlich ist – es sei denn, die Östrogenisierung konnte das Schlimmste noch rechtzeitig verhindern.

Ich lese, was ich geahnt habe: Leute, die über 63 Punkte kommen, sind weniger zufrieden mit ihrem Leben, weniger optimistisch und niedergeschlagener als die mit weniger Punkten. Wer eine höhere Punktzahl hatte, wies sogar Depressionswerte auf, die im klinischen Bereich lagen. Wer alle Optionen kennt, kann vielleicht die besseren Entscheidungen treffen, aber der Preis, den er bezahlt, ist hoch. Die Währung des Optimierens ist das Grübeln, dieses Kaugummi des Geistes. Das heißt, ich dachte lange darüber nach, dass ich mal in Ruhe darüber nachdenken sollte, wie ich das Nachdenken in seine Schranken weisen könnte. Und Schranken finden würde mir sicher leichter fallen, wenn ich wüsste, wo der Bahnübergang ist.

Am Tag nach dem positiven Optimierungstest hatte ich dann doch noch einen Erfolg zu verbuchen. Ich hatte mir vorgenommen, von nun an in den Momenten des Zweifels alles einfach so zu machen, wie Nora es vorgeschlagen hatte. Das erschien mir sinnvoll, sie war ja quasi das Gegenteil von mir. Wenn sie einmal nichts vorschlug, schlug ich mir selbst das vor, wovon ich glaubte, dass sie es genau so vorgeschlagen hätte. Und wenn sie vorschlug, es so zu machen, wie ich es wollen würde, wenn ich noch wollen dürfte, wie ich wollte, lehnte ich freundlich, aber bestimmt ab, um ihren Willen geschehen zu lassen. All das hat dann auch geklappt: Wir hatten uns vorgenommen, eine Sendung zu Ende anzuschauen. Das ist uns auch gelungen. Also, ihr. Ich bin nach zehn Minuten eingeschlafen.

2. Kapitel

BERUF

Geld

Spaß

IM AUGE DES ASSESSMENT-CENTERS – VON ENTSCHEIDERN, DIE NICHT ENTSCHEIDEN WOLLEN

Seit einigen Wochen ist Nora auf Jobsuche. Auch die entspanntesten Gelassenen werden hier nervös: Was ist, wenn mich keiner will? Was ist, wenn ich für alles so halb, aber für nichts richtig geeignet bin oder für das Richtige nur halb oder so richtig nur für das Falsche? Was bin ich, und wenn ja, warum? Nach meinem Dafürhalten bewirbt sich Nora einfach überall. Keine Anzeige, die halbwegs ihrem Profil entspricht, ist vor ihr sicher. Das liegt an ihrem Job. Nora macht in Medien, wie man heute sagt. Vor ein paar Jahren hätte man noch gesagt, was mit Medien, aber das ist vorbei. Heute macht man in Medien. Mittendrin statt nur dabei. Ist Kommunikationsfrau, Pressereferentin. Weil sich der spätmoderne Personaler entschieden hat, dass heute alles irgendwie Kommunikation ist, hat Nora scheinbar unendliche Möglichkeiten. Das macht die Sache nicht einfacher.

Immer häufiger stellen wir nämlich fest, dass Arbeitgeber Bewerber eher als Gefahr denn als Gewinn sehen. Wir leben in Zeiten unbedingter Gleichbehandlung. Das führt weniger zu Gleichbehandlung, als vielmehr dazu, dass sich auch Gleichbehandelte ungleich behandelt fühlen.

Beispiel Stellenanzeigen: Die wichtigste Regel beim Jobdating im Internet: Das Profil der Stellenanzeige muss so profillos sein wie der erste Satz in der Tagesschau: «Guten Abend, meine Damen und Herren.» Bereits die Suche nach einem «jungen Kollegen» haben Gerichte schon als Altersdiskriminierung ausgelegt. Auch der neue Chef eines Technoclubs oder der Boss der BRAVO sollte – mindestens theoretisch – der frühberentete Teilzeitsenior mit Bob-Dylan-Plattensammlung sein können, der Sido noch für einen Glasreiniger hält. So bekam ein älterer Herr rund 100 000 Euro Schadensersatz zugesprochen, weil er sich von einer Stellenanzeige, in der das Wort «dynamisch» fiel, nicht ausreichend angesprochen fühlte. Lange bevor irgendeine Entscheidung getroffen wird, sitzen Misstrauen und Verdacht bei jedem Vorstellungsgespräch mit am Tisch. Der Arbeitgeber steht per se im Verdacht, Ausbeuter, Diskriminierer, Jobnazi und Geschlechtsrassist zu sein. Auf der anderen Seite sitzt nicht der künftige Mitarbeiter, sondern der Kläger und Schadensersatz-Berechtigte in spe. Gleichbehandlungsgesetze führen so zu einem Regiment der Furcht, unter dessen Einfluss beide Seiten defensive Entscheidungen treffen. Der Motor der defensiven Entscheidung ist meist Angst, die immer ein schlechter Ratgeber ist.

Studien haben gezeigt, dass Entscheidungsträger, die damit rechnen, dass ihre Wahl später überprüft wird, häufiger schlechtere Entscheidungen treffen. Aus Angst vor Risiken neigen sie zu weniger mutigen und innovativen Entscheidungen, dafür zu umso bürokratischeren. Das ist der Grund, warum Behörden Systeme sind, die nur sehr langsam lernen, wie jeder weiß, der schon einmal eine Lohnsteuerkarte beantragt hat oder sich an einer Uni einschreiben wollte. Wer immer auf Sicht fährt, für den wird der kleinste gemeinsame Nenner zum einzigen Leuchtturm.

Wer heute einen neuen Job sucht, lebt mit dem Druck, dass es der optimale sein muss. Wer nur halbwegs auf der Höhe ist, geht auf in seinem Beruf, liebt ihn und lebt für ihn, hat aber zugleich eine sensationelle Work-Life-Balance. Klingt unsinnig? Ist es auch. Aber gut erzählte Lügen, die nur oft genug wiederholt werden, haben die Chance, in die Nähe von Idealen zu rücken, und blenden uns wie das Sonnenlicht, das im falschen Winkel aufs Meer fällt.

Ich finde, Nora schlägt sich wacker. Ich meine, dass ich an ihrer Stelle ein größeres Wrack wäre, wahrscheinlich zerfressen von lähmender Angst. Der Angst, den eigenen Platz, den man noch immer nicht gefunden hat, vielleicht auch nie zu finden. Das Gefühl, nie wirklich anzukommen. Zugleich wie ein Maler sein zu müssen, der ein Bild malt, das am Ende perfekt komponiert ist, in dem kein Strich zu viel, keine Farbe zu intensiv, kein Übergang zu hart, sondern alles in der Ruhe des Vollendeten an seinem Platz zu sich selbst gekommen scheint. Beim Blick auf das unsichere Etwas, das wir Ich nennen, schleicht sich aber der Verdacht ein, vielleicht doch nur vor einer leeren Staffelei zu stehen, vielleicht ein paar Kleckse darauf gemalt zu haben, ein paar Flecken, von denen man selbst nicht weiß, ob sie Absicht waren. Ist das Kunst, oder kann das weg?

Wir haben gelernt, in Konsequenzen zu denken. «Das Wahre ist das Ganze» heißt es bei Hegel erschreckend verständlich. Aber es geht weiter: «Das Ganze aber ist nur das durch seine Entwicklung sich vollendende Wesen.»[9] Das ist der Hegel, wie ich ihn liebe! Oder wie der routinierte Quizshowgucker sagt: «Deal or no deal!» Im Job heißt es dann gern: «Sei hartnäckig!» «Wirf die Flinte nicht ins Korn!» Abbrüche und Irrwege sind nicht vorgesehen. Die Tradition, die unser Denken und Fühlen geprägt hat, ist Erbe und Schuld zugleich. «Wer A sagt, muss auch B sagen!», «was du angefangen hast, musst du auch zu Ende bringen!» «Ich will, dass es echt ist, dass es perfekt ist!» Der staugeprüfte Autofahrer aber weiß: Umwege erhöhen die Ortskenntnis.

Nach vier Vorstellungsgesprächen, die Nora geführt hat, verstärkt sich mein Eindruck: Auch das moderne Kennenlernen des Bewerbers entspricht heute eher einem Sicherheitscheck am

Flughafen als interessierter Neugierde. Grundregel beim Charakterscan: Eigenschaftsklamotten ablegen – so wenig wie möglich und so viel wie nötig tragen, getreu dem Motto: «Wirf alles von dir, was dich Hemd!» Alles, was auffällig und einzigartig sein könnte, muss abgelegt werden, um verGLEICHbar zu sein.

Einmal wollte ein potenzieller Chef von Nora wissen, ob sie bald Mutter werden wolle, beim nächsten Mal, warum sie es noch nicht sei und beim dritten Mal, ob denn Familie gar keine Bedeutung für sie habe; ob sie ein gleichsam aus dem Nest geschubstes Nestbeschmutzer-Wesen sei, das so den Verdacht nähren könnte, auch der Firmenfamilie schon bald ans Bein pinkeln zu wollen. Einmal waren ihre zwei Auslandsaufenthalte ein Fluchtversuch vor sich selbst, der Welt und der Familie, die man ihr drei Stunden vorher noch abgesprochen hatte. Einen Tag später hatte man Angst, sie könne sich unter einem Vorwand schon bald ein drittes Mal mit einem Rucksack aus dem Staub machen. Gestern war die Tatsache, dass sie schon in fünf Firmen gearbeitet hatte, ein Zeichen von chronischer Arbeitsmarkt-Nymphomanie, heute waren zwei Jahre in der gleichen Firma schon zu lange für eine so junge Frau und ein Ausweis mangelnder Bereitschaft zur Veränderung. Gemeinsam hatten diese Meetings nur eines: Was gerade noch Stärke war, konnte im nächsten Moment schon Schande sein. Mal fragte man sie, ob sie auch wisse, wo sie sich beworben habe, und war überrascht, dass sie den Firmennamen nicht nur gegoogelt, sondern sogar den Wikipedia-Eintrag dazu gelesen hatte. Das Highlight war eine Firma, die ihr, nach über zehn Jahren Berufserfahrung, ein zweimonatiges Praktikum als Projektleitern zum Praktikumsgehalt anbot, einfach, damit man sich besser beschnuppern könne. Wer in einer Leitungsposition ein Praktikum anbietet, hält auch Fips Asmussen für einen Literatur-Nobelpreisträger.

Ich war beeindruckt von der humorvollen Gelassenheit, mit

der Nora das alles hinnahm. Ich empfahl ihr nach ihrer Tournee, ein Buch zu schreiben mit Tipps für Personalchefs aus Sicht der professionellen Bewerberin. Titel: «Die 100 dümmsten Fragen an Bewerber, die Sie nie stellen sollten, wenn Sie auch nur einen Mitarbeiter für Ihre Klitsche gewinnen wollen». Das Buch hätte sie gern geschrieben, aber der Titel war ihr zu lang.

Letzte Woche war Nora dann bei einem spannenden Vorstellungsgespräch. Sie hat nicht einmal das Haus verlassen und war ganz alleine dabei. Es war ein Online-Selbstgespräch.

Sie hat es in bester Absicht mit sich geführt: Nach einer Online-Bewerbung nun ein Online-Persönlichkeitstest. Die Firma auf der anderen Seite der Straße sucht eine Kommunikationsmedienpressereferentin. Wenn dieses Wort überhaupt auf eine Visitenkarte passt. Auf jeden Fall irgendwas jung-dynamisches, das nicht so heißen durfte, mit krasser Verantwortung und totaler kreativer Freiheit und überhaupt allem, was man sich so wünschen kann, wenn man alles und nichts können soll. Ich hatte davon gehört und Nora halb im Scherz, halb ernsthaft, geraten, es doch mal dort zu versuchen.

Nun war sie mit sich zum Online-Assesment-Center verabredet. So sollte sie den Jungs gegenüber helfen, sich ein Bild von ihr zu machen, ohne sie je gesehen zu haben. In 90 Minuten ging es darum, Multiple-Choice-Antworten zutreffend zu gewichten. Darunter auch die Frage danach, womit sie ihre Freizeit verbringe. Die Antwortmöglichkeiten waren:

1.) Ehrenamt, 2.) neue Dinge kennenlernen, 3.) Projekte organisieren, 4.) Geld ausgeben 5.) Museumsbesuche 6.) spirituelle Aktivitäten.

Seltsame Optionen. Ich frage mich, wo das Ehrenamt anfängt? Schon in dem Moment, in dem sie sich meine täglichen Hirngespinste anhören muss? Oder ist das nur betreutes Plappern? Was sind «neue Dinge»? Handtaschen kaufen? Und was «spirituelle

Aktivitäten»? Als Frau nur mit einer Handtasche bekleidet in eine Moschee rennen? Diese Antwortoptionen waren in etwa so präzise wie der Entwurf eines Architekten, der ein Haus plant, ohne die vier Grundrechenarten zu beherrschen.

Kurz: Es handelt sich bei diesem Test um die üblichen mit Fragezeichen versehenen Gemeinheiten aus der Trickkiste des psychologischen Zwei-Achtel-Wissens. Andauernd hatte Nora das Gefühl, das Falsche zu sagen. Zudem maß der Test die Zeit, die sie brauchte, um zu antworten – auch Zaudern und Zögern wandelte er in mathematische Formeln um. Es ist eine Art Idiotentest für Nüchterne.

Am Ende der Woche weiß Nora also endlich, wer sie war, ist und sein wird: Auf fast 40 Seiten erklärte man ihr, dass sie «präzise», «wissbegierig», «zurückhaltend», «gründlich» und «diplomatisch» sei. So weit, so gelassen. Darunter noch eine weitere Graphik, mit der sie sich in vier Farben selbst erkennen kann. Rot steht für «dominant», gelb für «initiativ», grün für «stetig» und blau für «gewissenhaft». Offenbar hat man auch auf Autorenseite eingesehen, dass der Mensch eher einem buntfleckigen Gerhard-Richter-Mischmasch vom letzten Museumsbesuch gleicht als einem ungetrübten sozialdemokratischen Rot. Aber es gibt wohl immer eine dominierende Farbe, lerne ich. Noras dominante Farbe ist also grün, was heißt, dass sie mitfühlend, geduldig, freundlich und entspannt sei. Hinzu kommt ein Gelbstich, was ihr eine dynamisch-enthusiastisch-überzeugende Note verleiht. Kurz: Sie ist offensiv-mitfühlend. Aber was ist offensiv-mitfühlend? Eine Art Kantinen-Mutter-Teresa, garniert mit therapeutischen Heilkräften? Was will der Test sagen? Dass Nora den falschen Job hat und besser umschulen sollte zur Sozialarbeiterin?

Der Mensch ist wohl eine Art Charakterkoalition, ein schlechtes Zweckbündnis auf Zeit, ein lebenslanger Eigenschaftskompromiss aus zwei Parteien, die mehr schlecht als recht eine Lebenslegislaturperiode von rund 80 Jahren durchstehen müssen. Sie war «entscheidungsfreudig», aber «umsichtig». Wow! Sie muss ein Wundermensch sein. Neigen nicht entscheidungsfreudige Menschen eher zur Rücksichtslosigkeit? Muss das nicht so sein? «Entschlossen und diplomatisch» sei sie auch. Ich habe eine menschgewordene Quadratur des Kreises vor mir. Und dann auch noch «risikofreudig UND taktvoll» – als Marketingfrau also stets dabei, den Laden in den Ruin zu treiben, aber wahnsinnig nett zu sein dabei. Ich war schnell überzeugt, dass die Testerfinder Leute waren, die beim Casting fürs Glaskugel-Lesen bei Astro TV durchgefallen sind.

Darunter noch eine Menge Orakelei: Welche Probleme bei Herausforderungen entstehen könnten, von denen keiner weiß, ob sie je eintreten werden. Daneben ein paar «Schlüssel zur Motivation» und «verbesserungsfähige Bereiche», sowie ein «Aktionsplan». Nora klingt jetzt wie ein asbestverseuchter Sanierungsfall der Zellteilung. Der Begriff «Urteil ohne Ansehen der Person» bekommt hier seine wahre Bedeutung.

Es schließt sich eine schockierende Buchstabenwüste an, die sich unverschämterweise – genau wie dieses Kapitel – völlig graphikfrei über mehrere Zeilen hinzieht. Darin erklärte der Test seine Prämissen: «Unser Verhalten wird vorwiegend durch unser Temperament gesteuert und äußert sich in der Weise, wie wir Dinge angehen.» Aha.

Die Grundlage von Personalentscheidungen ist also das Temperament – der heißeste Scheiß auf dem Psychomarkt des 21. Jahrhunderts. Der griechische Arzt Hippokrates von Kos machte sie 400 v. Christus zu einer Art «state of the art» in der damaligen Managementlehre für die Ackermänner der Antike. Er ging davon aus, dass die verschiedenen menschlichen Charaktere mit den vier «Körpersäften» Blut, Schleim, gelbe und schwarze Galle zusammenhingen. Wenn es diese Fantastischen

Vier sind, die Hippokrates mit Körpersäften in Verbindung bringt, möchte ich nicht wissen, wie seine sexuellen Vorlieben sind. Danach jedenfalls gibt es vier Menschentypen: Den Sanguiniker, der heiter und aktiv ist (Typ Talkshowmoderator, dem es gelungen ist, seine Hyperaktivität in die Bahnen des zivilisatorischen Zusammenlebens zu lenken), den Phlegmatiker (CSU-Kreisverband Deggendorf), den Melancholiker (von den Mühen des weißen Blatts geplagter Romanautor ohne Plot und Abgabetermin) und den Choleriker (Mario Basler).

Alle vier Temperamente finden heute in den Persönlichkeitstypen ihr marktkonformes Echo, auch wenn man aus dem derben «cholerisch» ein semisympathisches «dominant» gemacht hat. Die Firma, die mit dem Claim wirbt: «Nur wer alle Optionen kennt, kann optimale Entscheidungen treffen», entscheidet selbst nach dümmsten Vierfarbmustern. Je komplexer die Welt, desto einfacher die Antworten. 200 Jahre Psychologie können einpacken! Heute davon auszugehen, dass sich Menschen in vier Gruppen einteilen lassen, ist so zeitgemäß, wie auf der Pferdekutsche bis Sizilien kommen zu wollen.

Im Jahr 2001 setzte nicht einmal jedes fünfte aller Assessment-Center Persönlichkeitstests ein, heute sind es fast dreimal so viele. Es scheint sich wohl um einen Trend zu handeln. Ich meine, diese Veränderung geht einher mit einem Mentalitätswandel in den Führungsetagen.

Mit dem Ende der New-Economy und der Finanzkrise von 2008 sind die AckermannSchremppKopper-Ego Shooter von der Bildfläche verschwunden. Jetzt entschied man sich für die neue Sachlichkeit im Management. Von Alphamännchen auf Betablocker zu Betamännchen mit Alphablocker. Auf dem biederen Bürokraten ruht die Hoffnung auf verlässliche Entscheidungen in unberechenbaren Zeiten. Nett, immer freundlich und um Ausgleich bemüht soll er sein – die Helene Fischer unter den

Managern. Der neue Chef der Deutschen Bank, Anshu Jain, kommt mit Rucksack zur Arbeit. Das ist so, wie wenn Gerhard Schröder nach dem Ende seiner Kanzlerschaft als Biobananenpflücker auf einer Fairtrade-Plantage in der Dominikanischen Republik angeheuert hätte. Gefordert ist der alles berechnende Zahlenfuchs, dessen Wahrheit in Tabellen liegt, nicht im selbstgefälligen Auftritt auf der großen Bühne. Die Tabellen sind ein optimaler Schutzraum, in dem der Entscheider vertuschen kann, dass er nicht in der Lage ist, Entscheidungen jenseits der Algorithmen zu fällen.

Oft hat er ja auch keine Zeit für Erklärungen: Entscheidungen heute müssen schneller denn je getroffen werden. Zugleich wächst die Beobachtung: Ein Vier-Augen-Gespräch wird heute so schnell geleakt, dass man es gleich bei Twitter hätte führen können. Transparenz fördert Geheimhaltung, Schweigen bedeutet Sicherheit.

Mit dem Aufstieg der biederen Demokratendarsteller vollzog sich der Siegeszug der Technokratie im mittleren Management und mit ihm der Aufstieg der Persönlichkeitstests. Wer Persönlichkeiten nicht erkennt, braucht Tests, um das Offensichtliche zu sehen. Verantwortung wird zum Abschreibungsobjekt in der Bilanz der eigenen Vorteile.

Wer keine optimale Entscheidung trifft, ist weg vom Fenster. Und das Optimale ist das Effiziente. 2011 sind in Deutschland doppelt so viele Vorstandschefs ausgetauscht worden wie im Jahr zuvor – es war jeder sechste. Je größer das Unternehmen, desto kürzer die Amtszeit.

Der Kreislauf aus Optimierung und Angst hat die Entscheidungsebenen längst erreicht. Wie wenig sich Führungskräfte zutrauen, hat der Psychologe Gerd Gigerenzer gezeigt: Er befragte zahlreiche Manager, ob sie sich bei ihren Entscheidungen auf sich und ihre Intuition verließen. Die Hälfte gab zu, dies zu tun, würde es öffentlich aber niemals zugeben. Begründung: Für ihre Entscheidungen würden «rationale Rechtfertigungen» erwartet, eine Erklärung durch Zahlen und Fakten. Hinzu kam die tief sitzende Angst, nicht alle Gründe berücksichtigt zu haben: «Ich habe kein Vertrauen in meine Gefühle» war der häufigste Satz.[10] Gemeint war: «Gefühle machen bei uns die Frauen.»

Gerade die großen Entscheider scheinen mit der Vielfalt der Optionen heillos überlastet zu sein. Die Triebkraft ihrer Entscheidungen ist nicht, was sie vor sich selbst verantworten können, sondern wie sie diese Entscheidung nachträglich begründen können, ohne ihr Gesicht zu verlieren. Das gesamte Beratergeschwader, die zahlenfixierte Dienstleistungspest der Gegenwart, ist ein Agent der Angst, allein für ihr Wachstum streicht er die höchsten Provisionen ein. Schon deshalb hat die Branche das größte Interesse an entscheidungsschwachen Führungen.

Kraft und Autorität eines Entscheiders bemisst sich einzig an der seltenen Fähigkeit, in einer unsicheren, hochkomplexen Situation weitsichtige Entscheidungen zu treffen und Verantwortung dafür zu übernehmen – und dabei sowohl der Bauchgefühle wie auch der Zahlen Herr zu werden, ohne sich von ihnen vereinnahmen zu lassen. Das ist im Übrigen auch die einzige Legitimation für horrende Managergehälter.

Ein unerfüllbarer Anspruch? Nein, es ist leichter getan als gesagt: Wenn Sie Entscheider sind oder Ihr Umfeld Ihnen vermittelt, dass Sie einer sind, finden Sie die bestmögliche Person für einen Job recht einfach: Wählen Sie maximal sechs Merkmale aus, die für diese Position entscheidend sind (Führungsqualitäten, Zuverlässigkeit etc.) und gewichten Sie diese nach Wichtigkeit (sehr wichtig bis fast egal). Entwickeln Sie fürs Gespräch gezielte Fragen, um herauszufinden, ob die Bewerber diese Kriterien erfüllen. Anschließend geben Sie dem Kandidaten Punkte und zählen sie zusammen. Dann lassen Sie Ihrem intuitiven Urteil freien Lauf, indem Sie die Augen schließen und sich den Kandidaten in fünf Jahren im Job vorstellen. Dann entscheiden Sie. Und wenn Ihnen das alles zu kompliziert ist oder Sie Mitglied der CSU sind, nehmen Sie einfach einen nahen Verwandten.

Grobe Einteilungen von Menschen in Vier-Farben-Raster mindern nicht die komplexe Aufgabe, den Richtigen zu finden, sondern nur das Potenzial des künftigen Mitarbeiters. Wenn Sie aufgrund eines lausigen Persönlichkeitstests ausgewählt wurden, wissen Sie, dass Sie im besten Falle ein Korn sind, gefunden von einem blinden Huhn. Im besseren Fall gehen Sie trotzdem erfolgreich Ihren Weg. Das wäre dann ein Erfolg, den Sie alleine sich selbst zuzuschreiben haben.

Im schlechteren Fall werden Sie einfach nur in die falsche Schublade gesteckt, um dann als Talentkarteileiche ein Dasein zu fristen, das sich mit einer einzigen Farbe beschreiben lässt: Schwarz.

SICHERES GELD ODER WARUM GELD UND SICHERHEIT NIE IN EINEN VERTRAG PASSEN

Jetzt haben wir den Schlamassel: Nora hat sich beim Firmen-Sicherheitscheck so gut geschlagen, dass sie zwei Zusagen hat. Eine von der Internetfirma auf der anderen Seite der Straße und eine bei einer Veranstaltungsagentur, außerhalb der Stadt, im Outback, wo sich Wolf und Wildschwein gute Nacht sagen. Der erste Job ist schlechter bezahlt, mit etwas weniger Stress und Verantwortung, dafür mit der Aussicht auf eine unbefristete Festanstellung nach einem halben Jahr. Die zweite Stelle ist spannender, besser bezahlt, aber auch mit bedeutend mehr Arbeit verbunden. Die Perspektive hier: Einjahresverträge, die sich nach jedem Jahr um ein weiteres verlängern.

In Zahlen bedeutet das: Bei den Internetheinis bekäme sie 300 Euro brutto weniger als bei ihrem letzten Job, während sie bei der anderen Stelle mehr verdienen würde als bisher, nämlich 250 Euro. Für mehr Arbeit und mehr Unsicherheit insgesamt 3250 Euro, für mehr Verlässlichkeit, eine offensichtlich sympathische Atmosphäre und die Aussicht auf eine Festanstellung 2700 Euro brutto. Es ist wie bei den Blitzern auf der Autobahn: Weniger Tempo bringt mehr Sicherheit. Ich bin froh, nicht in ihrer Haut zu stecken. Ich wüsste beim besten Willen nicht, wie ich mich entscheiden sollte, und sehe nur die Nachteile der beiden Optionen: Wer immer gemächlich vor sich hin kurvt, langweilt sich schnell. Und wer ständig Vollgas gibt, geht eben das Risiko ein, auch mal aus der Kurve getragen zu werden.

Wie kann eine gute Entscheidung hier aussehen? Zunächst einmal bewerten wir alle Optionen von einem Referenzpunkt aus. Dieser Punkt heißt in der Psychologie «Anker», eine Information, eine Zahl, die als Orientierung dient und uns entsprechend in unseren Entscheidungen und Urteilen beeinflusst – häufig ohne dass wir es bemerken. Der Anker ist in diesem Falle das bisherige Gehalt von 3000 Euro. Die nette Stelle mit weniger Geld wäre also rein finanziell ein Verlustgeschäft.

Nun hat jeder Mensch eine natürliche Abneigung gegen Verluste. Verluste fallen immer stärker ins Gewicht als Gewinne. Ein kleiner Verlust hallt länger nach als ein großer Gewinn. Wir neigen evolutionsgeschichtlich bedingt dazu, Risiken zu vermeiden, es sei denn, die Gewinnchance ist überdurchschnittlich hoch. Lebewesen, die Bedrohungen höher gewichten als Chancen, haben bessere Überlebens- und Fortpflanzungsaussichten. Das ist der Grund, warum Kurt Cobain von Nirvana nur 27 Jahre alt wurde, Heino aber immer noch da ist – auch wenn es rein künstlerisch umgekehrt gerechter wäre.

In verschiedenen Experimenten haben Psychologen nachgewiesen, dass ein möglicher Gewinn einen etwaigen Verlust um das 1,5- bis 2,5-Fache übersteigen muss, damit wir uns darauf einlassen. Auf die Frage: Wie hoch muss ein Gewinn sein, damit er das Risiko ausgleicht, 100 Euro zu verlieren, sagen die meisten Menschen: 200 Euro.[11] Je bedrohlicher der Verlust für das eigene Leben ist, desto größer unsere Vorsicht.

Der Verlust des Jobs nach einem, zwei oder drei Jahren oder auch nur die Aussicht auf das alljährliche Zittern, ob der Vertrag verlängert wird oder nicht, reicht für Nora aus, um den Verlust von 300 Euro im Monat hinzunehmen, auch wenn er schmerzt. Es scheint viel Sehnsucht nach Ankunft in meiner Freundin zu wohnen, nach einer Ruhe im Sturm der permanenten Selbstoptimierung. Nicht schon wieder neue Kollegen, neue Sitten, neue

Strukturen. Nicht schon wieder Leute beschnuppern, die ihr Deo
vergessen haben, prüfen, wer vertrauenswürdig ist und wer nicht;
wer im Enddarm des Chefs wohnt und wer sich heimlich Pornos
runterlädt. Die ganzen Abgründe menschlicher Großraumbüro-
Tristesse – es reicht, wenn man sie sich einmal für die nächsten
Jahre ausgeleuchtet hat, und dann ist auch gut. Die Angst vorm
Absturz in die Lücke im Lebenslauf tut das Übrige.

Gut, es gibt natürlich Grenzen nach unten: Studien haben
gezeigt, dass die Lohnuntergrenze, die ein Arbeitsloser bei einer
neuen Arbeit akzeptiert, meist bei 90 % des letzten Lohns liegt.
Darunter geht es an die Menschenwürde, die dann zu Recht
im Konjunktiv steht. Die Angst vor Verlusten ist eine starke be-
stimmende konservative Kraft, gegen die die Taliban als Speerspitze des Fortschritts erscheinen müssen. Tausende von Ehen,
die sich längst selbst erledigt haben, bestehen nur deshalb noch,
weil ihre User das Gefühl haben, dass die Investitionskosten
zu hoch waren, um jetzt auch noch die Kosten einer Scheidung
draufzupacken.

Hirnforscher sagen, dass es hier auch einen Unterschied zwischen den Geschlechtern gibt: Frauen neigen eher zu Empathie
und Disziplin, sind darum weniger ehrgeizig und eher bereit,
kleine Verluste in Kauf zu nehmen. Ich weiß, das ist eine These,
die sämtlichen Gleichstellungsbeauftragtinnen unter den Lese-
rinninnen zehn neue Zornesfalten ins ungeschminkte Gesicht
und ein Büschel grauer Haare mehr aufs Haupt zaubern wird.
Aber, Gemach, liebe Genderbewegte, Männer sind auch nicht
besser: Wir ziehen in den Krieg und suchen das Risiko. Die großen Zerstörer der Weltgeschichte waren Männer: Napoleon, Sta-
lin, Bush. Wäre Adolf Hitler eine Frau gewesen, hätte er vielleicht etwas Anständiges gelernt. Schon sein Name wäre nicht
Adolf, sondern zärtlich Adele gewesen. Adele H. wäre im Gegensatz zu Adolf an der Kunstakademie aufgenommen worden und

hätte, statt mit dem Feuer zu spielen, einen Song darüber aufgenommen: «Set fire to the rain» wäre ein schöner Titel gewesen. Damit wäre Adele Hitler dann friedlich, ohne Blutvergießen, in die Hitparaden fremder Länder einmarschiert und hätte für das Video (Regie: Leni Riefenstahl) im Rahmen der Preisverleihung den einzig wahren Adolf getroffen, Adolf Grimme.

Das weibliche Gehirn ist zwar neun Prozent kleiner als das der Männer. Es ist aber gleich viel drin – nur verdichteter. Vielleicht sagt man Männern deshalb auch nach, dass sie nicht ganz dicht seien. Frauen haben einen größeren Hippocampus. Das ist nicht der Happy-Hippo-Riegel in der Studentenedition, sondern die Hirnregion, die dafür sorgt, dass wir beim nächsten Happy Hippo wissen, wie er geschmeckt hat und warum wir nach der Mahlzeit gut drauf waren oder eben nicht. Gefühle und Erinnerungen werden hier verknüpft. Bei Männern dagegen sind Teile des Hypothalamus doppelt so groß wie bei Frauen. Er steuert – na, was wohl? Richtig, das Sexualverhalten. Das ist wohl der einzige Grund, warum Dieter Bohlen öffentlich noch immer als Mann durchgeht.

In einem Experiment ließ der britische Sexualforscher Baron Cohen einen Tag alte Säuglinge auf das Gesicht einer Studentin schauen und auf ein Mobile. Das Ergebnis: Die Jungs schauten auf das Mobile, die Mädchen auf das Gesicht. In Sachen Klischee-Erfüllung kann ein Neugeborener problemlos mit jedem Q7-Rowdie mithalten. Das sind Erkenntnisse, die so verstörend sind, dass sie Alice Schwarzer einen Schleier vors Gesicht treiben könnten.

Ist die Biologie doch ein Grund, warum Frauen tendenziell eher die sozialen Aspekte ihrer Berufe in den Vordergrund stellen? Gut möglich. Ich sehe bei Nora eine gewisse Sympathie für den Job auf der anderen Seite der Straße, trotz schlechterer Bezahlung. Meine Unruhe hätte diese Entscheidung für mich wahrscheinlich unmöglich gemacht, aber für sie scheint sich das als pragmatische, gute Entscheidung herauszukristallisieren. Ich erwische mich bei dem Gedanken, dass die Ursache für diese Entspanntheit vielleicht auch darin zu finden ist, dass Frauen mitunter einfach schlauer sind als Männer. Sie scheinen weniger Lust zu haben, ihr Leben dem Diktat eines Berufs zu unterwerfen, der sie ausbrennt und aussaugt, um dann am Ende ihres Lebens mannsgleich mehrere Jahre früher ins Grab zu springen. Das wäre tatsächlich dumm, schließlich würden sie sich spannende Jahre entgehen lassen. Die Erfahrung zeigt: Frauen, die ihre Männer überleben, blühen auf, Männer, die ihre Frauen überleben, verwelken.

Egal ob viel Stress oder wenig: In der Berufswelt scheinen Frauen- und Männerdomänen so unbeweglich wie ein 30-Tonner, angeschoben von einem Kleinkind. 99 % aller Sprechstundenhilfen sind weiblich, 96 % aller Erzieher und 86 % aller Krankenschwestern. Gut, Krankenbruder kommt auch nicht so wirklich gut als Job-Bezeichnung. Es heißt ja auch nicht Klostermann-Melissengeist. Mechaniker und Tischler hingegen werden zu 96 % Männer, bei Ingenieuren sind es 89 %. Das hätte sich der CSU-Bezirksverband Aiterhofen nicht schöner ausdenken können.

WER BIETET WENIGER? WARUM FRAUEN UND MÄNNER IMMER NOCH UNTERSCHIED- LICH VIEL VERDIENEN

Klassische Männer- und Frauendomänen wären ja in Ordnung, wenn die gleiche Bezahlung zwischen den Geschlechtern garantiert wäre. Davon sind wir in Deutschland in etwa so weit entfernt wie vom Südpol. Zwar bricht langsam das Eis – um im Bild zu bleiben –, aber eben sehr langsam. Der Unterschied in der Bezahlung liegt noch immer bei 23 %. Warum ist das so, nach fast fünfzig Jahren Gleichberechtigung – obwohl Mädchen besser in der Schule sind und erfolgreicher studieren? Weil es immer noch in der Mehrzahl Männer sind, die entscheiden, wer wie viel verdienen darf? Weil der Mann an sich, dieser personifizierte Chromosomenfehler, den Kuchen lieber unter seinesgleichen aufteilen will? Weil er Frauen ausschließlich im Lichte ihrer Kopulabilität wahrnehmen kann?

Die Verachtung der Frau hat eine lange Tradition. Sie wirkt wie ein regelmäßig wiederkehrender Unterleibsschmerz der westlichen Geschichte. Schon für Aristoteles waren Frauen im Rang so tief, als seien sie nur mit Glück dem Sklavenstatus entkommen. Gerade Entscheidungen zu treffen liege leider so gar nicht in ihrer Natur: Sie haben zwar «das Vermögen zu überlegen, aber ohne die erforderliche Entschiedenheit» schreibt Aristoteles.[12] Vielleicht war das der Grund, warum bei den als Gastmähler getarnten Fressgelagen nur Männer zugelassen waren: weil sich Frauen schon damals nicht entscheiden konnten, was sie anziehen sollten. Ein Gewand oder doch – ein Gewand. Entsprechend ist nach Aristoteles' Worten «das Männliche zur Leitung und Führung besser geeignet als das Weibliche»[13]. Würde der Meister heute leben, wäre er wahrscheinlich nur noch Hobbyphilosoph, im Hauptjob hätte er irgendeinem drittklassigen DAX-Manager einen Beratervertrag aus den Rippen geleiert und ihn dazu gebracht, den Frauenanteil in Vorständen konsequent dort zu lassen, wo er jetzt ist – bei 2 %.

Der große Aufklärer Kant wirkt dagegen schon fast wie ein verkappter Frauenversteher: Er nennt sie immerhin «das Frauenzimmer» – immer schön in der Einzahl, so als wollte er hoffen, dass es nicht zu viele werden. Wahrscheinlich bewohnte Kants Frauenzimmer in seiner Phantasie ein kleines fensterloses Zimmer zur Untermiete im großen Haus der reinen Vernunft, das dem Mann gehörte, dem das Frauenzimmer zu gehorchen hatte. Immerhin muss es nicht im Regen stehen. Jedenfalls hat es «ein angeborenes und stärkeres Gefühl für das Schöne und Zierliche. Seine Weltweisheit ist nicht Vernünfteln, sondern Empfinden», sagt Kant.[14]

Und schon ist es wieder eingesperrt in seinem Zimmerchen, das Frauenzimmer. So richtig raus darf es nicht. Der kühle Wind der Ratio bleibt Männersache. Hier tut sich ein Graben zwischen den Geschlechtern auf, der bis heute nachwirkt: Die gute Entscheidung ist die rationale, und das ist die männliche. Die Bauchentscheidung dagegen ist weiblich, intuitiv, spontan, unberechenbar. Sie hängt stärker vom Eisprung, den Gezeiten und dem Stand des Mondes ab als von irgendeinem Verstand.

Der passionierte Menschenfeind Arthur Schopenhauer wird diesen Blick später radikalisieren. Er schreibt vom «niedrig gewachsenen, schmalschultrigen, breithüftigen und kurzbeinigen Geschlecht», und man fragt sich verunsichert: Schreibt er über eine Frau oder einen Hobbit? Weiter heißt es, dass sich dieses

Weibswesen «in die naturwidrige Lage der Unabhängigkeit versetzt, alsbald sich einem Manne anschließt, von dem sie sich lenken und bestimmen lässt, weil sie eines Herrn bedarf»[15]. Woher kannte Schopenhauer Marianne und Michael? Man könnte auf den Gedanken kommen, der Meister hielt Östrogen für ein Virus. Vielleicht fehlte dem Bushido der Philosophie auch einfach der lebenspraktische Umgang mit Frauen – schließlich wohnte er ein Leben lang mit seinen Pudeln zusammen. Wären die Jacob Sisters seine Zeitgenossen gewesen, hätte man seinen Hass ja verstehen können.

Der Wiener Philosoph Otto Weininger bringt die Verachtung der Frau dann auf die Formel: «Die Frau ist nur sexuell, der Mann ist auch sexuell. Der Mann hat den Penis, aber die Vagina hat die Frau.»[16] Das ist ein Satz, den man in seinem scheinbar oberflächlichen Schwachsinn gar nicht tief genug verstehen kann. Er treibt eine Denkrichtung auf die Spitze und damit über sich hinaus: Für den Mann ist der Sex ein (Geschlechts-)Teil seiner Person. Die Frau aber ist im Würgegriff ihrer Sexualität. Sex ist ihr Wesen, ihr Sinn und ihre einzige Berechtigung. Die Frau ist Opfer ihrer Triebe und schon darum niemals selbstbestimmt, geschweige denn in der Lage, über sich und andere zu entscheiden. Dank Weininger wissen wir jetzt, dass all die Mädels im Wohnwagen an der polnischen Grenze nur unter männlicher Führung ihre heimlichen Lüste ausleben.

«Ich denke, also bin ich», sagt der Mann. Ein Satz, der nur in diese eine Richtung funktioniert. Dass er umgekehrt nicht gilt, kann jeder bezeugen, der einmal am Straßenverkehr teilgenommen hat. Der Satz der Frau dagegen heißt «Ich fühle, also bin ich». Das war nur historisch die schlechtere Karte: Moraltheoretikern von der Antike bis zur Gegenwart war das Vernünftige stets das Gute. Immer war die Kontrolle der Gefühle, die Disziplinierung des Begehrens, der Lüste und des Sichgehenlassens das

Angemessene. Wer Fortschritt und gesellschaftlichen Erfolg will, muss männlich funktionieren, oder besser, gleich ein Mann sein.

Wir können zusammenfassen: Bis in die 1960er Jahre waren Frauen grenzdebile, zu jeder Form von Eigensinn unfähige Unfälle der Natur, Irrtümer der Geschichte, die man möglichst schnell in die geschlossene Anstalt der Ehe sperren musste, um sie dort in den Gummizellen der Vorhersagbarkeit ihrer eigentlichen Bestimmung zuzuführen: die der Gebärmaschine. Ein Begriff von Bischof Mixa, dem Schopenhauer der katholischen Kirche.

Die Frauenbewegung der 60er Jahre brach das jahrtausendealte Vorrecht auf die Führungs- und Entscheidungskompetenz des Mannes. Befreiung und Selbstbestimmung der Frau waren die Begriffe der neuen Zeit. Das Private war das Politische, Gefühle sollten öffentlich gemacht und zur Schau gestellt werden. Der Siegeszug der Psychologie begann: Wer ein Problem hatte, ging nicht mehr in die Kirche, sondern zum Therapeuten, bei dem er Soll- und Habenseite des von Revolten aufgewühlten Gefühlshaushalts wieder halbwegs ausgleichen konnte. Für die einen war Therapie nun eine Art Boxenstopp im Wettrennen der aufkommenden Selbstoptimierung – die anderen kreisten aus der Problem-Poleposition ihres Lebens mit Höchstgeschwindigkeit um sich selbst und ihre Bekloppheit.

Der neue geistige Oberhirte war der große Philosoph Andi Möller. Nur ihm gelang es, die Stimmung der Zeit auf den Punkt zu bringen mit der Sentenz: «Ich hatte vom Feeling her ein gutes Gefühl.»

So wurden auch Männer zu einem traditionell weiblich verstandenen Zugang zu sich aufgefordert. Das bedeutete, angestammte Reviere aufzugeben und sichere Terrains zu verlassen: Der harte Stein des Richtig und Falsch, des Gut und Böse musste aufgeweicht werden zum feucht-sumpfigen Treibsand der Gefühligkeit.

Eroberung, Sieg und Niederlage galten als dumpf, Soft Skills wurden wichtiger. Persönliche Entscheidungsfreiheit ist seitdem erlernbar in «Du hast dein Leben in der Hand»-Workshops, in denen sich Menschen gegen Geld vorschreiben lassen, dass sie sich nichts mehr vorschreiben lassen sollen.

Männer bemühen sich bis heute nach Kräften, dem neuen Rollenbild gerecht zu werden, von Robert Geiss einmal abgesehen. Selbst Bankmanager sprechen in Krisensituationen ihren Anhängern Mut zu mit dem Mantra «Es fühlt sich gut an». Dieser Satz aus dem Munde einer Führungskraft wäre noch vor wenigen Jahren einem Gratisticket in die Tiefgarage der eigenen Karriere gleichgekommen.

Mit der Pille hat die Frau zudem eine weitere Bastion eingenommen – die der alleinigen Kontrolle über die Fortpflanzung. Mit dem Slogan «Mein Bauch gehört mir!» und der Forderung, die Frau habe über die Geburt eines Kindes zu entscheiden und nicht der Arzt, ist der Alptraum des Aristoteles wahr geworden, Schopenhauer und Weininger hätten wahrscheinlich senkrecht im Bett gestanden. Die Entscheidung über Fortbestand oder Aussterben der Gattung liegt nun zu 100 % bei 49,6 % der Weltbevölkerung. Das ist eine Kränkung des Mannes, die in ihrer Drastik fast an die Einsicht heranreicht, dass die Erde doch keine Scheibe ist.

Könnte hier vielleicht ein wesentlicher Grund dafür liegen, warum Frauen auch nach fast 50 Jahren Emanzipation noch immer viel weniger verdienen als Männer? Geld ist ein Instrument der Macht, die Möglichkeit, Hierarchien zu schaffen und aufrechtzuerhalten, Abstand zu halten. Der Mann sagt: Ich putze, wickle, wasche ab und spreche über meine Gefühle, sofern ich sie selbst kenne, aber in Sachen Geld behalte ich die Hosen an – in bester Kantischer Tradition: «Des Mannes Wirtschaft ist Erwerben, die des Weibes Sparen.»[17]

Frauen haben die stille Macht, allein über die Fortpflanzung zu entscheiden, während Männer über die Bezahlung der Frau ihre eigene Degradierung vom Ernährer zum Erzeuger verhindern wollen. Ein Haufen überschüssiges, verunsichertes Testosteron ruft aus: «Ihr entscheidet mit der Einnahme von Chemie über die Nachkommen, und wir verhindern über die Verteilung von Geld, dass ihr sie alleine großziehen könnt!» Was wäre, wenn Gehaltsunterschiede die stille Rache der Männer für die vollständige Entscheidungsgewalt der Frau über die Nachfahren wären?

Besonders interessant dabei ist, dass ganze Sparten, in denen mehrheitlich Frauen arbeiten, bis heute bedeutend schlechter bezahlt werden. Ausgerechnet die scheinbaren Sieger der Emanzipation, die Psychotherapeuten, klagen über Ausbeutung. Seit fast 15 Jahren gehören sie zur Kassenärztlichen Vereinigung. Das bedeutet: Auf der einen Seite niedergelassene Ärzte, zu zwei Dritteln Männer, echte Haudegen, die echte Medikamente verschreiben dürfen. Die heißen entsprechend ratiopharm und nicht emotiopharm. Die Ärzte müssen ihre Kassenhonorare jetzt mit einem Berufszweig teilen, der zu zwei Dritteln aus Frauen besteht und entsprechend auch nur Weiberkram im Kopf, nein, Bauch, hat: Kaffeekränzchen und Balsam fürs erschütterte Seelchen, Saunagänge der Frustration mit aromatisiertem Gefühlsaufguss, der sowieso nach wenigen Sekunden in den Steinen des Alltags verdampft. Das, was sie anmaßend ihre «Diagnosen» nennen, kommt durch dusseliges Weibergeplapper, statt durch echtes technisches Männergerät zustande. Kant schrieb im 18. Jahrhundert, «die Wissenschaft der Frau sei nicht Mathematik, Mechanik oder abstrakte Spekulationen». Gut, dass Kant nicht mehr erleben muss, wie er hier unverdient zum Stichwortgeber einer korrupten Mafia wie der Kassenärztlichen Vereinigung wird. Jetzt fehlt nur noch ein Lob von der FIFA.

MEHR ODER WENIGER IST MEHR? DER STRESS MIT DEN EWIGEN VERGLEICHEN

Gemessen am Ballast von über 21 Jahrhunderten gottgege-bener männlicher Selbstgewissheit wirken fünfzig Jahre Emanzipation wie eine halbe Sekunde eines langen Tages. Ge-wohnheiten sind hartnäckig.

Männer schlagen aus der Benachteiligung der Frau aber noch in einer zweiten Hinsicht Kapital: Sie schaffen eine Atmosphäre des Vergleichs, die stets zu ihren Gunsten ausfällt. Psychologen unterscheiden zwischen Auf- und Abwärts-Vergleichen. Männer sind hier in einem klassischen Abwärts-Vergleich. Vom Thron des Prinzen blicken sie hinab zu ihren Müllerinnen, die ärmer dran sind als sie. Ein Blick, der hilft, Angst zu begrenzen, Selbst-achtung steigen lässt und gute Stimmungen verstärkt, wie Psy-chologen anmerken.

Siegesgefühle bringen Sieger hervor, und Siegern fällt es leicht, Siegesgefühle zu entwickeln. Willkommen im Teufelskreis des Eierschaukelns.

Frauen hingegen geraten so automatisch in die Defensive, weil sie sich nach oben messen. Vergleiche mit Menschen, denen es besser geht, sorgen für Neid, negative Stimmungen, Frustration und geringere Selbstachtung. Wer ständig das Gefühl hat, auf der Loser-Seite zu stehen, hat wenig Motivation, an der eigenen Si-tuation etwas zu ändern – erst recht, wenn der Grund eine bio-logische Disposition ist, die (noch) keine eigene Wahl ist. Ein Moment von Resignation und Müdigkeit scheint durch die Entscheidung vieler Frauen, sich gegen die bestehenden Verhältnisse nicht zu wehren, sondern sie den Eierschauklern zu überlassen.

Es muss sich schon ein sabbernder Altpolitiker, der das Wort «sexuelle Belästigung» für eine einzige Silbe hält, einer jungen Journalistin in «Sie könnten ein Dirndl auch ausfüllen»-Pose an der Hotelbar nähern, damit sich in hektischen #Aufschrei-Debatten eine Wut Bahn bricht, die sich schnell loslöst von ihrem Anlass und sich verselbständigt, ausufert, aber trotz aller Wucht ein Sturm im Wasserglas des Internets bleibt. Es bleibt trotzdem ein medialer Orkan, schnell hochpeitschend und aufbrausend, aber außerhalb dieses Raums kaum spürbar, weil die Kapitäne auf der Brücke schon ganz andere Turbulenzen erlebt haben und außerdem gar nicht wissen, was ein # ist. Kleiner Tipp am Rande: # steht für Hashtag und das ist der Tag, an dem frisches Cannabis geliefert wird. Es wirkt, als sei die heftige Lautstärke des Protests wie ein Ersatz für den mühevollen Kampf an den alltäglichen Fronten.

Experimente haben gezeigt, dass Menschen, die sowieso zur Unzufriedenheit neigen, sich auch stärker vergleichen. Bekommt ein unzufriedener Mensch ein positives Feedback, ein Kollege aber ein noch besseres, verschlechtert sich die Stimmung des Unglücklichen. Hört er ein negatives Feedback, der Kollege aber ein noch schlechteres, verbessert sich seine Stimmung: «Ich bin scheiße, aber der neben mir ist noch scheißerer, und das wiederum ist super!» Und so abgefahren, wie es klingt, das Wort «scheiße» zu steigern, so abgefahren ist die Haltung des Unzufriedenen. Für ihn gilt das Dogma der Gegenwart, der alte Optimierersatz: Das Gute ist der Feind des Besseren.

Beim zufriedenen Menschen ist es umgekehrt: Seine Stimmung verbessert sich bei positivem Feedback und verschlechtert sich bei negativem. Auch sind zufriedene Menschen eher in der Lage, über Rückschläge hinwegzukommen und sich neuen Entscheidungen zuzuwenden, während bei Unzufriedenen negative Erlebnisse länger nachhallen und sie im Sumpf der Grübeleien feststecken lassen.

Wichtig bei alldem ist: Auch der Abwärts-Vergleich kann frustrierend sein. Nora wird täglich Zeugin solcher Gespräche. Die beiden Kolleginnen, mit denen sie sich in ihrem letzten Job ein Büro teilte, weinten sich immer unabhängig voneinander bei ihr aus. Da ich mir Namen nicht merken kann und beide auch noch Ulrike hießen – oder war es Uschi? –, auf jeden Fall irgendwas mit U, operiere ich hier mit Kollegin 1 und Kollegin 2. Kollegin 1 also verdiente nur 300 Euro weniger als Kollegin 2. Weil sich in Kollegin 1 das Gefühl breitmachte, mehr zu leisten als Kollegin 2, wirkte ihr relativ geringes Mehrgeld, gemessen an dem zu viel bezahlten Weniggeld der Faulenzerin und Fingernagelanmalerin als noch wenigeres Weniggeld. So entstand bei Kollegin 1 das Gefühl, dass Kollegin 2, die weniger hat, trotzdem zu viel hat im Vergleich zu ihr. Sie hatte mehr, es fühlte sich aber an wie weniger. Jetzt erst ging die Vergleichsluzi richtig ab.

Vergleiche sind eine verlässliche Quelle menschlichen Leids. Das Gemeine ist, dass sich ihnen keiner entziehen kann. Darum beeinflussen sie all unsere Entscheidungen. Nehmen wir ihnen für einen Moment das Dämonische und halten fest, dass fast jede Entscheidung das Ergebnis eines Vergleichs ist. Egal ob es um die Wahl eines Urlaubsziels (Berge oder Meer), eines Haustiers (Hund oder Katze) oder eines Getränks nach dem Aufstehen (Kaffee oder Tee) geht, wir vergleichen immer, auch wenn wir es gar nicht bemerken. Wir haben nur selten einen objektiven, absoluten Maßstab, der uns als Grundlage all unserer Entscheidungen dienen könnte. Stattdessen wägen wir ab, holen weitere Informationen ein und vergleichen.

Als Nora und ich neulich ein Auto für einen Wochenendausflug an die Ostsee mieten wollten, holten wir neben dem Angebot von Sixt auch noch das von Europcar ein. Ich, Natural Born Optimierer, wollte auch noch drei weitere Anbieter befragen, um das definitiv und zweifellos allerbeste Auto zu bekommen, aber Nora bremste mich zum Glück an der richtigen Stelle aus. Wir verglichen trotzdem die Angebote online mit denen der Telefonhotlines und die Golf- mit der Passatgröße bei beiden Vermietern. Wenn ich mich nun auch noch mit meinen zusätzlichen Vermietern durchgesetzt hätte, hätten wir das Wochenende nicht an der Ostsee, sondern vor dem Laptop verbracht. Es war so schon schwer genug: Dazu kam das Kriterium Selbstbeteiligung im Schadensfall. Nora war für 0 Euro, die Alternative waren 500 Euro. Der Unterschied beim Preis betrug 14 Euro.

Der niedrigere Mietpreis bei 500 Euro Beteiligung heißt in der Branche «Köder». Er dient dazu, das teurere Angebot noch attraktiver erscheinen zu lassen, als es ohnehin schon ist: Ein Kratzer ist schneller im Lack, als der Motor angeworfen ist, und das Verhältnis von Schaden und Kosten ist in etwa so wie das Verhältnis von Aufwand und Ertrag, wenn man versucht, eine Badewanne alleine die Treppe hochzutragen. Der risikoscheue Entscheider spürt also: 14 Euro im Verhältnis zu 500 sind mal eine Ansage! Von anschließendem Zoff darüber, ob der Kratzer schon vorher da war oder nicht, und anschließenden Anwalts-Schlammschlachten, Gerichtskosten und anderen nervtötenden Reibereien ganz abgesehen. All diese Gedanken bildeten den Horizont der Entscheidung für die etwas teurere Alternative.

Nachdem wir festgestellt hatten, dass der Wagen online günstiger war, wollten wir zuschlagen. Ich bremste die Euphorie auf der Überholspur, weil ich fürchtete, dass das eine versteckte Resterampe sein könnte. All die VW-Beetle-U-Haft-Zellen auf Rädern mussten ja auch auf die Straße getragen werden. Ich kenne das Prinzip von einschlägigen Hotelportalen: Unter dem Vorwand des «Hot Deal» werden gerne die versifften Eckzimmer feilgeboten, die der Eigentümer seit Jahren selbst nicht mehr betreten hat – mit Fenstern, die schmaler sind als der Kopf eines Windhunds. Sofort verdächtigte ich die Autovermieter ähnlicher Niedertracht. Doch im zweiten Schritt stellten wir fest, dass wir uns online den Wagen selbst aussuchen konnten, am Telefon dagegen war nur ein Wagen aus der Kategorie Golf wählbar – vom Beetle bis zum Upgrade auf eine Mercedes A(ngeber)-Klasse wäre also alles drin gewesen. So entscheiden wir uns nach Vergleich auf allen Ebenen für die Online-Variante der höchsten Kategorie innerhalb der Golf-Klasse. Dreimal dürfen Sie jetzt raten, welcher rasende Optimierer sich da am Ende mal wieder durchgesetzt hat.

Vergleiche sind Teil unseres Lebens wie das morgendliche Zähneputzen. Sie sind weder gut noch böse, sie sind notwendig. Sobald Vergleiche aber den Raum der Dinge verlassen und übergehen aufs Zwischenmenschliche, wenn sie uns anfangen lassen zu vergleichen, was nicht vergleichbar ist, zeigen sie schnell ihre zerstörerische Seite. Es gibt drei spannende Möglichkeiten, wie Sie sich so vergleichen können, dass Sie am Ende garantiert der Idiot sind. Ich stelle die bösen drei dar, in homöopathischen Dosen, mit ein wenig humoristischem Nux-vomica-Globuli, um so eine Immunisierung durch Infizierung herbeizuführen.

1. Die Lücke zwischen dem, was man hat, und dem, was man wünscht: Es liegt in der Natur des Wunsches, dass er keine Grenzen kennt. Darum können Sie an ihm nur zugrunde gehen, weil er nie so ganz zu erfüllen ist. Wenn Sie sich an Ihren Wünschen messen, können Sie auch als Monopoly-Spieler gegen einen Schachcomputer antreten.

2. Die Lücke zwischen dem, was man hat, und dem, was man glaubt, was andere haben: oft der viertbeste Freund, der jahrelang an der Uni herumlungerte und unter dem Vorwand

der naturwissenschaftlichen Forschung zur Erbauung und Erhaltung des Menschengeschlechts, vor jeder Verantwortung desertierend an irgendeiner Promotion dissertierend herumdokterte im Wolkenkuckucksheim der Drittmittelförderung. Dabei schaute er im Labor den Maden im Speck zu, wie sie ihm das Trauerspiel des eigenen Lebens im Spiegel der Forschung vorführten. Diese Karikatur der eigenen Person wollte der Freund naturgemäß nicht sehen, verdient aber am Ende doch das Doppelte, einfach, weil es branchenüblich ist. Man selbst stattdessen HAT keine Promotion, MACHT aber Promotion (sprich englisch: Promoschn). Da kommt Frust auf. Obgleich man natürlich weiß, dass auch der drittbeste Freund, der so scheinbar alles richtig gemacht hat, sich auch wieder mit anderen vergleicht, hält man ihn trotzdem für glücklicher als sich selbst. Vergleiche sind der Schwarze Peter der Entscheidungen. Das Blöde ist nur, dass wir ihn immer nur selber haben. So droht Stillstand in der Einbahnstraße der Reue.

3. Die Lücke zwischen dem, was man hat, und dem Besten, was man in der Vergangenheit hatte: Das ist vielleicht das größte Problem heute. Weil jeder Abstieg ein Scheitern bedeuten würde und Scheitern nicht vorgesehen ist in der Diktatur des Wachstums, muss es ständig eine Steigerung geben. Ein Job, der weniger Geld und weniger Zufriedenheit brächte als der letzte oder vorletzte, wäre das Eingeständnis eines Fehlers, mangelnder Optimierung.

Dadurch wird der Druck noch größer, optimale Entscheidungen zu treffen. Und wer optimal entscheiden will, muss vergleichen wollen. Nach oben und nach unten, nach links und nach rechts. Sich mit anderen, die anderen mit sich, die anderen mit den anderen und – was das Schlimmste ist: Sich mit sich selbst und den anderen in sich mit dem Sich des Selbst.

So steigen die Erwartungen und Ansprüche ins Unermessliche, und doch werden wir jedes Mal wieder enttäuscht, eben weil unsere Ansprüche zu hoch waren. Da es aber nur einen Schuldigen gibt, nämlich uns selbst, nehmen wir uns vor, noch optimaler zu entscheiden und noch mehr zu vergleichen, was uns noch unzufriedener werden lässt.

Nora hat sich final entschieden: Trotz schlechterer Bezahlung wird sie den Job auf der anderen Seite der Straße annehmen. Sie hatte irgendwann keine Lust mehr auf Vergleiche. Sie war nach einigen Überlegungen einfach zufrieden damit, dass sie nun einen neuen Job hatte, und hörte auf, darüber zu grübeln, was sie vielleicht an anderer Stelle verpassen könnte, wovon sie aber gar nicht wusste, ob das, was sie zu verpassen meinte, mit «verpasst» überhaupt richtig eingeordnet war und nicht eher mit «entkommen.» Gelassenheit kann so schön sein.

Sie ist jetzt der große Fisch im eigenen Teich. Ich beneide Nora heimlich für diese Haltung: Nicht zwanghaft versuchen, gegen den Strom den Fluss hinaufzuziehen und Treppen zu erklimmen, obwohl man kein Lachs ist. Sie hat eher von den Forellen gelernt: Die manövrieren mit einer genialen Energiespar-Methode durch turbulente Gewässer: Entstehen im Wasser Wirbel und Strudel, bewegen sie sich im Slalom zwischen den Wirbeln hindurch und nutzen so die Energie jedes Strudels, um sich vorwärtstreiben zu lassen. Es gibt kaum ein schöneres Bild für die Krisenkompetenz auf dem globalisierten Entscheidungsmarktplatz in verunsicherten Zeiten.

Ohne Zweifel mag es heute schwerer denn je sein, den richtigen Teich zu finden: Viele kippen schon im nächsten Sommer, stinken erst und müssen dann stillgelegt werden. Andere sind ein Haifischbecken, und wieder andere sorgen dafür, dass man zur Leiche wird, ehe man zum Laichen kam. Ganz zu schweigen von all dem giftigen Mitgetier, das sich geschickt tarnt.

Wenn Sie es trotzdem nicht lassen können und unbedingt zu den fetten Fischen in den großen Teich wollen, können Sie sich ja einen großen Wal suchen und sich dann als Parasit in seinem Umkreis verdingen. Sie heften sich an die Haut eines Wals und bleiben dort ein Leben lang. Das nennt man dann Beamtenlaufbahn. Oder Sie profitieren von den Fängen des Wals, indem Sie sich in seinem Umkreis aufhalten. Dann sind Sie ein Schmarotzer. Dieses Bild übersetzen Sie jetzt bitte allein in Ihre eigene Lebenswirklichkeit. Danke, Ihr fastbeamteter Oberlehrer Schroeder.

FEIERABEND!

Seit einem halben Jahr ist Nora nun in der Kommunikationspresse bei den Werbern gegenüber engagiert. Ihre Bilanz fällt durchwachsen aus: Zu wenig Geld (war klar) bei zu viel Spaß (war nicht so klar). Das klingt natürlich paradox. Wie kann man bei der Arbeit zu viel Spaß haben? Das ist so, wie wenn ein Paar nach zehn Jahren Beziehung sagen würde: Wir haben immer noch zu viel Sex.

Bei den Werbeleuten ist das so: Andauernd ist irgendein Fest. Weihnachts- und Jahresauftaktfeste wechseln sich in seltsamer Regelmäßigkeit mit Jahresendzeit-, Herbstanfangs- und Winteraustreibungsfestlichkeiten ab. Manchmal habe ich den Eindruck, Kalender sind da drüben noch nicht erfunden worden. Ich erwarte täglich die Ausrufung einer neuen Jahreszeit – ausschließlich zum Zwecke ihrer Befeierung.

Erst am vergangenen Wochenende war einer von gefühlten 180 Betriebsausflügen im Monat. Genauer, war es weniger ein Ausflug, als vielmehr eine Teambuilding-Maßnahme. So nennen findige Entscheider den Vorwand zum hochprozentigen komatösen Absturz. Hier bekommt der Begriff «Übergabe» eine ganz neue Bedeutung. Die «Maßnahme» war ein zweitägiger Ausflug an die Nordsee mit Raften und Segeln und allem, was man sonst noch so treibt, wenn der Abi-Jahrgang so richtig einen auf dicke Hose machen will. Wollte ein Soziologe mit empirischen Ambitionen einmal die Infantilisierung eines Unternehmens untersuchen, man müsste ihn da drüben einschleusen.

Der Deal war nun folgender: Die Anreise im Bus musste die Reisegruppe selbst bezahlen – die Gage für die verzweifelten Entertainment-Versuche des Chefs am Busfahrer-Mikrophon war offenbar inkludiert. Ohne Sinn für Gnade unterhielt der Meister von Berlin bis Texel. Am Ende mussten Kolleginnen Karaoke singen, leider ohne Musik. Nur knapp entging die Mannschaft einem Luftgitarren-Solo aus dem Innendienst. Man hätte wohl gerne mehr bezahlt – für weniger Show. Der unangenehmste Teil des Arrangements war, dass die Mitarbeiter einen Tag Urlaub nehmen mussten, um dabei sein zu können: Die Reise fiel auf ein langes Wochenende, der dazugehörige Freitag war zu allem Übel auch noch ein Brückentag. Es ging also Freizeit drauf, für deren Ausfall man auch noch bezahlen durfte. Das Ergebnis dieser Planung war, dass nicht einmal die Hälfte aller Mitarbeiter dabei war. Es war also ein Teambuilding für das halbe Team. Das ist so sinnvoll wie ein Muskelaufbau-Training, bei dem der Bodybuilder nur den rechten Arm belastet. Jeder Fitnesstrainer würde die verhornten Pranken über dem glänzend rasierten Schädel zusammenschlagen.

Nora war also mit einer Laune unterhalb des Gefrierpunkts losgefahren und mit emotionalem Schüttelfrost zurückgekommen. Es war nur ihr schlechtes Gewissen und ihr kantisches Pflichtbewusstsein, das sie mitfahren ließ. Zu anderen Gelegenheiten sind die Firmenjungs spendabler: Es gibt Blumen zum Geburtstag, bei deren Anblick man sich aber eher fragt, wann man gestorben ist und warum man es nicht bemerkt hat. Außerdem kleine Aufmerksamkeiten zu Ostern (die billigen Schokoeier von Zentis!) und zu Weihnachten (die ganz billigen Nikoläuse von Milka!). Nicht vorgesehen war dagegen Urlaubs- und Weihnachtsgeld. Irgendwie wirkten so alle Geschenke vergiftet. Wahrscheinlich heißen sie deswegen im Englischen auch einfach «gift», weil man hier, in der Wiege des radikalen Liberalismus, noch nie etwas anderes kannte als Geschenke, die eigentlich keine sind.

Das Problem an großzügigen Nettigkeiten auf der einen und der geizigen Pfennigfuchserei beim Gehalt auf der anderen Seite übergeht den entscheidenden Punkt: Wir leben in zwei verschiedenen Welten. Die erste ist die der Marktnormen, die zweite die der sozialen Normen. Solange diese Welten getrennt sind, führen sie ein friedliches Nebeneinander. Leider aber verstricken und verheddern sie sich immer wieder wie die Fäden einer Oma, die das Stricken verlernt hat, aber unbedingt ein Dutzend Pullover fertigkriegen will.

Grundsätzlich sind Menschen bereit, für einen guten Zweck mehr Mühe aufzuwenden als für Geld. Im Rahmen einer Studie hatten Psychologen Anwälte gefragt, ob sie bereit seien, ihre Dienste bedürftigen Rentnern kostenfrei anzubieten. Die Anwälte willigten ein. Bei der Frage, ob sie ihre Dienste der gleichen Gruppe vergünstigt, für nur 30 Dollar pro Stunde, anbieten würden, lehnten sie ab. Solange die Verhandlungsbasis ein Honorar war, wendeten die Anwälte Marktnormen an und hatten das Gefühl, sich unter Wert zu verkaufen. Als es dagegen um einen karitativen Akt ging, in dem Geld gar keine Rolle spielte, waren sie bereit, umsonst zu arbeiten.

Dieses Problem kennen wir auch, wenn wir etwa zum Abendessen eingeladen sind. Wir bringen dann als Geschenk eine Flasche Wein oder auch eine Packung Pralinen mit. Kleine Geizhälse auch gerne einfach etwas, das Sie selbst geschenkt bekommen haben und nicht mögen (schlechten Wein und schlechte Pralinen). Wenn sie Zyniker sind, bringen sie Pralinen mit, deren Haltbarkeitsdatum seit mehreren Monaten überschritten ist. Bei all diesen Geschenken bewegen Sie sich im Bereich der sozialen Normen: Sie wurden eingeladen und bedanken sich mit einem Gegenstand. Würden Sie zehn Euro mitbringen, wäre das ein Bruch der sozialen Normen.

Noras Firma machte nun hier einen Fehler, der sehr häufig vorkommt: Sie wirft soziale Norm und Marktnorm in einen Topf. Wir zahlen zwar wenig Geld, aber dafür ist hier dufte Stimmung. Wir beschenken euch, haben euch lieb und laden euch zum Schwimmen ein. Das ist so lange in Ordnung, wie die Bezahlung stimmt. Ausflüge, Partys und andere Streicheleinheiten in Gesellschaften mit beschränkter Haftung sind, wie man sagt, ein Add-on und erfüllen auch nur so ihre Funktion. Ist die Bezahlung mittelmäßig bis schlecht, hilft auch die karitativste Frömmelei der Firma rein gar nichts, weil bei den Angestellten das Gefühl des Betrogenwerdens entsteht. Es ist immer noch ein Job, und den bemisst der, der ihn ausführt, zu Recht an Marktnormen. Minimales Geld bei maximaler Beflauschung geht immer auf Kosten der Beflauschten.

Nora ist jetzt in die Gehaltsnachverhandlungen eingestiegen. 200 Euro mehr ist ihr Ziel. Nur wie wagt man sich heran an ein so delikates Thema? Leichter fallen ein paar Bemerkungen darüber, wie man es nicht macht:

Ein Kollege sagte, er wolle mehr Geld, weil er sich langweile. Andere Kollegen argumentierten schon mit Mieterhöhung, Inflation, Deflation und anderen Flatulenzen, schlechten Fonds und falschen Aktien, der unsicheren Weltpolitik, Umstürzen im arabischen Raum und den Risiken eines Seebebens im Mariannengraben. Selbst wenn ein Wert oberhalb von 8,4 auf der nach oben offenen Phantasieskala erreicht ist, sorgen diese Argumente nur für schlechte Stimmung statt für gutes Geld. Auch der Vergleich mit der Kollegin, die Excel für ein Reptil hält, Outlook für ein Fernrohr und PowerPoint für den Einschaltknopf ihres Computers, darf kein Thema sein, auch wenn sie das Dreifache verdient.

Stattdessen ist es gut, etwas wolkig zu bleiben, statt über Geld eher über Perspektiven zu reden, Erfolge hervorzuheben. Bei vorbildlichen und effizienten, aber leisen Hochleistern gehen Chefs schnell davon aus, dass sie nichts tun, egal, wie gut ihre Ergebnisse sind. Frauen sind, was das betrifft, immer noch bedeutend leiser als Männer. Wenn Männer für die Firma nach Hückeswagen gefahren sind, verkaufen sie das als Mondlandung. Wenn Frauen auf dem Mond waren, tun sie so, als seien sie nur bis Hückeswagen gekommen. Außerdem neigen Frauen in Verhandlungen dazu, zu schnell zu sprechen oder an der falschen Stelle zu flirten und so nicht ernst genommen zu werden.

Grundsätzlich gilt: Wer zuerst die Hausnummer nennt, kriegt meist auch mehr Geld. Zwar wird der Chef zunächst ablehnen, darum aber auch lieber etwas höher pokern und das Ganze als Spiel betrachten. Sparen Sie sich Drohungen («Sonst kündige ich und werde Erdbebenforscher im Marianengraben») und ziehen Sie keine Vergleiche mit anderen Unternehmen. Ziehen Sie einen Frühjahrstermin einem Herbsttermin vor und einen Dienstag, Mittwoch oder Donnerstag einem Montagmorgen oder einem Freitagnachmittag.

Genau so wenig geeignet sind Firmenfeste, Ausflüge oder andere Gelage. Eine 200%ige Gehaltserhöhung bei zwei Promille hält der Morgendämmerung nur selten stand. Stattdessen: dreißig gemeinsam verbachte Minuten in einem geschlossenen Raum. Total transparente Großraumbüro-Arbeiter, deren Chef auch noch im selben Raum sitzt, gehen einfach mit ihm zusammen ins letzte Refugium, das noch geschlossene Räume garantiert: das Klo. Wenn's gut läuft, war das kleine Lokusgespräch am Ende eine ordentliche Sitzung.

Chefs sollten umgekehrt darauf achten, ihre Entscheidung zu begründen, und ehrlich genug sein, um zuzugeben, wenn es gerade finanziell eng ist und darum keine Gehaltserhöhung drin ist. Es ist naheliegend, dass Chefs in Zeiten der Krise weniger auf der Forderungsfrequenz funken als in prosperierenden Phasen. Als ich diesen Einwand vorbrachte, widersprach meine Freundin aufgeregt: Wenn es nicht so berauschend läuft, ist das die Folge seiner falschen Entscheidungen. Es lohnt sich aber, hier für ein paar Zeilen die gewohnte Brille abzunehmen und jenseits von «guter Mitarbeiter» und «böser Chef»-Kategorien zu blicken. Wir, die Beobachter von Entscheidungsträgern, neigen zur Ungerechtigkeit: Wir beurteilen nicht den Entscheidungsprozess, sondern sein Ergebnis. Machen wir ein Gedankenspiel: Nehmen wir an, Facebook kauft neben Instagram und WhatsApp auch noch Coca-Cola, Apple und den Vatikan und geht in den nächsten paar Jahren zugrunde, was früher oder später sicher eintreten wird. Der Chor der «Ich hab's immer gesagt»-Sängerknaben wird einstimmig trällern: Das war klar! Sie haben sich übernommen, das wissen wir doch seit den Dinosauriern, dass Größenwahn an sich selbst zugrunde gehen muss. Vielleicht hat das Scheitern aber ganz andere Gründe: Die Zeit der Firma war zu Ende, die Launen der Nutzer haben sich geändert – offline wurde wieder cooler als online, vielleicht war die Produktlebenskurve von Facebook einfach am Ende. Es kann tausend Gründe für das Scheitern eines großen Projekts geben.

Psychologen sprechen hier vom Ergebnisfehler. Wir neigen dazu, Entscheidungen, die sich negativ auswirken, im Nachhinein zu tadeln, während wir die richtigen, guten im Nachhinein zu wenig loben. Läuft es gut, stellen wir den Chef schnell als flexibel und entscheidungsfreudig dar. In schwierigeren Phasen wird es sofort heißen, er sei orientierungslos, starr und autoritär. Aber das ist der falsche Schluss: Nicht weil der Chef unbeweglich ist, läuft es schlecht, sondern weil es schlecht läuft, wirkt der Chef unbeweglich.

Planlose Beratungsfirmen und Autoren von dusseligen Erfolgsratgebern haben ihren grenzenlosen Reichtum ausschließlich ihrer vorsätzlichen Ignoranz zu verdanken. Die Lüge dieser Bücher geht so: Wer bestimmte, benennbare Entscheidungen

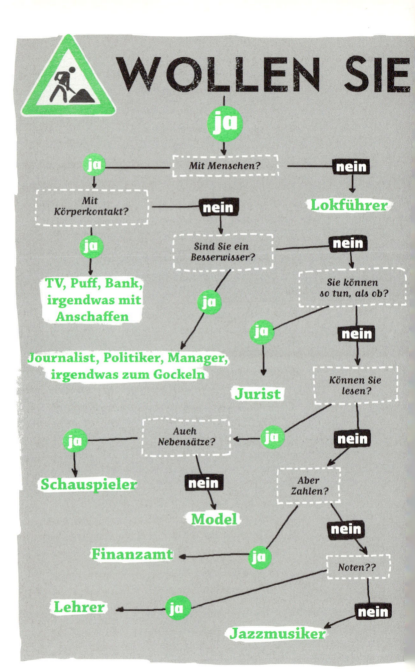

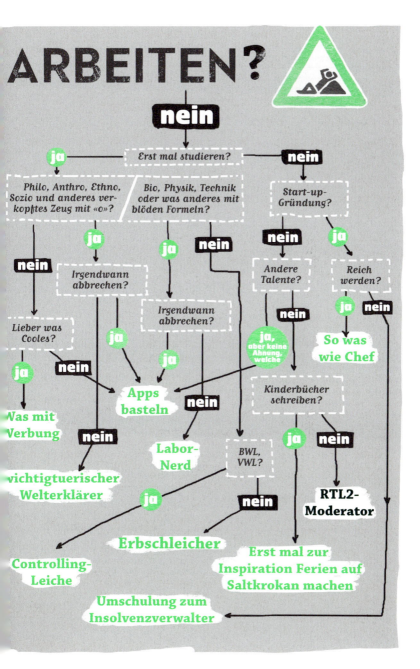

trifft, wird mit sehr guten Ergebnissen belohnt werden. Diese Behauptung ist Betrug am Kunden. Die Welt funktioniert nicht in den Kategorien von A + B = C, die Welt funktioniert nicht nach den Gesetzen von Sieg und Niederlage von Einzelnen. Es gibt Störungen, Unvorhersehbares und Zufälliges, was den Weg zum Ziel verändert und worauf wir wenig bis gar keinen Einfluss haben: schlechte Fonds und falsche Aktien, die unsichere Weltpolitik, Umstürze im arabischen Raum, ein Seebeben im Mariannengraben, Flatulenzen. Hermann Hesse hat das mit melancholischer Klarheit gesehen, als er schrieb: «Darum verbrennt der Bürger heute den als Ketzer, dem er übermorgen Denkmäler setzt.»[18] Wenn es so einfach wäre, wie Erfolgsratgeber behaupten, und bestimmte Entscheidungen klar berechenbare Folgen hätten, müsste jeder Entscheider gottähnliche Züge haben, es dürfte nur noch blühende Firmen und glückliche Mitarbeiter geben.

Der Psychologe Gerd Gigerenzer empfiehlt Führungskräften ein paar einfache, aber wirkmächtige Faustregeln, die jeden Besserwisser-Berater überflüssig machen: Stelle gute Leute ein und lasse sie ihre Arbeit tun. Ermutige deine Mitarbeiter dazu, Risiken zu übernehmen, Entscheidungen zu treffen und Verantwortung dafür zu übernehmen. Befördere bei Erfolg und hole Leute von draußen, wenn es schwieriger läuft.[19]

Nora hat ihre Gehaltserhöhung übrigens bekommen. Obwohl das Gespräch an einem Freitagnachmittag zwischen Tür und Angel stattfand und der erste Schritt vom Chef kam. Das ist das Schöne am echten Leben: Auch das Berechenbare bleibt am Ende unberechenbar.

3. Kapitel
PARTNERSCHAFT

gehen

bleiben

WENN DIE ZAHLEN ENT-SCHEIDEN – VON DER PARTNERSUCHE IM INTERNET

Die letzten Nächte hat Nora nicht zu Hause verbracht. Von heute auf morgen hat sie ihre Sachen gepackt. Nur das Wichtigste, versteht sich. Sie wollte ein Zeichen setzen. Ein Anruf genügte, und sie war weg. Bei Tina. So ist das, wenn die beste Freundin Liebeskummer hat. Unter Männern würde man sich einen Abend lang gehörig besaufen in der Hoffnung, dass einen der Freund später noch an einen Ort geleiten möge, an dem sich wenigstens halbwegs würdig die Nacht verbringen ließe. Mann wird genügsam, nachdem er verlassen worden ist, selbst die Körperhygiene kann für einige Tage, sagen wir, eher gelassen betrachtet werden.

Frauen dagegen ziehen – ist Not am und mit Mann – als Freundin direkt bei der Besten ein, trocknen Tränen und dichten Hass-SMS, die nie abgeschickt werden. Die weibliche Solidarität im Moment des Sturzes ist gigantisch, mindestens aus männlicher Perspektive, aber die ist hier in etwa so relevant wie ein Zeuge vor Gericht, der sich an nichts erinnern kann. Nun war es also aus zwischen Till und Tina. «Nach NUR sechs Jahren, meinte Nora im Gehen. Ich nuschelte ungläubig noch irgendwas von «ERST nach sechs Jahren …?». Schon lange hatte ich mich gefragt, wie die beiden es miteinander aushielten, dieses Pärchen, das in etwa so gut zusammenpasste wie ein Zebrastreifen und eine Autobahn.

Till war das Ergebnis einer Suche, die nicht wie eine Suche aussehen sollte. In einem Moment emotionaler Umnachtung hatte sich Tina vor sechs Jahren bei der Online-Kennenlern-Plattform Partnershop24 angemeldet. Nur, um mal zu gucken. Anfangs saß sie gemeinsam mit Nora vor dem Laptop, um die volle männliche Resterampe, die das Internet ausspuckte, unter die Lupe zu nehmen. Männer zeigten dort in allen Formen und Farben, wie man sich ohne Rücksicht auf Geschmack, Stil oder Takt zum Affen machen konnte: Männer vor ihrem SUV und hinter ihrem Motorrad, Männer in der Badewanne, mit und ohne Wampe, vor der Badewanne mit und ohne Handtuch; wobei die ohne Handtuch fast immer Waschlappen sind. Irgendwann wurden die Lästerschwester-Treffen seltener, denn der Ernst ihrer Suche verhielt sich reziprok zu ihren Berichten darüber. Je lauter sie schwieg, umso intensiver suchte sie.

Tina heißt eigentlich Bettina, hatte die ersten drei Buchstaben aber pünktlich zu ihrem 30. Geburtstag durchgestrichen. Wenn das jeder machen würde: Aus Stephan würde ein «Phan», was klingt wie ein Strand auf Phuket. Der Name Florian, zugegeben ein seltener Name, den heute kaum mehr jemand kennt, der hier aber trotzdem kurz Erwähnung finden soll, hieße «Rian» und müsste zwangsweise eine Billigflug-Airline erfinden. An Bord gibt es dann ausschließlich indischen Reisschnaps. «Der Rian gibt ne Runde Rian aus!»

Bei Tina nun war die Beschneidung des eigenen Vornamens reines Buchstaben-Waxing. Weg mit den überflüssigen Büschen des Uncoolen, hin zum Wesentlichen. Tina ohne Bet davor war zudem näher an der «2 davor» als an der «3», die sie seit mittlerweile sieben Jahren vor sich herträgt. (Bet)Tina also ist Unternehmensberaterin, gut verdienend, viel unterwegs, heute Mailand, morgen Madrid, egal, Hauptsache, Job. Es ist, als hätte Tina ein Sperrgebiet errichtet um das, was sie ausmacht, einen Bannwald zwischen Mensch und Beraterin. Das führt dazu, dass man stets von der Beraterin umgeben ist.

Ich meine, Tina ist für Nora so etwas wie die große Schwester, die sie nie hatte, heute eher die Mutter, die sie nie wollte, mit Neigung zum Besserwissen, auch im Banalsten. Immer weiß sie, wie man sich noch besser kleiden, noch besser weggehen, noch besser erfolgreich sein kann. Man muss ein sehr gesundes Selbstbewusstsein haben, um neben dieser Frau bestehen zu können. Wenn ich sie treffen musste, hatte ich das Bedürfnis, sie entweder zu ignorieren oder ganz bewusst das Gegenteil dessen zu tun, was sie nun für gut hielt. Nora meint, mein Trotz sei noch schlimmer als ihre Rechthaberei.

Das Schwierige an Tina ist vielleicht, dass sie im Selbstkontrollmodus lebt, wie Psychologen sagen. Das ist eine Art innere Diktatur des Menschen. Wer im Selbstkontrollmodus lebt, gesteht sich selbst nur richtige Entscheidungen zu und straft sich selbst für Fehler, statt sich für kleine Erfolge zu belohnen. Es ist der Modus der Optimierer, die sich selbst mit dem eigenen inneren Rohrstock auspeitschen, wenn die Dinge nicht so laufen, wie sie sollen. Das gesündere Modell ist der Selbstregulationsmodus, die innere Demokratie. Viele, auch widersprüchliche Stimmen, werden vor dem inneren Parlament zur Abstimmung gebracht, um anschließend zu einer Entscheidung zu kommen. Im Gegensatz zum Selbstkontrollmodus sind Fehler in der Selbstregulation erlaubt. Es herrscht das Prinzip Versuch und Irrtum.

Irrtümer sind bei Tina nur in sehr engen Grenzen erlaubt. Das mag ein Grund sein, warum Tina, was ihre Beziehungen, besser gesagt, Beziehungsversuche, angeht, nie so recht auf die Füße gekommen ist. Vor ihrem Kick-off bei Partnershop24 war sie vier Jahre Single gewesen, nachdem sie zuvor eine traumatische Beziehung mit ihrem damaligen Chef gehabt hatte, von der niemand wissen durfte. Was sie nicht wusste, war, das es alle wussten außer ihr, die nur glaubte oder glauben wollte, dass es nichts zu wissen gab, weil sie selbst nicht recht wusste, was sie da tat, weil es eigentlich gar nicht ihre Art war, zumindest soweit sie davon wusste.

Fast bewundernd hatte sie von diesem Mann gesprochen, der sie erst von sich gestoßen hatte, um sie zwei Monate später heiraten zu wollen und vier weitere Wochen später mit seiner Therapeutin durchbrannte. Analog zu ihrem Beruf hatte sie nun auch privat ein halbes Jahr gebraucht, um das zu durchleben, wofür andere ein halbes Leben brauchen. Die Überholspur bestimmte alles, was sie tat, so dass Nora manchmal das Gefühl hatte, Tina müsste dringend mal rausfahren an eine Raststätte – weniger, um zu tanken, als vielmehr zum Verschnaufen, um sich selbst einzuholen. Ihre Lebensüberzeugung, es nur alleine schaffen zu können, strahlte ab auf alle Männer, denen sie begegnet war. Diese hatten das Gefühl, nur Randfiguren in ihrem Unabhängigkeits-Monopoly zu sein, reduzierten sie in der Folge auf eine Gespielin, die man brechen musste, um sie beherrschen zu können. Das machte sie immer wieder zur Geliebten von entscheidungsschwachen Opfern eingeschlafener Langzeitbeziehungen, die dort so wenig gehen konnten, wie sie hier ankommen wollten. Sie muss den Eindruck hinterlassen haben, dass ihr Bedürfnis nach Nähe eher ein homöopathisches sei. Zugleich wollte Tina so viel, vielleicht zu viel. Inspirierend sollte er sein, der Mann an ihrer Seite, aber auch zuverlässig. Er sollte ihre Freiheit respektieren, anerkennen, auch ihren Perfektionismus und ihre Strenge sollte er annehmen können, ohne sich von ihr vereinnahmen zu lassen.

Tinas Beuteschema war entsprechend eine seltene Promenadenmischung aus einfühlsamem Therapeuten und gockeligem Fernsehproduzenten – ich dachte lange, sie müsse irgendwann mit Jürgen Domian zusammenkommen, und richtete mich innerlich schon auf endlose Pärchen-Abende voller Betroffenheitsdiskussionen über die Situation von metrosexuellen Weißschwanzpinguinen auf den Galapagosinseln ein. Ich sollte irren.

Der Algorithmus von Partnershop24 schlug Menschen einander nach Übereinstimmungen vor, nachdem sie einen Persönlichkeitstest bestanden hatten. So legte Tina ihre Sehnsucht vertrauensvoll in die Hände einer geheimen mathematischen Formel, geheimer als die Urananreicherungspläne des Iran. Früher glaubte man an die Macht des Zufalls, der Eltern, die einen verheiraten würden, oder an Gottes Willen, der schon dafür sorgen würde, dass man dem Richtigen zugeführt würde. Heute, im Fegefeuer der säkularen Ernüchterung, sind es Psychologie und Mathematik, denen wir überirdische Kräfte zusprechen.

Im sogenannten wissenschaftlichen Persönlichkeitstest von Partnershop24, dessen Wissenschaftlichkeit in etwa so genau nachgewiesen worden war wie die Existenz Gottes, war Tina gebeten worden, spontan zu antworten. Aber selbst die Frage, ob sie mit offenem oder geschlossenem Fenster schlafe, wurde zum kriegsentscheidenden Gefecht. Ob sie nun, wenn sie «offen», ankreuzte, vielleicht wie eine sexgeile Schlampe wirken würde und bei dem Wort «geschlossen» als völlig zurückgezogener Einsiedlerkrebs ohne soziale Kontakte rüberkommen könnte. Durch ein simples Kreuzchen könnte die letzte Hängebrücke zum Glück mit einem Fernsehproduzententherapeuten zum Einsturz gebracht werden. Warum nur konnte man nicht «Fenster auf Kipp» ankreuzen?

Das virtuelle Labyrinth der Chiffren, sortiert nach Alter, Größe, Beruf und angeblichen charakterlichen Deckungsgleichheiten, bot Tina wohl ein Zuhause auf der Suche, eine Art Rettungsschirm im Regen der Einsamkeit ihrer Perfektpartnersuche. Partnershop24 mit seinen Regeln, seinen Standards und Teilnehmern war eine Art Liebeslidl für Besserverdienende. Ein alter Traum des Kapitalismus war endlich wahr geworden: Käufer und Verkäufer wurden eins. Und man konnte scheinbar aus allen Optionen wählen und eine optimale Entscheidung treffen

– und das ganz ohne Wimperntusche, Augenaufschlag und andere Aufhübschungsversuche aus der Gefälligkeitsabteilung des täglichen Offlinelebens.

Tina meinte, seit Jahren gingen Partnerschaften in die Brüche, weil sich Menschen anfangs ein albernes Schauspiel der eigenen Liebenswürdigkeit lieferten. Kaum war diese Phase vorbei, zeigten sie ihre Schattenseite. Vor der Begattung Sixpack, danach behaarter Rücken. Das war die Wahrheit. Was Tina an der Internet-Partnersuche faszinierte, war ihr Eindruck, dass hier allein der Kopf entscheide und nicht der Bauch, der einen doch immer nur auf falsche Fährten führte. Auf den Bauch hören war für Tina wie bekifft Auto fahren. Irgendwann sah man Dinge, die gar nicht da waren.

Lange bevor Tina Till getroffen hatte, war sie längst irrational geworden. Sie war Spielerin. Sie zockte und pokerte, was das Zeug hielt. Wer war er, der Kerl auf der anderen Seite des Touchscreens? Antwortete er? Was schrieb er? Konnte er überhaupt schreiben? Und wenn ja, kannte er die neue Rechtschreibung oder nur die alte, vermischte er beide? War das dann Kunst oder Legasthenie? Einstein oder Beckstein? Wer nicht so reagierte, wie sie es wollte, den klickte sie weg.

«Über sieben Nieten musst du geh'n», heißt es unter den Suchenden auf Online-Portalen gern. Komischerweise wollte sich weder ein ordentlicher Therapeutentyp noch ein verwegener Fernsehtyp für sie begeistern. Stattdessen Ingenieure, so weit das Auge reichte. Nummer 2 war der wohl tiefste Fall: Er hatte einen Fehler gemacht, den Singlemänner online gerne machen. Er hatte sich hinsichtlich seiner Körpergröße länger gemacht, als er war. Nur minimal, aber länger. Genau genommen 17 Zentimeter. Mehrere Studien haben gezeigt, dass kleine Männer beim Online-Dating genauso erfolgreich sein können wie große – wenn sie mehr verdienen als die hochgewachsenen Geschlechtsgenossen. Nach den Berechnungen von US-Psychologen hätte Nummer 2 etwa 175 000 Euro mehr verdienen müssen als ein Mann, der wirklich seine angegebene Größe hatte.

Tina machte den klassischen Frauenfehler beim Internet Dating: Sie war offline 37 Jahre alt, online aber 32. Sie meinte, sie sei online näher bei sich und ihrem gefühlten Alter, das kurz vor oder kurz nach 18 sei, so genau wusste sie das nicht. Bei den zwölf Typen, mit denen sie sich getroffen habe, sei das total entspannt gewesen mit 32, während die 17, bei denen sie 37 war, gleich sehr verstört waren, so, als wollte sie diese direkt zum Vater ihrer Kinder machen. Ich hatte dann vorgeschlagen, sie solle sich bei den nächsten 38 Männern doch einfach mal 17 Jahre jünger machen. Fand sie leider so gar nicht lustig. Bei Treffen erzählte Tina dann die immer gleichen Witze in den immer gleichen Klamotten. Anschließend verteilte sie in einer Excel-Tabelle Matching-Punkte, verglich sie mit den Matching-Punkten, die Partnershop24 errechnet hatte, und bildete anschließend die Quersumme. Meistens kam 204 heraus. Das nannte sie dann Romantik. Sie suchte die wärmende Glut und fand die Kälte der Algorithmen.

Mit der Zeit entwickelte Tina eine unheimliche Routine. Sie wurde kritischer, schon bei den Profilen der potenziellen Powerpartnerkandidaten. Sie wurde strenger bei der Auslese der wenigen, die es in den Recall schafften. Sie schaute, wie die meisten Leute dort, nur nach Männern die «eine Liga höher» spielten als sie. Je länger sich Tina bei Partnershop24 aufhielt und je mehr Möglichkeiten sie bekam, desto schwerer konnte sie sich entscheiden zuzugreifen. Am Ende konnte ihr keiner mehr genügen. «Routinisierung» nennen Soziologen dieses Abstumpfen. Darum sinkt auch die Wahrscheinlichkeit, wirklich einen neuen Partner zu finden, beträchtlich, je länger der Paarungswillige auf Partnersuchseiten herumlungert.

Einmal haben Nora und ich heftigen Streit bekommen, weil

ich mich unverhohlen über Tinas Ambitionen lustig gemacht hatte. Ich bin in diesem Punkt vielleicht konservativ, aber in meiner Welt spricht alles, wirklich alles dafür, dass Liebe hier zum Geschäft und Menschen zu Produkten verkommen. Die Ökonomie des Internets läuft der der Liebe zuwider. Das Internet arbeitet mit der Verfeinerung, aber die Verfeinerung der eigenen Wünsche und Bedürfnisse führt schnell in die Hölle der Optimierungslogik. Alles wird dem Prinzip des Geldes unterworfen: Man stellt Kosten-Nutzen-Analysen auf und fragt sich, wie man sich zu vermarkten habe, wenn man sich denn einmal trifft. Der Mensch wird zum Produkt seiner selbst, und der andere Mensch muss die personifizierte optimale Entscheidung sein. In der Hölle dieser Dating-Portale wird alles wahr, was sich Karl Marx in seinen kühnsten Träumen nicht hätte ausmalen können. Alles wird dem Prinzip des eiskalten Markts unterworfen, der Mensch ist ein Tauschobjekt. Alles wird vermessen, abgezirkelt und ausgerechnet, abgesteckt und durchformatiert. Eine Bleiwüste der Zahlen und Berechnungen, ins Leben gerufen von einer Betrügermafia sizilianischer Provenienz. Selbst Verbraucherportale, die helfen sollen, wie singleboersenvergleich.de, bekommen eine Provision, wenn ein Kunde nach dem Vergleich zahlendes Mitglied einer Partnersuch-Seite wird. Das ist so, als würde die Polizei einen Einbrecher erwischen und einbuchten, sich aber als Belohnung einen Teil des Diebesguts mit nach Hause nehmen. Das Internet als Paarungsraum ist der Dark Room der Heterosexuellen.

Nora sah das genau andersherum: Im Internet lernte man sich anders, wahrscheinlich tiefer kennen, weil Zeit war, sich auszutauschen, Mails zu schreiben, sich Gedanken zu machen. Sie warf mir vor, ich würde dieses Thema völlig übertrieben dämonisieren. Hauptsache, mein Weltbild, das sich am Pessimistischen schon immer ergötzte, würde aufrechterhalten. «Sonst wirfst du dich vor wissenschaftlichen Studien darnieder, jetzt aber, da es dir in den kulturpessimistischen Kram passt, sind alle Fakten wie weggewischt!» Unter uns Beichtschwestern und Brüdern: Nora hatte recht. Meine Recherchen ergaben schnell, dass Beziehungen, die im Internet begonnen haben, tatsächlich ähnlich zufrieden sind wie Paare, die sich gleich bei Tageslicht kennengelernt hatten. In den USA wollen Forscher herausgefunden haben, dass sie sogar noch etwas glücklicher sind. Dafür spricht auch, dass es bei den meisten Partnerdiensten genauso zugeht wie abends in der Bar: Männer suchen schöne Frauen und Frauen Männer mit höherem Status. Es bildet sich also weniger eine Parallelwelt, als vielmehr eine Ergänzungswelt, die nach den gleichen Mustern funktioniert. Nichtsdestotrotz: Ich bleibe skeptisch, getreu der Maxime: Von Fakten lasse ich mir meine Meinung nicht kaputt machen.

WER RIECHT DENN HIER? ENTSCHEIDUNGEN BEIM ERSTEN MAL

Till war so etwas wie der *last exit*. Innerlich hatte Tina den Bettel schon hingeschmissen. Aber dann kam Till, Ingenieur, 39, so alt und so groß wie im Internet beschrieben. Schon in der Nacht vor diesem ersten Treffen hatte Tina nicht geschlafen. Stattdessen las sie den gesamten Mailverkehr der letzten Monate noch einmal – sie las ihn, trotz emotionaler Aufwallungen, die mit Zuständen erster Verliebtheit vergleichbar gewesen wären, mit Abstand. Der Bauch musste in Schach gehalten werden, der Kopf sollte ihn bezwingen, bedingungslos, durch Aufmerksamkeit und Kontrolle der Lage. So las sie die Mails von Till wie eine Lehrerin die Aufsätze ihrer Schüler: Mit dem inneren Rotstift immer im Anschlag, jederzeit bereit, den alles entscheidenden Fehler zu finden, der das Kartenhaus in sich zusammenstürzen ließe und das ganze Unterfangen als großes Lügengebäude offenbaren würde. Besser eine frühe Enttäuschung als eine späte. Besser ein Ende am Anfang als ein Anfang ohne Ende in zäher Unentschiedenheit und Unsicherheit. Besser ohne Heiratsantrag durchbrennen als mit und besser nach sechs Tagen als nach sechs Monaten. Vielleicht ist Tinas Angst vor der Welt die eigentliche Parallele zu mir. Vielleicht sind wir uns zu nah, um uns nah kommen zu können.

Da Tills Orthographie offenbar ohne gröbere Schnitzer über sehr viele ausgedruckte Seiten hinweg bestehen konnte, war er reif für die Audienz bei Tina. Sie hatten sich in einem kleinen

Bistro verabredet. Genauer gesagt, vor dem Bistro. Sie wollte ihn stehen sehen, um Schummeleien bei der Körpergröße von Anfang an Einhalt gebieten zu können.

War Till wirklich der kleine Poet, edel, hilfreich und gut, als der er in den kilometerlangen Mails erschien? Ein gefühliger Dichter, gefangen im Körper eines eiskalten Zahlenjunkies? Bislang war alles nur in ihrem Kopf, jetzt ging es darum, Nägel mit Köpfen zu machen. Jetzt würde sich alles zeigen, Stärken und Schwächen, Bierbäuche und Orangenhäute, Schweißflecken und Gehhilfen. Das Hin-und-her-Geschreibe vorher hatte das gesamte Kennenlernen umgedreht, sie wusste so viel über diesen Mann, ohne etwas mit ihm erlebt zu haben. Das Kind war eine Kopfgeburt. Insofern war der verruchte Raum des Internets, dieser Hafen der Kriminellen und Betrüger, auch ein Raum der Sicherheit, der Entfernung, der eine vorsichtige Annäherung ermöglichte. Das, was jetzt kam, nahm sich dagegen schon fast als Albtraum aus: Rationale Entscheidungen waren jetzt unmöglich, der Kopf war ausgeschaltet, ob Tina es wollte oder nicht, es wurde für sie entschieden: von der Intuition oder wie auch immer man die dunklen Mächte benennen wollte, welche die Navigation übernehmen, wenn sich unbekannte Menschen zum ersten Mal begegnen. All die Selbstbestimmung, all die schönen Ideen von Autonomie mussten draußen in der Kälte warten, während die Natur, das Unbewusste oder was auch immer, ihr Werk verrichteten.

Im ersten Moment fielen Tina Tills Augen auf, die großen Pupillen und die sehr symmetrischen Gesichtszüge. Hinzu kam, Till war zwei Jahre älter, etwas größer und mit leichtem Bauchspeck auch insgesamt etwas kräftiger als sie. So weit, so Klischee.

Till fiel an Tina auf, was allen Männern auffällt: reine Haut, volle Lippen, langes üppiges Haar, symmetrische Gesichtszüge, kurze Abstände zwischen Mund und Kinn, sowie das Taille-

Hüfte-Verhältnis. Das liegt übrigens immer und überall bei 0,7: im Busch und am Meer, auf Bergen und in Tälern, bei Mitteleuropäern und Asiaten, bei Irren und Normalen, online und offline. Liegt diese Geschmackseintracht an der Langeweile der Männer? Nein, es ist wohl die Evolution, die hier den Ton angibt. Seit jeher achten Männer auch auf die Größe der weiblichen Brüste. Das hat primitive Gründe: Die Neuronen spielen verrückt. Till stand also offenbar auf kleine Brüste. Studien haben gezeigt, dass Männer Frauen mit attraktiven Körpern denen mit schönem Gesicht vorziehen. Manche Pointen brauchen keine Witze mehr.

Was uns an anderen Menschen so sehr fasziniert, dass wir uns in sie verlieben können, ist noch immer nur halb geklärt. Es gibt viele Versuche, ernstzunehmende und weniger ernstzunehmende; Mutmaßungen und Annäherungen und noch mehr krude Thesen, die sinnlos ins Kraut schießen; halbwahres Orakeln, das sich ausbreitet wie Unkraut in einem verlassenen Garten. Am Ende ist es wahrscheinlich eine nur sehr bedingt erklärbare Mischung aus Biologie, Psychologie, Kultur und einer ganzer Menge sehr persönlicher Motive, die sich die Beteiligten selbst nicht erklären können, was wohl auch besser so ist. Vielleicht ist es einfach das Gefühl, dass genau hier, mit diesem Menschen, die nächste Seite im Buch des eigenen Lebens geschrieben werden muss. Vielleicht ist es auch das, was hilft, über kleine Schwächen, Macken und Eigenheiten hinwegzusehen oder sie im besten Falle sogar zu lieben, obwohl man sie bei jedem anderen zum No-Go erklären würde.

Eigentlich verachtete Tina Menschen, die zu spät kamen. An diesem Abend war sie es aber, die zu spät war. Aus einem Gefühl heraus, das sie sonst nicht kannte: Aufregung. Eigentlich war es immer Tina, die Fragen stellte, zuhörte, Menschen auseinandernahm und wieder zusammensetzte wie Legomännchen, was für genau diese Menschen dann auch noch kryptokarthatisch war.

Fragen Sie mal Nora. Nein, lassen Sie es lieber. Danke. Bei Till war sie diejenige, die ins Erzählen kam, über sich und das Leben und die Welt in einem Ton, den sie selbst von sich nicht kannte. Sie schätzte Tills Interesse, seine Zurückhaltung und das scheinbar kaum ausgeprägte Bedürfnis, über sich zu reden. Das unterschied ihn so sehr von all den Silberrücken, egal welchen Alters, denen sie bislang begegnet war. Männer sprechen zwar deutlich weniger als Frauen, aber wenn sie sprechen, dann geht es zu zwei Dritteln um sie selbst. Das ist auch gut so: Man sollte immer nur von Dingen sprechen, von denen man wirklich Ahnung hat. Wäre ich ein pathologischer Pathetiker – also ein krankhafter, im Pathos ersaufender Moralapostel –, würde ich etwas schleimig formulieren: Am Schlüsselbund zum Herzen des anderen müssen zwei Schlüssel hängen: Liebenswürdigkeit und Interesse. Der eine ist der Haus-, der andere der Wohnungsschlüssel. Es ist also immer gut, beide dabeizuhaben. Interesse heißt ja in seiner ursprünglichen Bedeutung «dazwischen sein», aus sich heraustreten und nicht die Trutzburg der eigenen Sicherheit dumpf verteidigen, stattdessen das Gefängnis der eigenen Überzeugungen verlassen.

Till war an diesem Abend wohl, wie man so sagt, zu allem bereit. Tina dagegen war zögerlich. Vor dem Treffen hatte sie sich vorgenommen, keinesfalls mit Till im Bett zu landen. Weder in seinem noch in ihrem, noch in einem dritten. Dafür gibt es nun verschiedene Erklärungen: Erstens der seltsam puristische Zeitgeist des 21. Jahrhunderts, der offenbar alle emanzipatorischen Kräfte noch immer mit links aushebeln kann. Frauen, die beim ersten Date mit einem Mann ins Bett gehen, sind immer noch irgendwas zwischen Flittchen und Schlampe. Dieser Bullshit ist der ewige Kassenschlager der Sexualethik. Daneben hatte Tina aber auch ganz handfeste Gründe für ihr Zögern: Unter Männern gibt es ganz einfach mehr Nieten als unter Frauen. Über

90 % aller Mörder im Knast sind Männer, Wohnungslose sind zu zwei Dritteln Männer – wobei das nicht heißt, dass zwei Drittel aller Männer wohnungslos sind, auch wenn viele Butzen diesen Eindruck nahelegen. Und auch an Alkoholismus sterben jedes Jahr dreimal so viele Männer wie Frauen. Die Wahrscheinlichkeit, am Ende einen Vollpfosten zu Hause zu haben, ist größer, als zufällig auf eines der seltenen Prachtexemplare zu stoßen. Wer ein Goldstück finden will, muss vorher viel Sand und Kies wegschaffen.

Für die Erhaltung der Gattung sind die Reinfälle unter den Männern eher mittelnützlich. Möglicherweise ist das auch der entscheidende Grund, warum Tina nicht direkt mit Till nach Hause gehen wollte. In mehreren Versuchen ließen Wissenschaftler attraktive Frauen Studenten in Bars ansprechen, um sie direkt zu fragen, ob sie mit ihnen ins Bett gehen würden: 75 % sagten ja. Beim gleichen Experiment mit Männern, die Frauen fragten, lehnten 100 % ab.

Auch wenn Tina sich mit Händen und Füßen wehren würde, unsere Intuition funktioniert hier schon fast erschreckend gut: Binnen einer Zehntelsekunde sind wir in der Lage, ein erstes, dauerhaft gültiges Urteil zu fällen über die Frage, ob wir einem anderen Menschen vertrauen können oder nicht.

Ähnlich schnell sind wir, wenn es darum geht, den Geruch eines anderen Menschen zu beurteilen. Wissenschaftlich ist das Phänomen «riechen» allerdings mehr als umstritten. Welche Hormone nun für welchen Geruch zuständig sind, diese Fragen sind näher an der Wahrheit von Tarotkarten und anderer Scharlatanerie als an der Erklärung menschlicher Liebesverhältnisse. Fest scheint derzeit nur zu stehen, dass sich Partner genetisch möglichst stark voneinander unterscheiden sollten. Je unterschiedlicher die Gene sind, desto mehr Keime können sie aufs Korn nehmen und desto stärker ist das Immunsystem des möglichen Nachwuchses. In verschiedenen Versuchen konnten Biologen zeigen, dass sich Frauen tatsächlich von genetisch möglichst fremden Männern angezogen fühlen. Ließ man Frauen an getragenen T-Shirts von Männern riechen, mochten sie die am liebsten, deren Träger andere Immungene als sie selbst hatten. Noch ein Grund mehr, warum es gut ist, die Finger von der eigenen Verwandtschaft zu lassen.

Am Ende dieses Abends bestellte Tina ein Taxi. Kurz zögerte sie, ob sie dem Bauch nachgeben und mit Till nach Hause fahren sollte, doch im letzten Moment knipste sie das Licht oben wieder an, was erstaunlich gut funktionierte, obwohl sie irritierend geblendet wurde von der Lampe, die sie schon seit Stunden anhatte.

KINGS AND QUEENS –
WAS UNSERE MATRATZEN
ÜBER UNSERE BEZIEHUNGEN
ERZÄHLEN

Beim Paarlauf zeigen Paare synchron Einzellaufelemente und spezielle Paarlaufelemente wie Sprünge, Hebungen, Pirouetten, Spiralen und Todesspiralen. Der Paarlauf besteht aus drei Teilen und beginnt mit einem Kurzprogramm, das aus Pflichtelementen besteht.

Vielleicht war es gut, dass Tina und Till, genau wie die meisten anderen Paare im Stadium des Näherkommens, den Pflichtcharakter des Kurzprogramms ausblendeten. Verliebtheit ist ja nichts anderes als ein Zustand konsequenter Ausblendung von allem, was das spätere Leben ausmachen wird. Das Kurzprogramm war ein Schleudergang der Euphorie und Begeisterung füreinander. Die Pflichtelemente sind Sex, Reden, wieder Sex, wieder reden und zwischendurch mal Nahrungsaufnahme, damit die beteiligten Organe auch weiterhin ihren Aufgaben entsprechend durchblutet blieben. Also in erster Linie der Kopf, damit die Gedanken fließen konnten.

Nur einmal in dieser ersten Phase wurde das Eis dünner, weil sich Till und Tina nicht so recht einigen konnten, an welchem Tag sie zusammengekommen waren: Für Tina waren sie es seit dem ersten gemeinsamen Abend, an dem sie sich live und in Farbe und auch in Stereo gehört und gesehen hatten, ohne Bildschirm und Tastatur zwischen sich, ohne Wände und Mauern, die das WLAN verlangsamten. Till war überrascht von diesem

Datum, schien es ihm doch sehr früh und eine Art Vordatierung zum Zwecke der Ausweitung der weiblichen Territorialansprüche. Fast fühlte er sich annektiert bei gleichzeitiger Freude über das Kompliment an seine Person, die er aus Tinas früher Festlegung auf ihn herauslas. Er hatte ein mulmiges Gefühl, die eigenen Autonomiegebiete so schnell aufgegeben zu haben, ohne es mitzukriegen. Wo waren die Wachposten, wenn man sie brauchte? Wahrscheinlich eingeschlafen.

Till hingegen war innerlich der Auffassung, der Paarlauf habe erst in diesem einen magischen Moment begonnen, als Tina ihn, mal wieder im Ausland unterwegs, am Telefon gefragt habe, «was das denn nun so sei» zwischen ihnen. Anfangs glaubte er, er habe diesen Satz geträumt. So viel Caveman-Klischee im wirklichen Leben? Für eine halbe Sekunde hatte er antworten wollen: «Was das zwischen uns ist? 3000 Kilometer Abstand und eine miese Verbindung.» Mit anderen Worten: eine schlechte Grundlage für Positionsbestimmungen dieser Art. Er hatte sich den Satz dann doch noch rechtzeitig verboten, wenngleich er geahnt haben muss, welch tiefe spätere Wahrheit er hier gelassen gedacht hatte. Manchmal entspricht die äußere räumliche Distanz der noch unbemerkten inneren.

Diese zentrale Frage jedenfalls wollte Till dieses Mal beantworten. Mit einem klaren, entschiedenen und nicht zurückholbaren «Ja». Tief drin war er nämlich das, was Tina und ihre Freundinnen von der Partnershop24-Front Mingles nannten. Das Wort setzt sich zusammen aus den Elementen «mixed» und «single», es ist der Gemischte Vorspeiseteller unter den Männern: Sie sind Single, wollen aber eigentlich mehr, können sich aber nicht entscheiden und richten sich daher in «Freundschaftplus»-Affärchen ein. Sex mit Rahmenprogramm, ein Leben voller Forderungen, aber ohne Verbindlichkeiten. Man will ihre ganze Hand, und sie reichen einem gerade mal den kleinen Finger. Till war ein Mingle, er hätte ihr Klassensprecher sein können. So hauchte er schließlich ein sanftes «Ja» ins Telefon, wobei das Hauchen weniger ein Zeichen überbordender Zärtlichkeit und Zuneigung, als vielmehr ein mit einem Hauch «Nein» überzogenes Ja, eine Art vernuscheltes «Mal gucken» war. Tina, hochpräsent und wach, trotz kontinentaler Strömungen, sagte, das sei keine Antwort auf ihre Frage. Till erwiderte dann, es sei auf jeden Fall gut. Er faselte noch was von «zusammen» und «sowieso schon irgendwie» und hoffte, die gewünschten Keywords abgefeuert zu haben, die eine ausreichende Dosis Beruhigung bis zu ihrer Rückkehr verabreichte.

Erst viel später hatte Till Tina erzählt, wie er sich gefühlt hatte, nachdem er aufgelegt hatte. Erbärmlich. Er fragte sich in diesem Moment, ob das nun das Leben sei. Dass man abwartete und zauderte, bis man gezwungen wurde zu entscheiden. Hatte er überhaupt eine Entscheidung getroffen? Oder hatte er sich nur nicht getraut, nein zu sagen? Es schlich sich eine Erkenntnis in sein Leben, die er oft geahnt hatte, aber nie wirklich wahrhaben wollte. Vielleicht trafen wir die großen Entscheidungen gar nicht selbst? Vielleicht wurden sie getroffen, waren abhängig von Stimmungen, Zufällen und ganz anderen Leuten, die gar nicht wussten, welchen Gefallen sie uns taten, durch ihr Verhalten in uns eine Entscheidung hervorzurufen. Es war so beruhigend wie unheimlich, in so etwas wie einen Lauf der Dinge eingepasst zu sein. Vielleicht war die Liebe tatsächlich ein Eiskunstlauf, bei dem es darauf ankam, ein Programm zu absolvieren, dessen Reglement vorgegeben war.

Schon am ersten Meeting, dem Go dieser Beziehung, wie es in der Sprache Tinas hieß, zeigte sich: Das moderne Paar ist in erster Linie ein Verhandlungspaar. Alles muss ausgesessen und ausdiskutiert werden, nichts steht von vornherein fest. Das Haus der Liebe ist kein Fertighaus, auch kein möbliertes Apartment, in das man einzieht, um dann maximal noch ein paar Stühle zu verrücken, um es final zu optimieren. Das Haus der Liebe ist nichts weiter als ein Stück Ackerland, unbebaute Fläche, die darauf wartet, in Zivilisation verwandelt zu werden. Alles ist möglich im Paarlauf zweier Menschen heute. Es gilt, sich selbst zu erfinden. Es geht um tausend kleine und große Entscheidungen, die Freiheit scheint größer denn je. Fast die Hälfte aller Frauen lebt vom eigenen Einkommen, Männer sind nicht mehr automatisch der Alleinernährer der Familie, in einer von vier Familien ist das schon jetzt die Frau.

Es könnte das goldene Jahrhundert der Romantik sein, in dem sich Menschen aus reiner Zuneigung zusammentun und nicht, weil sie Haus und Hof weiterführen müssen. Für die Romantik spricht auch: Das Paar ist wieder in. Das war nicht immer so. Noch vor fünfzehn Jahren stand schnell unter Spießerverdacht, wer sich allzu leichtfertig zum «Wir» erklärte. Im Begriff der «Neuen Bürgerlichkeit» zeigte sich das letzte Zucken der Spontis und Spät-68er, die das Paar noch immer als Keimzelle der Unterdrückung von allem und jedem sahen. In den Nullerjahren vollzog sich langsam die Wende: Der große Bruch muss die «Spießer»-Kampagne der LBS gewesen sein, in der das Kind zum Hippie-Papa sagt: «Wenn ich groß bin, möchte ich auch mal Spießer werden», sprich: ein Häuschen bauen. Daneben forderten auch Schwule das Recht auf Ehe, eine Gruppe, die sonst eher durch den Abstand zu Konventionen die Gesellschaft verändert hatte. Es wollen also jetzt auch Gruppen Spießer werden, die noch vor wenigen Jahren herablassend auf die phantasielosen Missionarsstellungs-Heten geblickt hatten. Ist das der heimliche späte Sieg der katholischen Kirche?

Nora meint: Heute sind Liebesgemeinschaften zum Glück keine Zweckgemeinschaften mehr, eher ein Bollwerk gegen den täglichen Konsum- und Optimierungswahn, ein kleiner privater Protest durch Rückzug ins Überschubare, ein leises, aber spürbares Nein zur Welt als Supermarkt. Die letzte Bastion gegen die Kraft des «Mal gucken», die finale Entscheidung gegen die unendlichen Möglichkeiten, das Ende eines Lebens als Gemischter Salat. Stattdessen gelte es, sich in Partnerschaften in einer gemütlichen Mittelmäßigkeit des Alltags einzurichten: gelassener werden, Langeweile aushalten, quantitativ seltenen und qualitativ mittelmäßigen Sex zu haben und abends gemeinsam auf dem Sofa einzuschlafen, statt sich zwischen drei Fick-Apps und je fünf potenziellen Potenzpopanzen zu entscheiden. Kurz: Die Entscheidung zur Partnerschaft ist die Entscheidung gegen den Terror der optimalen Entscheidung zwischen unendlichen Optionen.

Ich sehe das anders: Ich meine, dass die zwangsoptimierte Zeit längst wie ein ansteckender Pilzbefall alles infiziert hat, auch die Liebesbeziehungen. Die Welt der Online-Partnerbörse hat sich längst ins Innere des Beziehungslebens hineingeschlichen wie die NSA in ein Sicherheitsleck bei Windows. Partnerschaften sind nur die Ausweitung der Optimierungszone an die Bettkante der Zweisamkeit. Das Paar ist dabei Opfer und Täter zugleich.

Nora ahnte es schon, und natürlich kam es so: Auch hier konnte ich prompt wieder eine Zeugin anrufen, die meine Meinung in den Himmel des Faktischen hob: Die Soziologin Eva Illouz konstatiert, dass moderne Beziehungen auf drei Säulen fußen: Sex, Freizeit und emotionale Intimität. Alle drei Bereiche sind automatisch dem Wahn des Optimalen unterworfen, meine ich: Der Sex soll natürlich häufig, überraschend, liebevoll, heiß, großartig und intensiv sein, aber auch vorsichtig, zärtlich und nicht zu rasch – oder um es mit den Worten von Markus Lanz zu sagen: «Einfach sensationell!» Die Freizeit muss «aktiv» sein, mit Kultur und Bewegung und wieder zurück. Zu guter Letzt soll der Partner in der emotionalen Intimität bedingungslos verstehen, liebevoll zuhören, aber auch beherzt eingreifen, im richtigen Moment bremsen und im ebenso richtigen motivieren und antreiben. Das kann eigentlich nur schiefgehen.

Studien zeigen, dass wir weit weg sind von der vollendeten Romantik dank finanzieller Eigenständigkeit der Beteiligten: Gerade Doppelverdiener, die sich eigentlich weniger Gedanken zum Thema Geld machen müssten, sind viel geldorientierter als Paare, bei denen ein Partner alleine verdient. Soziologen nennen Leute wie Till und Tina «Assoziationspaare», ich nenne sie die «Zwei-Matratzen-Paare.» Sie lösen die «Fusionspaare» ab, die Queen-Size Bett-Paare: Ein Leben, eine Matratze. Sie sind die Klassiker, sie funktionieren wie zwei Firmen. Unter dem Vorwand der Fusion hat in aller Regel der Mann die Frau geschluckt, beherrscht und ausgebeutet und irgendwann wieder ausgespuckt. Es war eine stille feindliche Übernahme im Gewand hormoneller Überreizung. Nachts musste die Frau zudem noch das Matratzenerdbeben ertragen, wenn sich der viel zu wuchtige rückenbehaarte Tyrannosaurier zum Schnarchen auf den Rücken wälzte. Geld, Besitz und die Unfähigkeit des schwächeren Teils, allein über die Runden zu kommen, hielten diese Paare zusammen, sage ich. Es gab ein «Wir» und nicht wie jetzt ein doppeltes Ich, meint Nora. Das sind die neuen Gemeinschaften. Zwei unabhängige Geister, die eher nebeneinander als füreinander leben und sich gegenseitig als Freunde und Coaches während der Selbstoptimierung optimieren. Optimierungspaare mit eingebauter 24/7-Support-Abteilung. Zwei Matratzen für zwei Welten mit erhöhter Wahrscheinlichkeit, dass der, der sich zu sehr ankuscheln will, irgendwann durch den Rost fällt.

Kurz: Till und Tina waren das Unheil jeder Volkswirtschaft. Wenn sie zum Trend würden, wären sie schuld daran, dass die Schere zwischen Arm und Reich weiter auseinandergehen würde. Früher taten sich Männer gerne mit Frauen zusammen, die unter ihnen standen. Oder lagen. Im besten Falle beides. Piloten heirateten Stewardessen, Ärzte Krankenschwestern, Chefredakteure ihre Assistentinnen. Fusionen eben. Diese Konstellationen werden seltener. Vier von fünf Paaren haben heute einen ähnlichen Bildungshintergrund. In den USA sind es sogar noch mehr. Nun werden Sie einwenden: Das ist doch toll, wenn sich zwei Menschen über die bildsprachliche Komponente in Nietzsches Zarathustra wochenlang austauschen können. Das stimmt. Aber die Kehrseite ist: Wohlhabende bleiben unter sich und Arme auch. Jeder fortschrittliche Till, der eine ernstzunehmende Tina auf Augenhöhe wählt, schließt zugleich den Aufstieg eines Mädchens aus armen Verhältnissen aus, ja, er verwehrt ihr diesen Aufstieg und fesselt sie an die ärmlichen schlechten Verhältnisse.

Nora fand es schon zynisch, überhaupt so zu denken. Zutiefst persönliche Entscheidungen, die Ergebnis einer liebevollen Zuneigung seien, über die uns kein Urteil zustehe, zum Mittel zum Zweck eines Gesellschaftsentwurfs zu reduzieren, sei nun wirklich unter aller Kanone. Ich wischte das etwas unwirsch weg und argumentierte munter weiter. Wenn Frau Doktor Medizinalrätin sich endlich auch einmal bequemen würde, einen Pfleger anzulachen oder die Architektin einen handfesten Bauarbeiter mit Händen wie Löwenpranken ranlassen würde, wären die großen sozialen Probleme der Gegenwart mit einem Schlag gelöst, weil Aufstieg in andere soziale Schichten möglich wäre. Hier müssen die allseits bereiten linken Gleichstellungsalarmglocken schrillen.

Das Kurzprogramm am Anfang des Paarlaufs verdiente seinen Namen. Schon nach drei Monaten zündeten Till und Tina die nächste Stufe: Sie zogen zusammen. Zwei Monate später war Tina schwanger, es folgte die Geburt einer Tochter und zwei Jahre später der Umzug in ein größeres Zuhause. Sie waren also recht schnell bei der Kür angekommen. Sie waren jetzt weder ein

Assoziations- noch ein Fusionspaar, sie waren jetzt ein Funktionspaar. Jeder tat, was er sollte, mal besser, mal schlechter, und die arbeitsteilige Hausgesellschaft sorgte dafür, dass die offensichtlichen Schwierigkeiten lange unentdeckt bleiben konnten.

Till hätte gerne geheiratet, Tina hielt es für unnötig. Es war einer der wenigen Momente, in denen ich mich Tina nah fühlte. Blöderweise zeigte ich mich ausgerechnet in dem einen Punkt solidarisch mit Tina, den Nora für höheren Schwachsinn hielt. Sie hält Heiraten immer noch für eine zeitgemäße Entscheidung, für ein Bekenntnis zur Bedingungslosigkeit. Ich halte es für ein Bekenntnis zur Besinnungslosigkeit. So kann ein Buchstabe Welten trennen. Romantik zu panschen mit einem Staatsinteresse, das war, wie zwei unterschiedliche Blutgruppen vermischen, die sich naturgemäß abstoßen müssen. Was passiert? Die Blutzellen verklumpen, und der ganze Organismus stirbt. Allein in Deutschland waren 179 100 Ehetodesfälle zu beklagen – und das nur im Jahr 2012. Im Schnitt trat der Tod nach 14,5 Jahren ein. Der tatsächlich entscheidende, emotionale Tod dürfte schon viel früher eingetreten sein. Hier lässt sich sagen: Die Dunkelziffer liegt noch viel niedriger, und das ist ausnahmsweise umso schlimmer. Ein künstlich am Leben gehaltenes Relikt aus der – Achtung Wortspiel – Hochzeit der Fusionspaare. Eine Versorgungs- und Stabilitätsillusion für Leute, die Selbstbestimmung für eine ansteckende Krankheit halten.

Nora hört diesem Monolog, den ich mit großem Spaß an der Übertreibung von Satz zu Satz weiter radikalisiere, lange zu. Ihre Ruhe irritiert mich. Offenbar hat sie noch einen Trumpf im Ärmel, den sie nun mit großer Gelassenheit hervorzieht: Eben weil eine Scheidung mit Kosten verbunden sei, seien die Beteiligten überhaupt erst bereit, die Arbeit zu leisten, die nötig sei, um die Ehe aufrechtzuerhalten. Je weniger auf dem Spiel steht, desto eher sind wir bereit, die Figuren auszuwechseln und das Spiel mit dem Nächstbesten fortzusetzen, um es mit der ersten Schwierigkeit wieder von vorne anzufangen. Tinas Entscheidung gegen die Ehe sei also eine der Angst und der Feigheit, meint Nora, ein Resultat eines Lebens, das nur dann ja sagte, wenn die «Geld zurück»-Garantie gesichert sei. Außerdem habe sie gerade in einer Studie, ja, einer Studie, gelesen, dass Verheiratete zufriedener seien als Unverheiratete. 15 Jahre nach einer Bypass-Operation wegen drohenden Herzinfarkts lebten über 80 % der glücklich verheirateten Männer und Frauen noch, aber nur rund ein Drittel aller Singles.

Vielleicht spürte Tina auch einfach, dass Till und sie zu verschieden waren für die Langstrecke. Von den zwei Paartypen, die der Volksmund kennt, wenn er die Phrasendreschmaschine anwirft, waren sie die Nummer zwei: Nummer eins heißt «Gleich und gleich gesellt sich gern», Nummer zwei «Gegensätze ziehen sich an». Der erste Typ scheint häufig. Schnell kann der Eindruck aufkommen, die Welt sei voller identischer Menschen. Insbesondere nach langen Sonntagen in Parks, in denen zu viele Pärchen im karierten C&A-Partnerparka händchenhaltend die Wege verstopfen. Ernsthaften Studien hält der Satz nicht stand. Gleich und gleich erstickt vor allem an Ödnis. Man guckt sich ja auch nicht den ganzen Tag das eigene Spiegelbild an. Doppelt hält nicht besser, doppelt langweilt doppelt. Die zweite Maxime des Zusammenseins heißt: «Gegensätze ziehen sich an.» Das war das Modell von Till und Tina. Auch das funktioniert selten, schließlich sollten sich Liebende nach dem Anziehen auch noch ausziehen, mindestens im Kurzprogramm. Die Kluft zwischen Till und Tina zeigte sich im Alltag: Er trank Wein, sie gar nicht. Sie rauchte, ihn widerte der Geruch von Tabak in wirklich allen Facetten an. Aktiv, passiv, frisch und abgestanden. Sie liebte Katzen, er aber Hunde. Sie war Frühaufsteherin, er Langschläfer. Selten habe ich ein Paar gesehen, das so diametral entgegengesetzt war und trotzdem von Liebe sprach. Gegensätze sind kurz spannend, aber auf der Langstrecke vor allem anstrengend. Gegensatzpärchen sind wie Magneten die sich anziehen, um sich dann im letzten Moment vor der unmittelbaren Begegnung doch wieder abzustoßen und voneinander fernzuhalten.

Wie geht es nun richtig? Der Philosoph Theodor W. Adorno schrieb dereinst: «Liebe heißt, Ähnliches an Unähnlichem wahrzunehmen.»[20] Vorsicht! Bitte genau lesen, es heißt «Unähnlichem» nicht «Unehelichem!» Ein Satz, mit dem sich der Kritische Theoretiker wohl kalenderspruchtauglich zeigte. Wie so oft, sind die einfachen Sätze aber zugleich die wahrsten: Untersuchungen bei Paaren, die länger als 35 Jahre zusammen waren, zeigten, dass Ähnlichkeit der Schlüssel zur Langstrecke ist. Zum Teil wählten die Pärchen sogar die gleiche Partei – oder wenigstens zwei, die für eine Koalition in Frage kämen. Politisch würde das heißen, dass heute jeder mit jedem zusammen sein kann, partnerschaftlich gilt das nicht. Die meisten Zeitgenossen verlieben sich in Leute mit ähnlichem ethnischen, religiösen, schulischen und wirtschaftlichem Hintergrund. Außerdem sind die Partner meist ähnlich attraktiv, haben ähnliche Werte und Interessen. Es gibt sogar Hinweise darauf, dass Menschen sich Partner mit ähnlich breiten Nasen und ähnlichem Augenabstand aussuchen. Mann und Frau sind wie Hund und Herrchen: Sie werden sich mit der Zeit immer ähnlicher. Manchmal pinkeln sogar beide im Sitzen. So übernehmen Partner die Angewohnheiten von ihren Liebsten. Auffällig dabei: Die schlechten Angewohnheiten wie Fastfood und Rauchen gehen dabei meistens von Männern aus. Männer sind ein Geschenk – für und in jede(r) Beziehung.

Ähnlich häufig bleiben Paare zusammen, die gemeinsam investiert haben. «Eigentum verpflichtet» – egal ob es Aktien oder Immobilien oder Kinder sind. Wenn man sich die Helikoptereltern anguckt, die den Bugaboo wie eine Kalaschnikow vor sich herwuchten, um alles platt zu walzen, was sich ihnen in den Weg stellt, muss man wirklich das Gefühl kriegen, in diesen überteuerten Gefährten werden die Terroristen der Zukunft ausgebildet. Aber diese Sorge ist kaum begründet, die Investoren werden alles dafür tun, ihre garantiert glutenfreie Brut lebenslang im heimischen Tresor einzusperren.

Die Voraussetzung fürs Kinderkriegen, der Sex, wird in Beziehungen dagegen häufig überschätzt. Tina klagte wohl schon recht früh darüber, dass Till sich nicht bemühen würde um sie und dass unter der Woche sowieso so viel zu tun sei, dass Sex im Alltag auf ihrer Prioritätenliste in etwa so weit oben stehe wie ein Spontantrip nach New York. Till hingegen hatte das Gefühl, der Sex sei nur noch Belohnung, wenn er sich gut benommen habe, unter der Woche genauso wie am Wochenende, und die Welt so eingerichtet habe, wie Tina sie sich vorstellte. Dann vielleicht mal an einem Sonntagabend, wenn die Zeit noch reichte, vor dem Tatort. Und auch dann nur, wenn das Kind ganz sicher schon schlief, was man aber mit der nötigen Sicherheit nie sagen konnte, weswegen man es dann doch besser bleibenließ.

Langzeituntersuchungen zeigen, dass Männer deutlich unzufriedener mit ihrem Sexleben sind als ihre Partnerinnen. Der Unterschied geht so: Frauen wollen Sex, wenn das Drumherum entsprechend flauschig ist. Männer werden flauschig, wenn sie Sex hatten. Wer da aus dem Takt kommt, ist in Gefahr, einen dauerhaften Eiertanz ums eigene Bett zu vollziehen. Dazu kommt: Frauen stehen noch immer stärker als Männer unter dem Dogma der Körperoptimierung, was dazu führt, dass sie sich ständig unsexy fühlen. Männern ist es dagegen vollkommen wurscht, ob sich Frauen gerade sexy fühlen oder nicht, solange sie es in ihren Augen sind. Till konnte die Dialoge mit Tina mittlerweile schon aufsagen, bevor sie stattfanden.

«Jetzt nicht», sagte sie dann. «Warum nicht?» – «Ich fühle mich nicht sexy.» – «Du bist aber sexy.» – «Das entscheide ich immer noch selber.» – «Ich meine ja nur, ich finde dich sexy.» – «Das sagst du nur so.» – «Nein, ich meine es so.» – «Nein, du sagst es, weil du Sex willst.» – «Aber ich würde es ja nicht wollen, wenn ich dich nicht sexy fände.» – «Männer können das auch so. Außerdem habe ich Falten.» – «Nein, hast du nicht.» – «Aber Speck.» – «Nein, auch nicht.» – «Aber Cellulite.» – «Nein, auch keine Cellulite.» – «Jetzt lügst du schon, weil du Sex willst.» – «Nein, ich liebe dich so, wie du bist.» – «So wie ich bin? Also habe ich doch Falten und Cellulite!» – «Selbst wenn du sie hättest, würde ich mit dir schlafen wollen.» – «Aber ich schlafe nicht mit so einem oberflächlichen Neandertaler! Gute Nacht!»

Der Unterschied war: Till liebte Tina wirklich so, wie sie war, sie würde sich aber nur lieben, wenn sie so wäre, wie sie glaubte, sein zu müssen, um so zu sein, wie er sie wirklich wollte, wenn er ehrlich wäre. So einfach ist das in der Menschheitsgeschichte noch nicht gesagt worden. Dialoge wie diese sind die beste Vorbereitung für den garantierten Crash auf dem sowieso schon dünnen Eis des gemeinsamen Paarlaufens.

Bekannt ist das Phänomen der nachlassenden Lust auch unter dem Coolidge-Effekt, benannt nach einer Anekdote über den US-Präsidenten Calvin Coolidge (1872 – 1933): Er besuchte mit seiner Frau eine Farm. Beide wurden getrennt herumgeführt. Als sie darüber staunte, dass es im Hühnerstall nur einen einzelnen Hahn gab, erklärte man ihr, der Hahn vollziehe den Paarungsakt bis zu zwölfmal am Tag. Darauf soll sie gesagt haben: «Sagen Sie das meinem Mann.» Als der später davon erfuhr, hakte er nach: «Jedes Mal dieselbe Henne?» – «Nein, jedes Mal eine andere.» Darauf Coolidge: «Sagen Sie *das* meiner Frau.»

Hundert Jahre später lässt sich konstatieren: Die Entscheidung zum Fremdgehen treffen Frauen mittlerweile fast genauso oft wie Männer. Erstens, weil Frauen heute unabhängiger sind und zweitens, weil beide Geschlechter oft sprachlos sind. Das Schweigen schleicht sich im Lauf vieler Beziehungen ein wie der Marder in den Motorraum. Weder Männer noch Frauen, die schon Affären hatten, erzählten ihren Partnern zuvor von ihren Wünschen. Auch nachdem die Seitensprünge aufgeflogen waren, änderte sich an diesem Verhalten nichts.

Einmal, es muss kurz vor der Trennung gewesen sein, sah ich Till und Tina im Bus. Sie hatten mich wohl nicht bemerkt. Ich beobachtete, wie sie ihn partout davon überzeugen wollte, dass er sich auf den letzten freien Platz setzen solle. Diesen einen letzten freien Platz in diesem vollkommen überfüllten Bus. Er lehnte ab, weil er stehen wollte, einfach nur stehen. Das mündete nahtlos in eine Suada darüber, wie anstrengend und nervenaufreibend er jetzt schon wieder sei, weil er, wie immer eben, nicht sitzen, sondern stehen wolle. Und dieses Stehenbleiben sei nun mal so symptomatisch für ihn und diese ganze Beziehung, weil es eben weder standhaft noch standfest sei, hier zu stehen, sondern einfach nur das Beharren auf einem verlorenen Posten, der eben kein Standpunkt sei. Wenn er sich jetzt nicht setzen wolle, wann wolle er sich denn dann setzen, wann denn? Wahrscheinlich nie! Till machte kurz den Versuch einer letzten verzweifelten Erwiderung, irgendwas mit «schon lange» und «völlig übertrieben», obwohl er eigentlich den Wortwitz mit «deplatziert» machen wollte, was ihm aber leider zu spät einfiel, so dass er ihn, wie man so sagt, verschenkte. Immer stehen, allzeit zum Absprung bereit, das sei er, so sei er immer gewesen, und so werde er wohl auch immer bleiben, das sei es, was seinen Charakter ausmache und schon immer ausgemacht habe.

Es war diese Urangst in Tina, die sich hier meldete. Diese Angst, wieder dem alten Männermuster zu verfallen, diese Angst, die falsche Entscheidung getroffen zu haben. Till und Tina waren wohl in einem Stadium angekommen, in dem sie nur noch zusammen waren, um darauf zu lauern, dass der Partner das tut, was sie schon immer in an ihm verachtet hatten, damit sie wieder einen Grund hatten, sich zu beschweren, weil er erfüllte, wovon sie innerlich ausgegangen waren.

Streit war bei Tina und Till immer seltener der reinigende Sommerregen. Streit brachte vielmehr neuen Streit hervor. Manch ein Zoff hätte sich verhindern lassen, wenn beide einfach mal die Klappe gehalten hätten. Besonders Tina war ein leidenschaftlicher Allesausdiskutierer, alles musste bis ins letzte Detail zerredet, der kleinste Halbton, die winzigste Silbe analysiert und besprochen werden. Sie konnte keine Ruhe geben, ehe Till ihr in allen Punkten uneingeschränkt recht gegeben hatte, und sei es nur, weil er müde war und ihm die Augen zufielen. Sie wollte, nein, sie musste den Sieg davontragen. Auch wenn der Anlass nur Haare im Abfluss und Salafistenbart-Stoppeln im Waschbecken waren. Till und Tina machten die schlimmsten Beziehungsfehler hintereinander: Geringschätzung, Rechtfertigung und grundsätzliche Charakterkritik. Es fehlten nur noch beleidigene Vergleiche aus dem Tierreich.

Am nächsten Tag, wenn sich der schlimmste Rauch verzogen hatte, bestand Tina auf ein klärendes Beziehungsgespräch. Das war, wie wenn man sich nach einem Herbststurm einen Wintersturm herbeiwünscht. Beziehungsgespräche führen nämlich meist zu gar nichts. Sie sind die Pest, ein Wurmfortsatz des Kommunikations-Paradigmas. Statt Dinge zu bequatschen, hilft Humor. Als ich ein pubertierender Jüngling war – und ich war einer von der überaus anstrengenden Sorte – parodierten meine Mutter und ich uns gegenseitig. Wir nahmen uns eine halbe Stunde Zeit und machten uns gegenseitig nach. Erstens konnten wir so über uns selbst lachen, zugleich verstand ich die Nöte und Beweggründe meiner Mutter besser. Nun müssen Sie kein Parodie-Talent sein, um diese Methode umzusetzen. Es reicht vollkommen, einfach Lust dazu zu haben.

Es gibt sogar eine ziemlich verlässliche mathematische Formel dafür, wie gut Ihre Partnerschaft ist: Es geht dabei weniger um die Anzahl der Geschlechtsakte pro Woche oder Monat, entscheidend ist ein angemessenes Verhältnis von Sex und Streit. Für die Freunde des Sextagebuchführens und «Rechenschiebens» (selten hat ein Wort besser gepasst) hier die Formel zur Berechnung der eigenen Beziehungsrestlaufzeit: Häufigkeit des Sex minus Streithäufigkeit.

Und jetzt Kalender und Taschenrechner raus. An dieser Stelle noch eine kleine Rechenhilfe: Wenn hier ein negativer Wert herauskommt, sollten Sie reden. Wirklich reden. Wenn Ihr Ergebnis 204 ist: Respekt!

WENN SCHMETTERLINGE EINGEMOTTET WERDEN – VOM RICHTIGEN SCHLUSSMACHEN

Vielleicht war der Ford Fiesta schuld am Ende. Wenn der X3 schuld wäre, wäre auch Tina schuld. Und dass sie schuld war, war eigentlich klar, denn Optimierer sind immer schuld, sagen die Optimierer, sonst wären sie keine Optimierer. Der Ford war Tills Auto, obwohl es auch ihres war. Die Firma hatte ihr den Ford gestellt, als Zweitwagen neben dem BMW. So bekam Till den Ford. Fortan kam er sich vor wie der Zweitwagen der Beziehung: Sie verdiente das Geld, die Autos und seine Liebe, während er den Halbtagsjob hatte und das Kind großzog. Er kannte sie in erster Linie wieder als Stimme am Telefon und erinnerte sich wehmütig an die Zeit, als sie sich kennengelernt hatten. Wenn sie skypten, dachte er: Es fing online an mit uns, es wird online aufhören mit uns. Fast war er ein wenig stolz, als er sah, dass sich wenigstens hier noch ein Kreis schließen könnte. Oft hatte er darüber nachgedacht, auszusteigen – fort aus dem Ford. Till war gefangen in dem Gefühl, als Mann ein Versager zu sein. Das war natürlich Quatsch, schließlich wäre er mit seinem Gehalt durchaus in der Lage gewesen, die Familie ebenso zu ernähren. Aber wäre, wäre, wäre. Hätte, hätte, Fahrradkette. Diese Worte würden eines Tages noch seinen Grabstein zieren. Aber gehen konnte er trotzdem nicht, irgendetwas hielt ihn, und er wusste nicht genau, was es war.

Bis heute ist die Verkehrung des klassischen Rollenmodells im besten Fall exotisch, im schlimmsten zerstörerisch. Nur wenige Paare entscheiden sich freiwillig dafür. Besonders spannend: Die Entscheidung «Sie arbeitet, er bleibt zu Hause» ist für Frauen noch weniger vorstellbar als für Männer. Insgesamt nur jede zehnte Frau möchte so leben. Was die Lebenszufriedenheit angeht, sind Paare wie Till und Tina die unglücklichsten, nur knapp über den Werten von Alleinerziehenden. Vielleicht liegt es auch daran, dass die meisten Männer Hausarbeit nur mittelmäßig bis widerwillig leisten. An der Heimatfront des häuslichen Machtkleinkriegs ließ Till immer häufiger Warnschüsse in die überhitzte Luft: Er brachte den Biomüll absichtlich nicht nach unten, auch wenn er stank. Er ließ die Kaffeetassen vom Morgen in der Spüle stehen, zum Zeichen, dass er und seine Dienste keine selbstverständlichen seien. Manchmal kippte er auch heimlich das Übernacht-Einweich-Wasser weg. Er fühlte sich dabei auf kindliche Art rebellisch.

Wie miserabel die meisten Männer in Haushaltsfragen abschneiden, haben mehrere Langzeitstudien gezeigt: Die meisten Paare starten recht gleichberechtigt, doch sobald Kinder kommen, entscheiden sie sich für Aufteilungen, für die sie die Konrad-Adenauer-Gedächtnismedaille-für-1950er-Jahre-Rollbacks bekommen könnten. Männer empfinden Hausarbeit als Angriff auf ihre männliche Identität. Frauen hingegen widmen doppelt bis dreimal so viel Zeit der Haus- und Familienarbeit. Das gilt für alle Schichten. Auch wenn keine Kinder da sind, spülen, waschen und putzen vor allem Frauen. Selbst wenn Frauen mehr verdienen als ihre Männer, leisten sie zu Hause noch mehr. Als müssten sie sich für den Mehrverdienst entschuldigen. Als müssten sie zeigen, dass sie trotzdem richtige Frauen sind, die auch zu Hause funktionieren.

So war Till zwar froh, wenn Tina geschafft nach Hause kam und trotzdem kochte, schrubbte und kramte, zugleich verachtete er diese dominante Hyperenergie, mit der sie das tat. Diesen unerträglich übersteigerten Druck, mit dem sie an die Dinge und ihn herantrat, nur, dass dem Staubsauger ihr Consulting-Kommandotonfall am prall gefüllten Beutel vorbeiging. Tina lebte in dem Gefühl, niemandem gerecht werden zu können. Till, steinschwer belastet von dem Gefühl, nicht zu genügen, nur eine Randfigur in ihrem Controller-Monopoly zu sein, sah sich in der Beweispflicht, verhärtete und schottete sich ab in beleidigter Besserwisser-Nörgelei. Zügig begann er eine Affäre mit einer Mutter, die er vor der Kita-Pforte kennengelernt hatte, als beide auf ihre Kinder warteten. Sie fand ihn sexy, gerade weil er ganz der Papa war. Am Tag nach seinem Geständnis war Tina mit dem Kind weg.

Auch hier schloss sich ein Kreis: Tina hatte die Sache begonnen, nun beendete sie sie. Zwei von drei Trennungen gehen heute von Frauen aus. Sie sind weniger bereit, ein totes Pferd zu reiten, auch wenn es noch zuckt. Zudem nehmen sie Probleme früher wahr und sprechen sie eher an. Insgesamt haben Frauen auch weniger zu verlieren als Männer. Sie holen sich die emotionale Unterstützung, die sie brauchen, bei Eltern und Freunden. Nebenher schneiden sie sich die Haare ab oder tapezieren ihre Wohnung neu oder werfen sämtliche Klamotten zum Fenster raus. Die meisten Männer hingegen haben gar keine Klamotten oder wissen nicht, wo sie sind. Und die Haare sind auch schon lichter, abschneiden ist also auch keine Option. Zwei Drittel aller Männer haben nicht einmal Freunde. Männer haben Kumpels, die wiederum aufgeteilt werden in solche, mit denen man quatscht, Fußball guckt, trinkt oder alles auf einmal tut. Männer denken hier (was heißt: hier?) funktional. Dadurch sind sie erschreckend abhängig von ihren Frauen und leiden nach Trennungen heftiger.

Wenn eine Frau psychische Probleme hat, entscheidet sie sich im Schnitt nach neun Monaten für Hilfe von außen. Bei Männern dauert es 70 Monate. Und dann werden sie meist von einer

Frau dazu gezwungen. Auch wenn es für uns Männer bitter ist, aber Frauen treffen offensichtlich auch hier die gesünderen Entscheidungen.

In den letzten Jahren hat sich die Rate der Suizide unter Frauen um 4 % erhöht, unter Männern waren es fast 10 %. Anfang des 20. Jahrhunderts konnte der französische Soziologe Emile Durkheim zeigen, dass die Zahl der Selbsttötungen nach Scheidungen unter Männern bedeutend höher ist als unter Frauen. Auch heute sterben Witwer schneller als Witwen – im ersten Jahr nach dem Tod der Frau liegt die Sterberate etwa um das Eineinhalbfache höher als bei verheirateten Männern des gleichen Alters. Wichtig für die Männer: Bitte verstehen Sie den Begriff Sterberate hier richtig. Auch Ihr sterbt nur einmal, nicht eineinhalbmal. Und «Sterberate» bedeutet nicht, dass man den eigenen Todestag richtig getippt hat.

Lange galt als sicher: Die Ehe ist eine Institution zur Versorgung der Frau. Vieles spricht dafür, dass es umgekehrt ist: dass Partnerschaft und Ehe Einrichtungen sind, von denen Männer bedeutend abhängiger sind als Frauen. Die entscheidenden Entscheidungen in Beziehungen treffen Frauen. Zur Meisterschaft gelangen sie, wenn sie es schaffen, die Entscheidungen zu treffen, die sie treffen wollen, und dabei ihren Männern das Gefühl geben, sie hätten das ganz alleine entschieden.

Till hatte sich nun dort wieder eine kleine Wohnung genommen, wo er nur ihretwegen weggegangen war. Nora und ich hatten erwartet, dass er ausbrechen würde, dass er leben würde, dass er das Leben in vollen Zügen auskosten würde, aber nichts. Er saß in seiner kleinen Bude, rauchte, guckte aus dem Fenster und fand alles sinnlos. Er war sogar zu paralysiert, um die Kisten auszupacken. Die Kisten eines Lebens, von dem er nun nicht mehr wusste, ob es noch seines war.

Scheitern ist im Lebenslauf des Mannes so sehr vorgesehen wie ein Tropensturm in der Antarktis. Von Anfang an haben Männer im Grunde keine Wahl. Der Junge wird groß in dem Wissen, dass er irgendwann eine Familie ernähren können sollte. Für Frauen gibt es – trotz aller Einschränkungen durch Moden und Zeitgeist – immer zwei Wege: den Karriereweg und den der Mutter, im besten Falle noch einen dazwischen, auf dem sich beides vereinen lässt. Der zweite Weg mag aus der Mode geraten sein, aber er ist da, wenn auch zum Preis der Ausgrenzung aus emanzipierten Kreisen. Ich habe noch keinen 20-Jährigen gehört, der eine Ausbildung beginnt mit dem Satz: «Wenn es alles nichts wird, werde ich eben Vater.» Im Gegenteil: Die Vaterschaft impliziert höchste Verantwortung, und die trägt man nicht, indem man Elterngeld-Formulare ausfüllt. Männer gelten im radikalsten Sinne als allein verantwortlich für das, was sie tun. Jede kleine Handlung ist Ausdruck ihrer freien Entscheidungen.

Ein Mann mit Essstörung sollte einfach mehr essen. Zu dünn ist sowieso unsexy, das hat der wohl noch nicht mitgekriegt. Ein richtiger Mann hat keine Hühnerbrust, er isst sie. Im Augenblick seines Versagens bleibt der Mann Täter. Eine magersüchtige Frau dagegen ist Opfer einer brutalen Gesellschaft, Ausdruck und Ergebnis von perversen Anforderungen und nicht erfüllbaren Erwartungen einer gestörten Welt. Sie ist das Opfer der schlechten Verhältnisse, die der böse Mann geschaffen hat. So leben Männer in einer Paradoxie: Wie auch immer sie sich entscheiden, immer ist es irgendwie falsch. Zwar beantragen mittlerweile bedeutend mehr Männer das Elterngeld als bisher, aber die meisten von ihnen nur zwei Monate lang. Vollkommen nachvollziehbar. Wenn sie den emotionalen Versorger geben, ist es so lange o.k., so lange sie zugleich beruflich erfolgreich sind. Ändert sich dieser Zustand, sind die Frauen weg. Nach der Finanzkrise stieg die Zahl der Scheidungen in den USA rapide an. Mit dem Niedergang ihres gesellschaftlichen Ranges hatten die Männer offenbar auch privat jeden Sex-Appeal eingebüßt. Wenn aus dem geilen Alphatier ein prüdes Beta-Männchen geworden ist, kaufen sich die Frauen die Omega-Uhren eben wieder selbst.

Das jüngste Beispiel eiskalter Berechnung lieferte die ehemalige First Lady Bettina Wulff, die nach der Trennung von ihrem gestürzten Ehemann Christian auch noch ein Buch schrieb, um noch mal so richtig schön nachzutreten. Darin erzählt sie, sie habe sich in der Dienstvilla des Bundespräsidenten andauernd beobachtet gefühlt. Wer den Arsch aus dem Fenster hängt, darf sich nicht wundern, wenn's drauf regnet.

4. Kapitel
GELD

Kopfkissen

Investment

DAS KANINCHEN VOR DER SCHLANGE — WARUM WIR SCHLECHTE GELDENTSCHEIDUNGEN TREFFEN

Wenn Sie versucht haben, die drei nebenstehenden Fragen zu beantworten, und daran gescheitert sind, gibt es jetzt eine gute und eine schlechte Nachricht für Sie. Wie es sich gehört, hier die schlechte zuerst: Das waren sehr einfache Investitionsfragen, die Wirtschaftsforscher rund um den Globus Privatanlegern stellen, um ihr Grundwissen zu testen. Die gute Nachricht: Nur jeder Zweite beantwortet alle Fragen richtig. Jeder Dritte kapituliert bei mindestens einer komplett. Ich bin an allen gescheitert.

Ich habe die Finanzkrise verfolgt, aber so richtig verstanden habe ich sie nicht. All die Default Swaps und Anleihen und Fonds werden mir wohl ewig fremd bleiben. Ich habe auch nicht fürs Alter vorgesorgt, ich fand das immer spießig, dieses panische Schimmern in den Augen von Leuten, die bis an die dritten Zähne bewaffnet sind mit Riester-Renten, Lebensversicherungen und Bausparverträgen und im stillen Kämmerlein ihr Rürup-Süppchen rühren. Ich bin ein naiver Hanswurst, der sich für das Thema Geldanlage in etwa so sehr interessiert wie der Igel für das Wetter im Winter.

Mein himmelschreiendes Unwissen hat mich aber bewogen, mich mit dem ungeliebten Thema genauer zu beschäftigen. Auch Nora meint, ich solle mich da mal ein bisschen reinhängen, so langfristig. Ich verstehe das als Anruf meiner Männlichkeit, denn Geld ist wohl Männersache. Unter einem Vorwand treffe

QUIZ

Keiner will, alle müssen. Entscheidungen rund ums Geld fallen schwer und machen oft Angst. Testen Sie Ihr Wissen.

1 **Wie viel sind 100 Dollar bei einer Verzinsung von 2% pro Jahr nach fünf Jahren wert?**

- **A:** *Mehr als 102 Dollar*
- **B:** *Weniger als 102 Dollar*
- **C:** *Genau 102 Dollar*

2 **Wenn die Rendite eines Sparbuchs bei 1% liegt und die Inflation bei 2%, können Sie sich von dem dort hinterlegten Geld nach einem Jahr:**

- **A:** *mehr für Ihr Geld kaufen?*
- **B:** *weniger für Ihr Geld kaufen?*
- **C:** *gleich viel für Ihr Geld kaufen?*

3 **Eine einzelne Aktie zu kaufen liefert in der Regel eine sicherere Rendite als ein Aktienfonds!**

- **A:** *Diese Aussage ist wahr*
- **B:** *Diese Aussage ist falsch*
- **C:** *Ich muss weg*

Multiplizieren Sie diese Seitenzahl mit dem Wert 45, dann ziehen Sie die Zahl 1870 ab und addieren dazu 5. Wenn Sie jetzt noch das Ergebnis durch 25 teilen, gelangen Sie direkt zu der Seite mit den richtigen Ergebnissen.

ich mich mit Kai, einem Halbfreund und Semibekannten, von dem ich nicht viel weiß, außer dass er schon immer ein Händchen für Geld hatte. Er interessiert sich eigentlich für gar nichts außer Geld. Vielleicht noch für Frauen, wenn sie geerbt haben. Während ich noch mit meinen Eltern Papp-Monopoly auf dem Brett gespielt habe, hat Kai ganze Straßenzüge aufgekauft, und zwar im wirklichen Leben. Kai hat spekuliert und am Ende immer irgendwie mehr gehabt als vorher. Allein vom «Über Los ziehen», ist man noch lange kein Warren Buffet. Zugleich ist Kai ein Geizkragen, einer, der nur deshalb länger in seiner Firma bleibt, um Briefpapier für den privaten Drucker mit nach Hause zu nehmen. An ihn muss ich immer als Erstes denken, wenn ich das Wort Druckerkolonne höre.

Kai ist wie alle Leute, die Geld haben. Er wirkt erstaunlich ängstlich, leicht hektisch mit paranoiden Zügen, sein linkes Auge zuckt andauernd, egal, was er tut. Vielleicht liegt seine Ängstlichkeit auch daran, dass Geld das letzte Tabu unserer Zeit ist. Den Sex haben wir auf die Bühne gestellt und ausgezogen, alles im Dienste der Aufklärung, beim Geld schweigen wir lieber. Oder haben Sie schon mal ein FSK-18-Filmchen gesehen, in dem Donald Trump geil wie Graf Zahl sein Geld zählt? Gleich zu Beginn unseres Treffens referiert Kai die Greatest Hits der Finanzfehler: Die Rendite von Aktien unterschätzen die meisten Leute, die des Sparbuchs überschätzen sie. Jeder Dritte geht wahrscheinlich auch davon aus, dass ein Kopfkissen, unter dem Geld liegt, nicht Federn, sondern Zinsen abwirft. Sparbücher, Bausparverträge und Lebensversicherungen, das ist die heilige Trias der Geldanlage in Deutschland. Für die Suche nach einer Waschmaschine, einem Rechner oder einem Abendessen nehmen sich die meisten Leute mehr Zeit als für die Auswahl eines Investitions-Portfolios. Wir, die Dauervergleicher, Schnäppchenjäger, Sparneurotiker und Geizbegeisterten, versagen vollkommen beim Vergleich von Finanzprodukten. Geldentscheidungen sind in etwa so beliebt wie ein Zahnarztbesuch. Vielleicht investieren viele darum so leidenschaftlich in Gold. Oder wie die Zahnärzte sagen: Morgenstund' hat Gold im Mund. Gäbe es Ratingagenturen für Finanzentscheidungen, wären die meisten Leute bei einem ‹CCC›. Ramschniveau. Der Deutsche ist in Finanzfragen in etwa so kompetent wie ein afrikanischer Diktator in Fragen der direkten Demokratie.

Die letzte Gruppe, die wirklich etwas von Finanzentscheidungen versteht, sind – Überraschung – Reiche, die auch meist höhere Schulabschlüsse haben. Sie investieren geschickter. Kai sagt, wir, die Mehrheit, entscheiden in Sachen Geld wie es alle Angsthasen tun – defensiv. Wir sparen. Darin sind wir Deutschen Europameister, zusammen mit der Schweiz, Luxemburg und Schweden. Ich kann die Angst verstehen. Komplexere Märkte erfordern komplexere Kenntnisse. Ich habe schon die einfachen nicht kapiert. Außerdem ist Finanzinvestment der Bereich, in dem mit dem Begriff der Optimierung am meisten Schindluder getrieben worden ist. Wenn ich schon höre, dass jemand steueroptimierend arbeitet, weiß ich, dass ich ihn bald im Knast besuchen kann.

Im Gegensatz etwa zu den USA, wo man Spekulationen und schräge Investitionen zur Staatsbürgerpflicht erklärt hat, ist Deutschland zweifellos ein sicherheitsversessenes, risikoscheues Land. Nach zwei Weltkriegen und mehreren Währungsreformen fahren wir lieber auf Sicht. Wir wollen Regeln, Grenzen und Gesetze. Die großen Wirtschaftskrisen der jüngsten Vergangenheit wirken im psychokollektiven Langzeitgedächtnis nach. Der Crash zum Start der Nullerjahre, nachdem der Neue Markt noch Sekunden vorher mit riesigen Renditen gelockt hatte, war wie das Klingeln eines Weckers mitten im Traum. Tausende, oft ahnungslose Anleger waren um ihr Vermögen gebracht worden, in einen Hinterhalt gelockt und ausgeraubt von skrupellosen Märkten. Die Finanzkrise von 2007 wirkte wie ein Brandbeschleuniger des Misstrauens. Was blieb, war folgender Eindruck: Wer in den Fluten des Geldes surfen will, wird darin umkommen, zerfleischt von einem hungrigen Finanzhai. Die Ruder der Rettungsschwimmer am Strand reichen auch nicht mehr bis ins Wasser. So hinterlassen die Katastrophen der letzten Jahre traumatisierte Zeugen kapitalistischer Hybris. Eine ganze Generation hat der Finanzwelt mittlerweile den Rücken gekehrt. Man meidet sie wie einen Park bei Nacht. Gerade die Twentysomethings geben unumwunden zu, dass sie keine Ahnung haben von Investitionsentscheidungen und lieber stumpf das machen, was der Bankberater ihnen rät. Besser hätte es für die Verursacher der Krise also gar nicht laufen können.

Kai meint, drei große Probleme gebe es in der Beziehung zwischen Geld und Anleger. Den Anleger selbst, seine Risikoangst und seine Ungeduld. «Fangen wir also mit dem schwierigsten Teil an, mit dem gemeinen Anleger, der sein Problem nicht sieht, sondern alles abwälzt auf seinen Bankberater.» Die Erwartungen der meisten Leute an das, was ihr Berater leisten soll, sind komplett falsch. Im Zuge einer Studie in Italien befragten Forscher Kunden, was ihnen Vertrauen zu ihrem Banker einflöße. Zwei Drittel nannten Äußerlichkeiten wie Aufmerksamkeit, ein Lächeln an der richtigen Stelle oder Augenkontakt. Nur ein Drittel forderte Kompetenz vom Berater als wichtigen Faktor. Dann kann ich auch zu einem Pfarrer gehen und seine Qualität daran festmachen, ob er in seiner Freizeit ein guter Tennisspieler ist, oder einen Bodyguard danach aussuchen, ob er sich mit Briefmarken auskennt.

«Geldentscheidungen sind Risikoentscheidungen», doziert Kai weiter. «Wenn ich eine Aktie zeichne, kann ich nicht sicher sein, ob ich am Ende mehr rauskriegen werde, als ich reingesteckt habe. Wenn ich eine Wohnung kaufe, kann ich nicht wissen, ob über mir schon nächste Woche der Schlagzeuger einer Rockband einzieht.»

«Beispiel», sagt Kai etwas schulmeisternd. «Stell dir vor, du kriegst 900 Euro oder hast eine 90-prozentige Chance, 1000 Euro zu gewinnen. Was wählst du?» – «Ich nehme die 900 Euro.» – «Richtig so, das ist die risikoscheue Variante», sagt Kai. So machen es die meisten Leute. Der subjektive Wert eines Gewinns von 900 Euro ist garantiert höher als der mögliche Gewinn.

«Zweite Frage: Ein sicherer Verlust von 900 Euro oder eine 90-prozentige Wahrscheinlichkeit, 1000 Euro zu verlieren.»

Hier gehe ich auf Risiko, nehme die Wahrscheinlichkeit und fühle mich ungeheuer autark, autonom und was sonst noch so alles mit «au» beginnt und mir das Gefühl gibt, Herr im eigenen Haus zu sein, das ich nicht besitze. Wieder bin ich aber ekelhaft massenkompatibel, wie ich höre. Es gilt der Grundsatz, dass Menschen risikofreudiger werden, wenn all ihre Optionen negativ sind. Es gilt dann der Leitsatz aller Bankräuber im Tatort: «Ich habe ja nichts zu verlieren.»

Im Übrigen greift, so Kai, hier das Gesetz abnehmender Empfindlichkeit. Das bedeutet, wenn ich in einem dunklen Raum eine Kerze anzünde, hat das Schummerlicht eine enorme Wirkung. Eine Kerze in einem hell erleuchteten Raum hingegen hat kaum Strahlkraft. Das ist so, wie wenn man den Dalai Lama erst neben Olaf Scholz stellt und dann neben Barack Obama. Darum ist der subjektive Unterschied zwischen 900 und 1000 Euro kleiner als der zwischen 100 und 200 Euro.

Ich bin verwirrt, ich habe angenommen, hier ginge es um Geld, harte Fakten und klare Kanten. Und jetzt dreht sich alles um Gefühle und subjektive Wahrnehmungen. Batiken wir gleich noch, umarmen gemeinsam einen Baum, oder wird das hier doch noch ein Gespräch über das Medium, das die Welt regiert?

«Kommen wir zum Faktor Ungeduld», unterbricht Kai mein

Sinnieren. «Gerade wenn du in Aktien gehst, musst du auch mal Verlustphasen aushalten. Du musst die Kurven deiner Papiere ertragen, die so steil nach unten weisen wie sonst nur die Felsvorsprünge in Träumen, aus denen man schweißnass erwacht.» Die meisten Leute aber seien ungeduldig, sie wollten Gewinn, jetzt und sofort und ohne Aufschub. Vollkommen natürlich sei das, in einer Welt, in der alles immer sofort verfügbar ist. Es sei nur noch eine Frage der Zeit, bis das Warten zu einer Ordnungswidrigkeit erklärt und unter Strafe gestellt werde.

In verschiedenen Versuchen konnten Wirtschaftswissenschaftler nachweisen, dass die Frage, wie ungeduldig wir sind, tatsächlich große Auswirkungen auf die Qualität unserer Entscheidungen hat. In Experimenten fragten die Forscher Teilnehmer, ob sie lieber 1000 Euro sofort oder einen höheren Betrag in einem Jahr bekommen wollten. Erst ab einer Gesamtsumme von durchschnittlich 1200 Euro war der Aufschub um ein Jahr für die Probanden interessant.

Einen spannenden Zusammenhang gibt es auch zwischen Intelligenz und Ungeduld. In einem Versuch sollten vierjährige Kinder zwischen einer kleinen Belohnung (einem Keks) und einer größeren (zwei Keksen) wählen. Um die beiden Kekse zu bekommen, mussten sie 15 Minuten in einem leeren Raum warten. Vor ihnen stand nur eine Glocke, mit der sie den Studienleiter hereinholen konnten, sobald sie den Keks essen wollten. Etwa der Hälfte der Kinder gelang das Kunststück, eine viertel Stunde lang auszuharren. Sie schafften das, indem sie sich geschickt von der verlockenden Belohnung ablenkten. Zehn Jahre später trafen sich Forscher und Kinder wieder. Die Kinder, die durchgehalten hatten, zeigten jetzt bei Intelligenztests bedeutend höhere Werte und konnten sich besser konzentrieren.

Wir halten fest: Wer intelligent ist, ist reicher und geduldiger. Wer intelligent ist, trifft auch bessere Investitionsentscheidungen. Hier stellt sich mal wieder sehr laut die alte Frage nach Henne und Ei. Wenn reiche, intelligentere Menschen geduldiger sind, sind sie es dann, weil sie intelligenter sind oder weil sie (bereits) reich sind? Können sie es sich einfach nur leisten, auf einen Betrag länger zu warten, weil sie weniger auf ihn angewiesen sind? Oder sind sie wohlhabend, weil sie in ihrem Leben mehr Geduld aufbrachten?

Umgekehrt konnten Ökonomen in Experimenten mit Kriminellen im Knast zeigen, dass Straftäter eine oft miserable Selbstkontrolle haben, sehr impulsiv reagieren und schon nach kurzer Zeit getroffene Entscheidungen revidieren wollten. Sie scheinen zu sehr auf die Gegenwart fixiert und vergessen dabei, dass das, was sie tun, Folgen in der Zukunft hat. Schon die Experimente der Wissenschaftler drohten an ihrer Dauer von nur zwei Stunden immer wieder zu scheitern. Ungeduldige werden darum eher kriminell, aber auch schneller geschnappt, denn Hektik macht dusselig. Weil sie sich schlecht konzentrieren können, übersehen sie Überwachungskameras über sich und Polizisten neben sich und lassen sich beim Autoknacken live auf die Finger schauen. Kein Wunder also, dass gerade ADHS-Patienten die größte Zielgruppe im Knast sind, in den Jugendgefängnissen ist es oft fast jeder zweite.

Während Kai so erzählt, stelle ich fest, dass es doch besser ist, wenn ich die Finger vom Geld lasse. Wenn sich der grüne Daumen der Anlageentscheidungen in der Geduld zeigt, dann habe ich ihn nicht. Als Nora und ich einmal auf der Autobahn in einen Stau geraten waren, nötigte ich sie sofort, diesem Stau über irgendeine Feld-Wald-und-Wiesen-Schotterpiste auszuweichen, ganz egal, alles war besser, als hier stehen zu müssen und nichts tun zu können. Ich bot sogar an, mit der Kraft meiner eigenen Hände einen Tunnel nur für unseren Wagen zu bauen. Auch wenn der Stau hinter der nächsten Kurve enden sollte – woran ich natürlich nicht glaubte –, musste ich raus da. Nora und Navi rieten ab, Nora mit elaboriertem Wortschatz («jetzt guck doch mal, verstehst du nicht, jetzt denk doch mal nach, das hat doch keinen Sinn, meinst du nicht …»), das Navi mit restringiertem Wortschatz («Bitte wenden! Bitte wenden!»). Die Ausweichpiste war noch voller als die Autobahn, weil es offenbar noch mehr Leute gab, die meinten, hier die Autorität der Satellitentechnik außer Gefecht setzen zu können. Gewonnen habe ich am Ende nichts außer schlechter Laune im Auto. Verloren habe ich eine Menge Zeit.

Wir Optimierer neigen zu Nervosität und Hektik, so viel steht fest. Aber welche Auswirkungen hat das auf unsere Entscheidungen? Der Verhaltensökonom Dan Ariely machte einen der spannendsten Versuche zu dieser Frage. Auf dem Bildschirm eines Laptops waren drei Türen zu sehen. Eine rote, eine blaue und eine grüne. Die Teilnehmer des Experiments konnten die Räume mit einem Klick betreten. Mit jedem weiteren Klick dort drin konnten sie eine bestimmte Menge Geld verdienen. Um die Höchstsumme zu kriegen, mussten sie den Raum mit den größten Zahlungen finden und darin so oft wie möglich klicken. Mit jedem Raumwechsel verbrauchten sie einen Klick. Der Wechsel des Raums war also ein zwielichtiges Unterfangen. Auf der einen Seite half er, den höchstmöglichen Gewinn zu machen, auf der anderen Seite verbrauchten die Probanden mit unnötiger Hektik wertvolle Klicks zum Geldverdienen. Die meisten Teilnehmer verdienten mit einigem Geschick schnell viel Geld. Einfache Versuchsanordnung, klare Zielvorgabe. Einfache Welt, klare Erfolge.

Auf der nächsten Stufe wurde es haariger. Jede Tür, die ein Student nach zwölf Klicks nicht geöffnet hatte, verschwand für immer von der Bildfläche. Besessen versuchten die Teilnehmer zu verhindern, dass sich Türen schlossen, wurden hektisch in dem Willen, viel Geld zu machen mit dem Ergebnis, dass sie weniger verdienten als die Probanden der ersten Gruppe. Selbst als die Teilnehmer erfuhren, welche Summe sie hinter einer Tür erwarten durften, konnten sie nicht ertragen, wie sich eine Tür schloss. Irgendwann konnten sie sogar verschwundene Türen zurückholen. Mit jeder Ausweitung der Optionszone verdienten die Teilnehmer weniger Geld. Wer alle Optionen kennt, kann offenbar keine optimalen Entscheidungen mehr treffen. Je mehr Möglichkeiten wir haben, desto hektischer, unsicherer und ungeduldiger werden wir und umso mehr Geld verlieren wir. Hätte es neben der Autobahn nicht noch tausend Landstraßen-Optionen gegeben, Über- und Unterführungen, Ab-, Aus- und Auffahrten, so weit das Auge reichte, wären wir vielleicht einfach im Stau stehen geblieben, hätten mit Noras unnachahmlicher Gelassenheit gewartet, uns entspannt unterhalten und wären früher angekommen.

In den USA haben Psychologen herausgefunden, dass Probanden, die bei Intelligenztests schlecht abschnitten, auch bereit waren, für eine Expresszustellung eines bestellten Buches doppelt so viel zu bezahlen wie diejenigen, die gut abschnitten. Ich bin Amazon-Prime-Kunde. Eine Jahrespauschale dafür, dass ich fast das gesamte Sortiment innerhalb eines Tages zu Hause habe, finde ich super. Zu meiner Entlastung möchte ich vorbringen, dass ich bei Amazon nur bestelle, wenn es bedeutend billiger ist als in einem Liveladen. Neulich habe ich ein Geschenk für Nora dort bestellt, leider nur ohne Prime bestellbar. Es kostete 65 Euro, im Laden wenige Minuten Fußweg entfernt von mir 85. Ich wartete zwei lange Tage auf die Versandbestätigung. Das war zu viel. Ich stornierte die Bestellung und kaufte um die Ecke. Meine Ungeduld übertrifft also sogar meine Verlustaversion. Wenn ein Intelligenztest dementsprechend ausfallen würde, wäre mein IQ ganz klar im unteren zweistelligen Bereich.

MIETEST DU NOCH, ODER KAUFST DU SCHON? VON EFFEKTIVEN JAHRESZINSEN UND ANDEREN MIETDSCHUNGEL-PRÜFUNGEN

Was denn nun die beste Option sei, will ich von Kai wissen, die wirklich optimale Option. Er guckt mich fragend an, als müsse ich die Antwort darauf selbst kennen. Nach kurzem Schweigen erklärt er ausschweifend, dass die beste Option ein Investment in eine Immobilie sei. Er selbst hat offenbar einen Palast auf dem Land, so klingt es jedenfalls, wenn er davon erzählt. Es muss gutes Land sein, der Speckgürtel einer Großstadt etwa. Darunter muss wohl auch noch ein unerschlossenes Rohölvorkommen schlummern. Bei dieser Entscheidung hatte sich Katharina, Kais Freundin, durchgesetzt. Für Kai dagegen war der Stadtrand nichts weiter als eine anonyme Bestattung der Freiheit und Unabhängigkeit auf dem Friedhof der Kuscheltiere, im Übergang ins Stadium der bedeutungslosen Nutella mit Butter-Heimeligkeit. Öl hin oder her.

Er verteidigt sich mit den entschuldigenden Worten dessen, der weiß, dass für ihn etwas entschieden wurde, was er nun als eigene Entscheidung darstellen muss, um nicht vollständig am Schlappschwanz-Verdacht zu ersticken.

Der Vorteil einer Immobilie liegt auf der Hand: Sicherheit. Das wichtigste Kriterium aller Geldanleger. Wer in der Immobilie wohnt, ist mit dem in ihr angelegten Geld nicht mehr von Inflation betroffen. Auch die aktuellen Billigzinsen sprechen dafür. Um ein Wort zu finden für den Raum, in dem sich der Leitzins derzeit eingerichtet hat, müsste man das Wort Keller steigern – oder besser – untertunneln. Gegen das traute Eigenheim spricht das wohl größte Hindernis bei Entscheidungen: die Festlegung. Ein Großteil des Geldes wäre weg und käme so schnell auch nicht zurück.

Für die Immobilie hat Kai einen Kredit aufgenommen. Respekt, denn: Der Vergleich der verschiedenen Angebote kommt einer Doktorarbeit in höherer Mathematik gleich. Wer optimale Entscheidungen treffen will, muss also eine masochistische Lust am Kleingedruckten mitbringen. In den seligen Zeiten der verklärten Vergangenheit hörte ich in der Werbung oft die wundervolle Formel vom effektiven Jahreszins, der gefühlt so oft zu hören war, wie der Satz mit den Risiken und Nebenwirkungen, bei denen man den Arzt oder Apotheker fragen soll.

Das Schöne am effektiven Jahreszins – neben seinem heimeligen Klang – war seine Klarheit. Die Schuldner brachten in der Regel 20 % des Kaufpreises mit. Es gab einen festen Zinssatz über die gesamte Laufzeit von meist 30 Jahren. So verglich der Schuldner die unterschiedlichen Hypotheken und entschied sich schnell und sicher. Je weniger Optionen, desto schneller und besser die Entscheidung. Mittlerweile geht es im Kreditwesen zu wie in der Notebook-Abteilung beim Media Markt: Es gibt Kredite mit festem und variablem Zins, der sich je nach Marktentwicklung nach oben oder unten entwickelt, es gibt Nur-Zins-Kredite und Lockzinsangebote – das heißt, es geht mit einem verlockend niedrigen Zinssatz los, in den Jahren danach steigen die Raten dann aber dramatisch. Der Lockzins ist die private Krankenversicherung unter den Krediten. Am Anfang ist alles toll, aber wenn die Risiken und Nebenwirkungen in der Höhle des Alters zunehmen, explodiert der Preis. Hinzu kommt eine Vorfälligkeitsentschädigung, die zahlen muss, wer den Kredit früher als vereinbart abbezahlt. Eine komplett paradoxe Situation: Ein Mensch leiht sich

Geld, das er selbst nicht hat, von einem anderen Menschen, kann seine Schuld dann tilgen und wird für sein emsiges Bemühen mit der Aufforderung zu einer Entschädigungszahlung bestraft. Das Motto dahinter: Wer immer strebend sich bemüht, den können wir bestrafen. Das System ist komplett pervers, denke ich.

In einer amerikanischen Studie versuchten Wirtschaftswissenschaftler herauszufinden, wie Menschen mit der Auswahl der unterschiedlichen Darlehen umgehen. Die Ergebnisse sprechen für sich: In Gegenden mit niedriger Bildung zahlen die Kreditnehmer mehr als in Gegenden mit höherer Bildung. Insgesamt sind Faktoren, die Darlehen komplexer machen und den Vergleich erschweren, ein Zeichen dafür, dass auch der Kredit teurer ist. Das ist der Fall, wenn Schuldner ein Disagio zahlen müssen. Dieses Prinzip ist besonders undurchsichtig: Der Schuldner zahlt eine Gebühr, um einen niedrigeren Zinssatz zu bekommen.

Die scheinbare Vielfalt der Optionen ist nur die bequeme Möglichkeit für Banken, den Leuten Geld aus der Tasche zu ziehen. Darum ist der Banker auch nicht der Arzt des Finanzwesens, den man vertrauensvoll konsultieren kann, wenn sich Risiken und Nebenwirkungen wirklich einstellen – er ist eher die Virenschleuder, ein Gesundheitsrisiko schlimmster Provenienz. Noch schlimmer als Banker sind nur Makler: Sobald sie im Spiel sind, wird es erst richtig teuer. Wer Pest und Cholera auf einmal erleben will, holt sich einen Hypothekenmakler ins Haus. Schließen Sie einfach mal die Augen: Sie riechen bei Maklern quasi schon beim Türöffnen diesen alles durchdringenden Duft von Beschiss. Kunden spüren das, wie Studien bestätigen. Wenn eine Entscheidung für Kunden verwirrend oder schwierig ist, kann es sein, dass sie sich weigern, diese überhaupt zu treffen. Vom Angebot der Altersvorsorge machten umso weniger Mitarbeiter einer Firma Gebrauch, je mehr Optionen es gab.

Je höher die Bildung, desto größer das Wissen über Geld und

seine Möglichkeiten. Je niedriger die Bildung, desto wahrscheinlicher, dass man übers Ohr gehauen wird. Nach wie vor werden ärmere Kunden gezielt ausgenommen, um mit ihnen schnelles Geld zu machen. Genau diese Politik sorgte für die verheerende Finanzkrise der vergangenen Jahre. Nach den Anschlägen von 9/11 senkte die US-Notenbank Fed den Leitzins dramatisch herab, was sich im Nachhinein als völlige Überreaktion herausstellte. So begann eine nie dagewesene Niedrigzinsphase, in der sich ein Subprime-Markt öffnete: Darlehen für Leute, die sich diese Darlehen nicht leisten konnten, mit überaus hohen Zinsen. Aus der übergroßen Erschütterung und Panik nach den Terroranschlägen erwuchs der Wunsch nach Sicherheit – und der manifestiert sich noch immer in einem Eigenheim. Insofern haben die Al-Qaida-Terroristen nicht nur symbolisch, sondern tatsächlich die westliche Weltwirtschaft im Mark getroffen, indem sie mit dem World Trade Center das Prinzip des Westens einäscherten.

Nachdem die amerikanischen Immobilienpreise über zehn Jahre kontinuierlich angestiegen waren, kamen sie 2004 langsam zum Stillstand. In dieser Zeit fragten Forscher Hauskäufer in San Francisco, wie sie die Entwicklung weiter einschätzten. Sie gingen von einem 9-prozentigen Anstieg aus, wenn nicht mehr – und lagen damit komplett daneben.

Wie kam es zu dieser kolossalen Fehleinschätzung? Unser intuitives Urteil, hervorgebracht von System 1, der Bauchwelt, das wir zur Basis unserer Entscheidungen machen, ist nicht objektiv, denn wir überschätzen das, was wir sehen, massiv. «Nur, was wir gerade erleben, zählt», nennt der Psychologe Daniel Kahneman diesen Effekt. Die tausendfach wiederholten Geschichten von Menschen, die nun Eigenheim-Besitzer waren, die idyllischen American-Family-Bilder, die von ihnen zu sehen waren – all das trug zu einem intuitiven Gesamtbild bei, das dazu verleitete, nur noch das zu sehen, was man sehen wollte. Wir überzeichnen das, was wir wahrnehmen, und lassen viele andere Faktoren außer Acht. Unser Gehirn neigt dazu, zu glauben und nicht zu zweifeln. Das erklärt sowohl den Erfolg von Push-up-BHs als auch den sämtlicher Weltreligionen. Amen. Wir konstruieren Geschichten, die so kohärent wie möglich sind. Damit machen wir Geschichten, nicht Fakten, zur Grundlage unserer – dann oft falschen – Entscheidungen.

Das gilt auch für Geldfachleute. Viele Berater verstehen ihre eigenen Produkte nur halb. Vor wenigen Jahren warben Banken in Österreich mit großflächig plakatierten ‹9 %› für eine Pensionsvorsorge. Intuitiv dachten die meisten Kunden, dass es sich hier um einen sensationellen Zinssatz handeln müsse. Tatsächlich bezogen sich die 9 % aber auf eine Prämie, die einmal im Jahr auf den Beitrag ausgeschüttet würde, den der Kunde eingezahlt hatte. Wer 1000 Euro einzahlte, bekam also 90 Euro. In einer verdeckten Studie unter Bankern kam anschließend heraus, dass drei von zehn Beratern die Prämie ernsthaft für einen Zinssatz hielten, weitere drei glaubten es, rechneten nach und waren verblüfft, dass sie den Deal offensichtlich selbst nicht verstanden hatten. Die restlichen vier antworteten richtig. Fazit: Nicht einmal die Hälfte der Banker verstand, was sie verkaufte.

Kein Wunder also, dass allein in Deutschland Jahr für Jahr Zigtausende Beschwerden über Banken bei der Bankenaufsicht eingehen. Meistens fühlen sich die Kunden über Risiken falsch bis gar nicht aufgeklärt. Ich fühle mich in meinem Zweifel bestätigt. Nicht der Anleger ist das Problem, sondern der Banker, sage ich zu Kai. Schon lange zweifle ich an Bankern, ich halte sie alle für Halb- bis Zweidrittelkriminelle, für Abzocker und insgesamt windige Gesellen, denen man mit allergrößter Vorsicht begegnen sollte.

Die Skepsis gegenüber einem Helfer unter Provisionsdruck kann gar nicht groß genug sein, wie ich meine. Bankberater sind

Berater in einem andauernden Interessenkonflikt. Ein Verkäufer, der nur die Optimierung der eigenen Provision im Kopf hat, muss ein schlechter Berater sein. Tatsächlich ist das Provisionsmodell der Banken eine Perversion. Es ist so, wie wenn ein Richter für jeden Vergleich, den er schließt, eine 5 %-Provision auf die verhandelte Summe bekommen würde. Oder der Deutschlehrer eines Autors, der für jede orthographisch korrekte Seite, die der ehemalige Schüler publiziert, einen Pauschalbetrag von einem Cent bekommt. Meine Angst vor Verarmung mit jeder weiteren Zeile in diesem Buch isst der Krund, warrum ich hir ab jetzt aine gaanz neue Schraibwaise produzirre. Ansträngend? Päch gehabt. Vielleicht ist das aber auch nur eine Antizipation der nächsten Rechtschreibreform.

VON BULLEN UND BÄREN – ERFOLGREICHE GELDANLAGE IST KEIN STREICHELZOO

Kais Laune verschlechtert sich im Sekundentakt. Ich habe Gründe für die Annahme, dass ich die Ursache des emotionalen Tiefdruckgebiets bin. Am Anfang unseres Gesprächs, nein eher seines Monologs, den er mit einem Gespräch verwechselt haben muss, war er noch wohlgestimmt. In einem Anflug von Gutgläubigkeit muss er dem Irrtum in die Arme gelaufen sein, dass ich ein Gesprächspartner auf Augenhöhe werden könnte. Dass das nicht der Fall ist, muss mittlerweile auch bei ihm angekommen sein. Das merkt er an meinen, sagen wir, ehrlichen Nachfragen, die man auch als ignorante Freiheit von Lernfähigkeit beschreiben könnte. Nachdem er mir nun zum vierten Mal den Unterschied zwischen einer Anleihe und einer Aktie erklären musste, habe ich Verständnis für seine Frustration. Aber ... wie genau war jetzt noch mal der Unterschied?

Kai scheint in Sorge zu sein. Ich nehme an, er fürchtet, ich könnte das mit dem Zeichnen einer Aktie so falsch verstehen und sie sogleich auf ein Blatt Papier malen. Bei Aktien bin ich sehr konservativ. Ich würde wirklich immer nur absolut sichere Aktien kaufen – also die, für die Manfred Krug Werbung macht.

Aktienfonds seien die Lösung, wendet Kai mit der süffisanten Überheblichkeit des selbsternannten Experten ein. Ein Fonds ist für mich noch immer eine Kraftbrühe und wenn ich von Aktienfonds höre, dann ist das für mich nichts weiter als ein virtueller Geldanlage-Gemüsefond. In der französischen Küche stellen Köche mit ihm Grundsaucen her. Genau so stelle ich mir das vor: Ein mieser kleiner untersetzter Bankberater kocht sein ungenießbares Süppchen, das keinem schmeckt außer ihm und an dem sich der Kunde draußen dann den Mund verbrennen kann, so dass seine monetären Geschmacksnerven für Tage ausgeknockt sein werden.

Nein, werde ich von meinem Gegenüber belehrt, alles nur larmoyantes Gequake von einem, der keine Ahnung hat: Aktien sind sicher. Aktien und Sicherheit, das klingt so sinnig wie der Wunsch, mit einem Holzboot von Spanien nach Amerika kommen zu wollen. Tatsächlich sind auch extreme Verluste möglich, weil die Kursschwankungen den Wellenkämmen entsprechen, die für ein kleines Boot auf dem Weg nach Amerika das sichere Kentern bedeuten würden. Und hier endet die Analogie. Denn es gilt: Wenn es an den Märkten besonders turbulent zugeht, können Anleger besonders günstig einsteigen. Solange es der Wirtschaft gutgeht, haben Aktionäre alle Chancen, Renditen einzufahren, die über der Inflationsrate liegen. Zugleich bekommen sie in diesen Phasen hohe Dividenden, weil die Unternehmen gut verdienen. Verschlechtert sich die Gesamtwetterlage, brechen die Papiere der Unternehmen schnell auf breiter Front ein. Gut sind Aktien und Aktienfonds vor allem langfristig, hier bringen sie höhere Renditen als andere Anlageformen. Da ich im Meer der Anlagemöglichkeiten ein Nichtschwimmer bin, brauche ich dringend Schwimmflügel, um überhaupt überleben zu können. Darum sind für mich eher Aktienfonds interessant. Damit beteilige ich mich indirekt an mehreren Unternehmen und kann Flops vermeiden: Am besten sind Indexfonds, was für mich eher nach verbotener Gemüsesuppe klingt, die auf dem Index steht, weil sie Lebensmittelvergiftung auslöst.

Aktienfonds bedeuten die Streuung von Risiken. Für diese Einsicht bekam der US-Ökonom Harry Markowitz 1990 den

Wirtschaftsnobelpreis. Nun gibt es einen Unterschied zwischen dummer und schlauer Streuung. Dumm ist, ich habe drei Optionen und verteile mein Anlagevermögen zu gleichen Teilen auf diese Optionen. Das würde ich garantiert machen, denke ich in mich hineinschweigend, als Kai diese Idee referiert. Schlauer ist, innerhalb der Streuung wiederum unterschiedlich zu gewichten. Als Entscheidungs-Stützrad für wackelige Finanzradfahrer wie mich gibt es darum Fonds, in denen die Risiken schon im Namen stecken: Konservativ (wohl mein Ding!), moderat (auch, irgendwie, wenn ich nicht vergessen hätte, was es bedeutet) oder aggressiv (vergiss es!). Wobei die konservativste Form auch schon wieder risikoreich ist: ein Tages- oder Termingeldkonto. Die Rendite ist hier kaum mehr, als die Inflation aufzehrt. Außerdem sparen Arbeitnehmer kaum Beiträge. Rechne ich diese beiden Faktoren zusammen, gibt es nur eine garantierte Garantie: Altersarmut.

Die Aktie gilt als höchste Form der Investition, weil sie mehr Rendite bringt als Anleihen. Während Staatsanleihen quasi risikolos sind, weil die Regierung eine entsprechende Verzinsung garantiert, sind Investitionen in Aktien riskanter. Wer sich auf diese Geschäfte einlässt, muss ein sehr selbständiger Marktteilnehmer sein. Er muss das Timing der Märkte verstanden haben, um von seinen Bewegungen profitieren zu können. Tatsächlich kaufen Anleger eher teuer und verkaufen billiger. Wie kommt es zu solchen Fehlern? Man spricht doch vom Aktienhandel, das klingt nach handelnden Menschen und freien Entscheidungen. Das Wort Aktie leitet sich vom Wort agieren ab, auch hier geht es um einen Akt der Freiheit.

Es gibt Gründe zu der Annahme, dass das ein Irrtum ist: Wahrscheinlich ist das Geld das einzige Subjekt, das hier selbständig agiert. Die Sprache verrät die Richtung: Es ist das Geld, das abfließt, das sich entzieht und flieht. Der Aktionär kann nur mit dem Strom schwimmen und seinen Strömungen folgen. Akteure, Berater und Trader, die sich selbst gerne Leistungsträger nennen, sind im Grunde nur Getriebene einer Strömung, die sie selbst nicht abschätzen können. Es spricht einiges dafür, dass die überhöhten Gehälter derer, die mit Geld zu tun haben, ein Zeichen des Ausgleichs dafür darstellen, dass sie im Grunde nichts entscheiden können und die wohl unfreiesten aller Berufstätigen sind.

Ich fasse zusammen: Risikolose Investitionen sind mindestens genauso riskant wie riskante. Schöne Scheiße. Und dieses böse Wort schreibe ich hier mit voller Absicht hin. Das Geld ist ein anales Medium: Wer lange genug aufs richtige Pferd gesetzt hat, ist stinkreich, er hat dann einen Haufen Geld und wird zum Dukatenesel. Wie man es dreht und wendet, die Sache mit dem Geld ist immer irgendwie kacke.

Wahrscheinlich glauben Optimierer, die ohnehin zur Selbstüberschätzung neigen, deshalb, dass sie einen Riecher für die richtige Aktie haben. Das ist eine Illusion. Studien haben gezeigt, dass die aktivsten Händler die schlechtesten Ergebnisse hatten, während die passivsten Anleger die höchsten Renditen präsentieren konnten. Privatanleger neigen dazu, Aktien zu verkaufen, die seit dem Kauf einen Kursanstieg verzeichnet haben, während sie an schlechteren Aktien festhalten. Damit treffen sie die falsche Entscheidung. Der zweite Fehler von Privatanlegern ist, dass sie Aktien hinterherlaufen, deren herausgebende Unternehmen für Aufmerksamkeit sorgen. Sie lassen sich so vom medialen Hype blenden. Hier agieren professionelle Investoren genauer. Aber auch sie enttäuschen unterm Strich. Sie können alle keinen anhaltenden Erfolg vorweisen. Sosehr sie sich auch bemühen mögen, am Ende des Tages fällt ihre Bilanz mau aus: Bei der großen Mehrheit der Fondsmanager gleicht die Auswahl der einzelnen Papiere eher einem Würfel- als einem Strategiespiel.

Die erfolgreichsten Fonds in einem beliebigen Jahr hatten einfach nur das größte Glück, auch wenn Wertpapierhändler das Gefühl hatten, rationale Entscheidungen zu treffen, die sie gut abgewogen hatten. Diese Kompetenzillusion sitzt tief. Statistiken dringen nicht bis zu uns durch, persönliche Eindrücke und Erfahrungen schon.

So gelang es dem Psychologen Gerd Gigerenzer vor einigen Jahren, professionelle Fondsmanager auszustechen. Nach Umfragen unter Leuten mit einem gepflegten Aktien-Zweiachtelwissen bildete er ein Portfolio aus den zehn bekanntesten Aktien. Das Paket stieg um 2,5 %, während das der Experten, die wesentlich mehr vom Geschäft verstanden, um fast 20 % sank. Die Pakete von Frauen schnitten noch besser ab als die von Männern, obwohl Frauen sich in Aktienfragen weniger zutrauten. Gigerenzer sah in diesem Ergebnis einen Beweis dafür, dass wir auch beim Geld dem Bauch und unserer Intuition folgen sollten und richtigliegen, wenn wir bekannten Namen folgen. Ich teile das nicht. Ich meine, der einzige Beweis, der mit diesem kuriosen Experiment erbracht ist, ist der, dass bei Geldentscheidungen einzig der Zufall die Macht hat.

Allein in den USA verdienen Investmentbanker jedes Jahr über 100 Milliarden Dollar damit, dass sie Anlegern etwas raten, was sie selbst nicht verstanden haben und wahrscheinlich auch gar nicht verstehen können. Ihre Prognosen liegen nur minimal über dem Zufall. Über zwei Drittel aller Investmentfonds schneiden jedes Jahr schlechter ab als der Markt – und der Rest, der besser liegt, schafft das auch nur unregelmäßig. Anfang 2008, kurz vor Ausbruch der Hypothekenkrise, sagten Aktienexperten einen Gewinn von 11 Prozent für das Jahr voraus. Am Ende des Jahres war der Standard & Poor-Index um 38 Prozent gefallen. Es werden also Idioten bezahlt, die uns bei unseren Entscheidungen helfen sollen, aber selbst keine treffen können, weil sie nicht wissen, wie. Das ist der Finanzsektor im 21. Jahrhundert. Die einzige Faustregel, die gilt, ist also: Wenn Sie Geld anlegen wollen, achten Sie darauf, dass kein Banker in der Nähe ist.

Wen können wir in einer so komplexen Welt wie dem Finanzsystem als Zeugen unserer Entscheidungen anrufen? Politiker? Bloß nicht. Im März 2008 sagte der damalige US-Finanzminister Henry Paulson voraus: «Unsere Finanzinstitutionen, Banken und Investmentbanken sind stark. Unsere Kapitalmärkte sind robust. Sie sind effizient. Sie sind flexibel.»[21] Wenige Momente später stand die Weltwirtschaft am Abgrund. Was ist mit der Wissenschaft? Auch hier sind die Nachrichten schlecht. Als im Jahr 2008 die US-Bank Fannie Mae zugrunde gegangen war, analysierte der eigentlich renommierte Ökonom Joseph Stiglitz messerscharf: «Ausgehend von Erfahrungen aus der Vergangenheit ist das Risiko, das die Regierung hinsichtlich einer potenziellen Insolvenz von Fannie Mae eingeht, gleich null.»[22] In Wahrheit kostete die Pleite die amerikanischen Steuerzahler Milliarden. Zwei Jahre später behauptete Stiglitz in seinem Buch, er habe die Krise vorhergesagt. Stiglitz ist hier kein klassischer Experte, der in die Zukunft hineinphantasiert und das dann für Wissenschaft hält, er war als optimistisch vorhersagende Autorität Auslöser des Problems, um sich später zu ihrem Verhinderer aufzuschwingen. Das ist der blinde Fleck der Hellsichtigen, die sich allzu sicher sind. Sie sind blind für das, was der Philosoph Nassim Taleb einen *Schwarzen Schwan* nennt – der Eintritt eines überaus unwahrscheinlichen Ereignisses, mit dem niemand gerechnet hatte und das darum auf keiner Agenda zu finden war. Was folgt, ist Hilflosigkeit im Auge des Taifuns. Wer auch immer meint, in Fragen der Wirtschaft und des Geldes gültige Voraussagen machen zu können, ist in aller Regel blind für Schwarze Schwäne und darum nichts weiter als ein schwarzer Magier.

BETRÜGEN GEHT ÜBER PROBIEREN – VON ZALANDO-ZOCKERN UND HOENESSBRÜDERN

Der Faktor Geld hat wahrscheinlich tiefgreifendere Auswirkungen auf unsere Entscheidungen, als uns vielleicht lieb ist. Unterschiedliche Versuche konnten nachweisen, dass der Umgang mit Geld Menschen egoistischer macht. Psychologen zeigten Probanden Bilder, im Hintergrund waren jeweils Geldsymbole zu sehen: Ein Stapel Monopoly-Geld, ein Bildschirmschoner aus Dollarscheinen, die auf dem Wasser trieben. Kleine, scheinbar unauffällige Zeichen. Wer diese Bilder gesehen hatte, entschied unabhängiger und willensstärker. Wenn die entsprechenden Teilnehmer knifflige Aufgaben lösen sollten, hielten sie doppelt so lange durch, ehe sie um Hilfe baten, wie die Probanden, die kein Geld gesehen hatten. Ein eindeutiges Zeichen gesteigerter Selbständigkeit. Zugleich waren sie weniger bereit, anderen Probanden in schwierigen Situationen zu helfen. Als eine Person Bleistifte auf den Boden fallen ließ, hoben die Teilnehmer, die unbewusst an Geld dachten, bedeutend weniger Stifte auf. Andere Teilnehmer sollten gleich jemanden kennenlernen und darum zwei Stühle in einem Raum aufstellen. Wer zuvor mit Geldbildern beeinflusst worden war, stellte die Stühle wesentlich weiter auseinander. Geld macht einsam.

Kais Monolog ist nun bei Dingen angekommen, von denen ich wirklich gar nichts mehr verstehe. Derivate und so. Wenn ich es richtig sehe, sind Derivate so eine Art Glücksspiel der gehobenen Stände – ohne die Jägermeisterleichen vor den Spielautomaten, ohne Hütchen und italienischen Akzent und ohne das wirre Geklingel und die vernebelte Atmo in der Luft.

Voller Stolz erzählt Kai von seinem neuesten Deal: Er hat eine besondere Anlageentscheidung getroffen, er ist in den Zweitmarkt für Lebensversicherungen eingestiegen. Das Modell geht so: Arme Menschen verkaufen ihre Lebensversicherung, um Geld dafür zu bekommen. Würden sie sie einfach kündigen, müssten sie Verluste hinnehmen. Ein Zweitmarkthändler kauft die Versicherung und zahlt etwas mehr dafür. Der frühere Policen-Inhaber verdient noch ein bisschen daran, und der Händler freut sich später, wenn die Versicherung ausgezahlt wird. Wirklich feiern kann er aber erst, wenn der Verkäufer stirbt. Todeswetten heißt das in der Fachsprache. Ein gutes Menschenleben ist dabei etwa 10 000 Euro wert. Bitte merken Sie sich diese Zahl gut. Ihr langes Leben ist weniger wert als eine fensterlose Studentenklitsche in Freiburg! Und wenn Sie sich erinnern, was Sie sich durch falsche Entscheidungen schon so alles zugefügt haben an Schrammen, Kratzern, Beulen und Dellen, können Sie froh sein, dass Sie am Lebensende immerhin noch als Beetle mit gehörigem Dachschaden auf dem Gebrauchtwarenmarkt des Lebens zum Mercedes-Preis gehandelt werden.

Zielgruppe dieses Zweitmarkts sind vermögende Kunden, sagt Kai, womit er natürlich sich selbst meint. Vermögende, denen eine Lebensversicherung zu wenig Action bringt und die darum noch ein «Second Life» auf dem Gewissen haben wollen. Cool, also eine Art Real Life-Avatar, der am Ende wirklich den Löffel abgeben muss, damit es sich auch lohnt.

«Sterben tun die Leute immer» sagt Kai, während sein Gesicht plötzlich Züge der diebischen Freude eines Kindes zeigt, das faule Äpfel auf den Balkon der Nachbaroma geworfen hat, bis die Alte rauskam und sich beschwerte, während er sich noch rechtzeitig in die Büsche schlagen konnte. Bis vor zwei Jahren hatte

Kai auch einen Fonds der Deutschen Bank, in dem man auf den Tod von Leukämie- und HIV-Kranken, auf Lungen- und Brustkrebs-Patienten, Diabetiker und Alzheimer-Patienten wettete. Je früher der kranke Policen-Inhaber starb, desto höher der Ertrag. Jetzt endlich verstehe ich den Deutsche-Bank-Slogan «Leistung aus Leidenschaft».

Genau wie bei Aktien war es auch hier wichtig, im Fonds auf Streuung zu setzen, da eine einzelne Lebensversicherung ein zu großes Risiko darstellte. Man streute die Risiken quasi synchron zu den Metastasen. Den Tag, an dem die Deutsche Bank den Fonds aus dem Sortiment nahm, hat sich Kai rot im Kalender eingetragen – als Todestag eines Teils seiner Ersparnisse. In den USA können Sie bis heute in die sogenannten Celebrity Death Pools investieren. Wer mitmacht, wettet auf den nahenden Tod eines Promis. Es lohnt sich, die meisten Rampensäue sterben früh. Sie leben ungesund und essen die falschen Sachen. Sie ficken, bumsen und vögeln, häufig sogar alles auf einmal.

Das gemächliche Abnippeln der üblichen Verdächtigen – der Alten, Senilen und Gebrechlichen, deren Verschwinden sich seit Jahren ankündigt, aber nicht eintreten will – ist keine Wette mehr wert. Da muss der geneigte Pate schon etwas mehr Chuzpe mitbringen. So könnte er ja auch auf einen jungen radikaloptimierten Saubermann setzen, mit dessen Tod keiner rechnet, der aber dann aus mysteriösen Gründen plötzlich eintritt. Dann streicht er die richtig fette Kohle ein. Dass es dazu kommt ... gut, das ist nicht ganz einfach, aber da kann man doch ein bisschen nachhelfen. «Plötzlich und unerwartet», wird es in den offiziellen schriftlichen Nachrufen heißen, «Medikamentencocktail» und «unglückliche Verkettung» in den inoffiziellen mündlichen. Es ist ihm halt was zugestoßen.

Es ist nur eine Frage der Zeit, bis irgendein Wahnsinniger einen ähnlichen Fonds wieder auflegen wird, mit leichten Veränderungen versteht sich. Vielleicht bleibt man doch lieber bei den bekannten Todkranken. Dann vielleicht auch mit der nötigen Konsequenz – zusammen mit ein paar Pharmafirmen, die durch gezielte Medikation nur die überleben lassen, die kein Geld abwerfen. Es kann nicht sein, dass ein Fonds abstürzt, nur weil AIDS heilbar wird oder der Krebs besiegbar ist. Ein Nobelpreis für ein heilsames Medikament ist wertlos, wenn die Weltwirtschaft durch das sinnlose Dahinvegetieren ohnehin verarmter und nutzloser pekuniärer Randexistenzen unnötig an den Abgrund geführt wird.

Das wäre auch eine einleuchtende Weiterführung der Politik vieler Pharmahersteller: Die Firma Pfizer zahlte dem Staat Nigeria einst 75 Millionen Dollar Schweigegeld, nachdem sie Versuche mit nicht zugelassenen Antibiotika an Kindern durchgeführt hatte, von denen elf starben. Wenn die Pharmaindustrie schon entscheidet, wann das junge Leben endet, sollte sie das Gleiche auch mit dem alten und gebrechlichen tun. Alles andere wäre Altersdiskriminierung.

Ich habe nicht das Gefühl, dass Kai noch mit mir spricht. Ich könnte irgendwer sein, ein brennender Baum, eine Wand im Bernsteinzimmer oder die Zahlenkombination eines Schweizer Nummernkontos. Kai referiert weiter, ich überlege, ob ich einen Antrag auf Zwischenfragen einreichen soll. Die schlimmsten Entscheidungen werden offenbar im Namen und Auftrag des Geldes getroffen. Ich frage mich: Wenn schon kleine Symbole im Hintergrund dafür sorgen, dass wir kaum noch klar denken können, was ist dann erst mit den großen Zockern an den Börsen, im Investment-Banking oder beim FC Bayern München? Sind die nächtlichen Zockereien eines Uli Hoeneß um zweistellige Millionenbeträge noch eine selbstbestimmte Entscheidung? Das Urteil des Landgerichts München lässt keine Zweifel: mit Sicherheit – Hoeneß kam ins Gefängnis, oder, wie eine Berliner Boulevardzeitung titelte: «Der Runde muss ins Eckige.» Er schien das ähnlich zu sehen, denn er nahm das Urteil hin und verzichtete auf Revision.

Dennoch deutet vieles darauf hin, dass es uns ab einem gewissen Betrag kognitiv aus der Kurve trägt. Kurz nach seiner Festnahme gab Hoeneß ein langes Interview, in dem er zugab, jahrelang Tag und Nacht mit Summen gehandelt zu haben, die für ihn heute kaum nachvollziehbar seien. «Das war der Kick, das pure Adrenalin.»[23] Auch den Betrag auf seinem Zockerkonto kannte Hoeneß nicht. Er habe da nie draufgeschaut, «dieses Geld war für mich virtuelles Geld». Er habe «vergessen, dass es sich um Geld handelte. Ich war in eine Spirale geraten, ... die immer weiter nach oben führte.»[24] Man verliere in diesem Job das Gefühl für Summen.[25]

An dieser Stelle habe ich Sie verarscht, liebe Leser. Der letzte Satz war nämlich gar nicht von Hoeneß, er ist von einem Banker, dem französischen Trader Jerome Kerviel, der die französische Bank Societé Générale vor einiger Zeit mal eben mit einem Klick um mehrere Milliarden erleichterte. Dafür musste er fünf Jahre hinter Gitter, zwei davon auf Bewährung. Außerdem hatte er einen Schadensersatz von 4,9 Milliarden Euro zu zahlen. Sein Gehalt als Zocker lag bei 2300 Euro im Monat. Das bedeutet, er muss noch 177 000 Jahre arbeiten, um den Schadensersatz zu zahlen. Da muss auch ein junger Fußballer lange für kicken.

Und jetzt ein paar Zeilen für alle schon geschlechtsreifen und noch geschlechtsaktiven Männer: In verschiedenen Untersuchungen konnten Psychologen zeigen, dass der Umgang mit hohen Geldsummen tatsächlich den Testosteronwert steigen lässt. Darum sind die meisten Puffs in Bankenvierteln. Geld haben heißt Sex haben mit Nullen – zum Zwecke der Zeugung von Zinsen. Wenn die Hormone tanzen, ist alle Vernunft in der Hose: Gerade Männer entscheiden hormonell aufgeladen und sexuell erregt anders. Unter dem Einfluss erotischer Bilder neigen sie doppelt so stark zu Lügen wie «Du bist die Frau meines Lebens», obwohl sie diese nur ins Bett kriegen wollen. Wenn wir schon beim Anblick von Playboy-Bildchen ins Wanken geraten, wie sollen wir dann jemals Big Player werden? Noch bevor wir das Parkett betreten haben, liegen wir schon auf der Nase.

In den Tagen vor seiner letzten, fatalen Investition, habe er nicht mehr geschlafen und nichts mehr gegessen, sagte der Uli Hoeneß unter den Bankern, Kerviel. Sein Leben entsprach dem eines Benediktinermönchs in der vollkommenen Versenkung. In dieser Sphäre zeigt sich die neue Religion: Es ist das Geld. Und alle, die mit ihm in Berührung kommen, sollen es mehren – koste es, was es wolle

Geld basiert auf dem Glauben an Geld. «Nur wenn alle glauben, dass Geld beglaubigungswürdig ist, funktioniert Geld.»[26] Wenn das Individuum der letzte Gott ist, dann ist Geld seine Religion, BWL ist die Theologie des 21. Jahrhunderts, und die Finanzverwaltung liest die Messe. Bischof Tebartz-van Elst war der Beweis, dass sich die katholische Kirche in Sachen Protz das Zepter nicht aus der Hand nehmen lassen wird: 30 Millionen soll seine Residenz gekostet haben. Er wollte die Kirche einfach nur so arm machen, wie Papst Franziskus sie immer haben wollte.

Wenn wir an Geld glauben müssen, damit es funktioniert, dann bedeutet das auch, dass immer wieder Menschen dran glauben müssen, um Geld am Leben zu erhalten. Nach dem Ende des Kalten Krieges entschieden sich viele Physiker und Mathematiker, ihren Wirkungskreis zu verändern: Sie wollten ihre Fähigkeiten nicht mehr in der Kriegstechnologie, sondern auf dem Finanzmarkt einsetzen und wechselten in hoher Zahl vom Waffen- ins Finanzgeschäft. Zusammen mit Investmentbankern und Hedgefonds schufen sie neue Massenvernichtungswaffen. Die Fronten wechseln – die Waffen bleiben.

Als nach der letzten Finanzkrise 2008 in den USA sechs Millionen Arbeitsplätze dran glauben mussten, war der einzige Sektor, der davon profitierte, die US-Armee. Hunderttausende Freiwillige meldeten sich, obwohl sie wussten, dass sie in den Krieg ziehen mussten. Und das Pentagon konnte zum ersten Mal wieder das Rekrutierungssoll erfüllen. Not und Verzweiflung sind die Grundlage einer Wahl, die das Ziel hat, an Geld zu kommen. Der eigentliche Entscheidungsträger, das Geld selbst, schafft sich seine eigenen Wege, vor denen die menschliche Entscheidungsgewalt die Waffen strecken muss.

Der Politikwissenschaftler Francis Fukuyama hat das schon Anfang der 90er Jahre gesehen, als er schrieb: «Eine liberale Demokratie, die alle zwanzig Jahre einen kurzen, entscheidenden Krieg zur Verteidigung ihrer Freiheit und Unabhängigkeit führen könnte, wäre bei weitem gesünder und zufriedener als eine Demokratie, die in dauerhaftem Frieden lebt.»[27] Den Konjunktiv kann er sich heute guten Gewissens sparen. Und es meldet sich leiser Zweifel: Kann man vor diesem Hintergrund noch aus einer Laune heraus die Wehrpflicht abschaffen?

Als Friedrich Nietzsche vom Tod Gottes sprach, war die Rede von Schiffen, die endlich wieder auslaufen dürfen, ständig geht es um «das Meer, das offen daliegt». Wenn wir heute von Geld und Finanzen sprechen, ist wieder andauernd von Figuren des Wassers und seiner Bewegung die Rede: Dagobert Duck etwa schwimmt im Geld, Beträge fließen ab, obwohl sie abgebucht werden, der Geschäftsmann hat seine Geldquellen, und bei einer Inflation gibt es eine Geldflut. Es ist eine wahre Springflut der Meeresmetaphern, sprudelnde Bilder und sich brechende Wellen, von denen die Sprache hier überflutet wird. Der vollendete Kapitalismus hat unendliche Optionen geschaffen, ihre Gezeiten lassen sich nicht mehr berechnen, gewiss scheint nur die Ankunft des nächsten Tsunamis. Unsere Boote im offenen Meer der Gegenwart sind zu klein für die Windstärken, ihren Insassen fehlt der Kompass.

Wie in der christlichen Religion ist auch in der Finanzwelt der Zweifel Sünde. Ohne Zweifel und reflektiertes Nachdenken über die eigenen Handlungen aber ist es unmöglich, Herr der eigenen Entscheidungen zu sein. Insofern erscheinen die Mächtigen, die Lenker des Kapitals, weder als Entscheider noch als Handelnde, sie sind vielmehr Könige ohne Reich, Mönche im Kloster der Finanzströme, in dem sie höchstens als Störfaktor, als Bedienungsfehler vorkommen, der in der Lage ist, mit einem Tippfehler mal eben ein paar Milliarden verschwinden zu lassen.

Der Abend mit Kai endet damit, dass er plötzlich aufspringt und nach Hause möchte. Irgendwas muss er schnell abstoßen. Im Zweifel wahrscheinlich mich. Auf dem Heimweg erinnere ich mich im Halbdunkel an ein Zitat des französischen Autors Charles Péguy, der einmal geschrieben hatte: «Früher fand ein Mensch, der sich mit seiner Armut abfand, darin zumindest eine Sicherheit. Wer sich für Spielen entschied, um der eigenen Armut zu entkommen, wusste, dass er mehr zu verlieren hatte, als zu gewinnen. Wer sich aufs Spielen nicht einließ, hatte auch nichts zu verlieren. Heute hat sich das Verhältnis verkehrt: Heute verliert noch sicherer, wer nicht spielt, als wer spielt.»[28] Im Grunde sind wir alle Spieler: der Hausbesitzer, der die Putzfrau schwarz beschäftigt und bei der Versicherung den Fernseher zu hoch ansetzt oder das Essen mit der Freundin als Geschäftsausgabe absetzt; Kai, der noch immer den einen oder anderen Kugelschreiber aus dem Büro mitgehen lässt. Der U-Bahn-Pendler, der schwarz fährt und sich ausrechnet, wie oft er nicht erwischt werden muss, damit sich die 40 Euro Strafe am Ende lohnen und er vielleicht sogar noch einen Gewinn gemacht hat. Der Zwang zur Optimierung lässt uns zu Spielern werden, mal gefährlicher, mal weniger gefährlich. Jeder nach Möglichkeit.

Einen wesentlichen Beitrag dazu leistet die wachsende Abstraktion des Geldes: Bargeld ist out – wir bezahlen mit EC- und Kreditkarten an den Supermarktkassen und wickeln unsere Bankgeschäfte online ab. Wir bestellen Klamotten, Telefone und ganze Häuser online. Die abstrakte Welt des Geldes lässt die Hemmschwelle für betrügerische Entscheidungen sinken. Kais Freundin würde nie bei H&M ein Top mitgehen lassen, sie bestellt aber regelmäßig bei Zalando Kleider, trägt sie eine Weile und schickt sie pünktlich zur Rückkauffrist zurück. Das heißt, der Verkäufer muss die Ware zurücknehmen, kann sie aber nicht mehr weiterverkaufen. Der Schaden der Bekleidungsindustrie liegt darum jedes Jahr im Milliardenbereich. Selbst all die Irren, die in dunklen Kellerwohnungen irgendwelche Trojaner basteln, mit denen sie dann Onlinebanking-Passwörter knacken, würden wohl kaum eine Bank überfallen, um ein paar Konten leer zu räumen. Sie würden in ihrer Kellerweltfremdheit wahrscheinlich schon daran scheitern, sich einen durchsichtigen Strumpf übers Gesicht zu ziehen.

Je konkreter die Welt, desto ehrlicher sind wir, je abstrakter, desto unehrlicher. Wie kann es also sein, dass wir in einer Zeit leben, die kurz vor der endgültigen Abschaffung des Bargeldes steht? Nora findet das großartig, sie liebt Kartenzahlungen und fühlt sich bestätigt von den New Yorker Wissenschaftlern, die herausgefunden haben, dass Geldnoten in erster Linie Bakterienschleudern sind. Neben den bekannten Keimen wie Kolibakterien, Grippeviren und Salmonellen fanden sie Erreger für Akne, Lungenentzündungen, Magengeschwüre und anderes mehr. Bargeld ist also das Geld der Kranken und der Mafiosi. Häufig genug kommen ja auch beide Eigenschaften in einer Person zusammen.

Ich halte das für tumben Alarmismus. Jedenfalls kann ich mich nicht erinnern, je in den Nachrichten gehört zu haben: «Frau nach Barzahlung bei EDEKA verstorben!» Oder «Akne dank Aldi!» Interessant ist der Paradigmenwechsel: Das abstrakte Geld ist also das saubere, gesunde Geld. Es hinterlässt keine Spuren. Wer sich für Kartenzahlung entscheidet, hat nur Vorteile. Bargeldloses Zahlen ist optimiertes Zahlen. Ich warte schon auf die Werbekampagne «Länger leben dank VISA!» Das wirft aber auch ein Licht auf das, was heute als optimal gilt. Es ist das scheinbar Reine, von allem Haptischen befreite. Komfort statt Keime, Zeitgewinn statt Verzettelung und Sauberkeit statt Salmonellen. Dabei ist das nur ein Trick. Wir bleiben Gefangene, nur die Aufseher haben gewechselt. Der wahre Zins, den wir jetzt bezahlen, ist der der totalen Durchsichtigkeit. Auf jedem Kassenzettel nach Kartenzahlung sollte in Zukunft stehen: «Der BND bedankt sich für Ihren Einkauf!»

Der zweite Profiteur der Bargeldfreiheit sind die Banken, sie gewinnen immer. Das verbindet den Roulette-Tisch mit der Supermarktkasse. Wenn ich mich für eine Teilrückzahlung meiner Kreditkartenzinsen entscheide, ist es gut möglich, dass die Bank mir nicht nur einen hohen Zins bei neuen Einkäufen berechnet, sondern auch Zinsen für frühere Kreditkartennutzungen haben will. Willkommen im Kreislauf der Schulden, die Schulden der Schulden erzeugen.

Auch beim Fall Hoeneß lässt sich ein kolossales Bankenversagen nachzeichnen. Wer hat zugelassen, dass ein Mensch mit derartigen Summen jongliert? Die Bank hätte zwei Möglichkeiten gehabt, auf den monetären Amoklauf ihres privaten Großkunden zu reagieren: ihn stoppen und für all die Transaktionen keine Gebühren mehr kassieren – ein Verlustgeschäft. Oder alles weiterlaufen lassen, um am Ende blamiert zu sein. Man hat sich wohl dafür entschieden, einer Entscheidung so lange wie möglich aus dem Weg zu gehen.

Dabei gibt es so einfache wie wirkungsvolle Möglichkeiten, geradezu zärtlich ehrliche Entscheidungen anzustoßen: In der

WAS WILL ICH

2
Sie sind ein Bauchentscheider. Intuitiv und schnell. *Das ist gut, aber auch gefährlich: Sie könnten irgendwann überfressen und übergewichtig dem sozialen Netz zur Last fallen.* **Weiter zu Feld 13**

1
In der Kita müssen Sie sich zwischen einem Orangensaft und einem Apfelsaft entscheiden. *Was tun Sie?*

Sie wählen spontan den O-Saft. **Weiter zu Feld 2**

Sie zögern, nehmen dann aber den Apfelsaft. **Weiter zu Feld 3**

Sie können sich überhaupt nicht entscheiden. **Weiter zu Feld 4**

3
Sie neigen zum Optimieren. Zwar gaukeln Sie sich vor, möglichst viele Informationen zu brauchen, um sich wirklich entscheiden zu können. Aber das ist eine Ausrede.

Sie überhöhen nur die Tatsache, dass Ihnen nichts gut genug ist. **Weiter zu Feld 9**

9
Nach der Schule müssen Sie sich für einen Beruf entscheiden. *Sie wissen, was Sie wollen?* **Feld 10**

Sie zögern und zaudern. **Weiter zu Feld 11**

Sie machen, was Ihre Eltern sagen oder selber gemacht haben. **Weiter zu Feld 11**

10
Schön, dass Sie so sicher sind. Aber zu wenige Optionen sind auch nicht gut.

Zwei Straf-Praktikummer

Straf-Praktikummer
Sie sind absolut sicher in Ihren Zielen. *Bevor Sie in einen Tunnel hineinlaufen, aus dem Sie nie wieder rauskommen, besser den Blick über den Tellerrand wagen und etwas machen, was im ersten Moment nichts, im zweiten aber verdammt viel nutzen könnte.*

Weiter zu Feld 12

11
Sie sind ein Aufschieber. *Zur Therapie lesen Sie entweder sofort S. 302f. oder*

weiter zu Feld 12

12
«Eine neue Liebe ist wie ein neues Leben!» heißt es in einem zu Recht abgenudelten Schlager. *Das könnte die Lösung aller Probleme sein! Aber Sie zweifeln: Vielleicht kommt ja noch was Besseres?*

Wenn Sie hoffen, dass sich alles von selbst erledigt **Feld 13**

Wenn Sie bereit für die Bindung sind, **weiter zu Feld 14**

Wenn Sie noch immer hadern, **weiter zu Feld 15**

UND WENN JA, ...

5

Die Schule bietet verschiedene AGs an: Theater, Jazztanz, Chor, Volleyball.
Wie viele werden Sie belegen?

Eine, die aber richtig! Weiter zu Feld 6

Mehrere, aber alle so nebenbei. Feld 7

Alle, aber keine bis zum Schluss. Feld 8

6

Sie neigen zur Dickköpfigkeit und falscher Härte. Ihr Motto ist: Warum einfach, wenn's auch schwierig geht? Wenn keine Wand da ist, gegen die Sie rennen können, bleiben Sie lieber liegen. *Das ist schön, kann aber auch schiefgehen. Denn irgendwann werden Sie Kopfschmerzen haben von all den Wänden und ausgeknockt am Boden liegen.* Weiter zu Feld 13

4

Sie leiden unter einer chronischen Entscheidungsschwäche. Sie sind ein Esel, Buridans Esel, der am Ende verhungert ist, weil er sich zwischen zwei Heuballen, die gleich weit von ihm entfernt lagen, nicht entscheiden konnte. Raus aus dem Esel-Dilemma und weiter zu Feld 5

7

Sie sind auf dem Weg zu einem Gelassenen. *Sie probieren sich aus, irren sich, scheitern, stehen wieder auf und probieren weiter.*

Weiter zu Feld 9

8

Optimierungsstufe Gelb: Sie fragen sich, warum Sie so viel probieren und doch nie die Energie haben, dranzubleiben. *Eben weil Sie zu viel wollen und der Akku darum schon nach der zweiten Strophe im Chor leer ist. Auch die Regie im Theater merkt, dass Sie spätestens nach dem ersten Akt aussteigen, und gibt Ihnen eine Nebenrolle. Weniger ist mehr!* Feld 9

14

Hier kommt der Moment der echten Entscheidung. *Nun schließen Sie andere Optionen aus und treffen eine Wahl. Wenn Sie jetzt wirklich ohne Zweifel entschieden sind,* weiter zu Feld 17

Bei Zweifeln auf Feld 15

13

Ihr Glaube heiligt alle Mittel. Weil Sie an Begriffe wie Schicksal oder Zufall glauben, wird sich Ihr Leben fügen. *Weil Sie dieses Vertrauen haben, das sich nicht begründen oder beweisen lässt, leben Sie in einer besonderen Form der Gelassenheit. Das Leben wird Sie finden, Frau und Kinder auch.* Darauf einen Spiritus!

Inspiriert von Michel Eltchaninoff, Philosophie Magazin, 05/2014.

... WIE VIELE ?

19
Auch die Nichtentscheidung bleibt eine Entscheidung. *Sie haben bekommen, was Sie wollten, wovon Sie aber vielleicht selbst nicht wussten, dass Sie es wollten.* Sigmund Freud fragen oder **weiter auf Feld 20**

20
Gehen oder bleiben? Die Luft ist raus, der Sex schon lange und auch sonst ist alles gewohnt langweilig. *Was nun?*

Wollen Sie den hehren Zielen der Ethik folgen, **weiter zu Feld 21,** *oder folgen Sie lieber Ihren Leidenschaften* **zu Feld 22**

18
Nur weil Sie sich für einen großen Taktiker und Strategen halten, bloß nicht übermütig werden und der Illusion anheimfallen, es gebe hier nur klare, rationale Entscheidungen. *Zwar wählen Sie selbst, aber Einfluss auf diese Entscheidung hat ein hochkomplexes Zusammenspiel aus Biologie, Erziehung und Erfahrungen Ihrer Vergangenheit, das zu durchdringen eine eigene Lebensaufgabe wäre.* Dann lieber leben und **weiter auf Feld 20**

21
Folgen Sie Immanuel Kant. Sie müssen sich im Sinne eines verallgemeinerbaren Prinzips entscheiden. Also werden S‹ von Ihrer inneren Stimme bald den Satz hören: «Wenn sich jeder einfach aus dem Staub machen würde, wenn's mal knackt im Gebälk! Wo kämen wir denn da hin?» Also dranbleiben und weitermachen **auf Feld 23**

17
Glückwunsch! *Auch wenn es manch ein altgedientes Elternpaar nicht wahrhaben will, es gibt ein würdevolles Leben ohne Kinder!*

Weiter zu Feld 20

16
Kind – ja oder nein?
Wenn Sie nein sagen, rüber auf **Feld 17**
Wollen Sie mit Ihrem Partner verhandeln? **Feld 21**
Wollen Sie es einfach mal darauf ankommen lassen
Weiter zu Feld 19

15
Sie haben Angst vor der Entscheidung. Ihr Optimierungswahn, der zitternd hofft, dass etwas noch Phantastischeres am Wegesrand wartet, könnte Sie in die Falle gehen lassen, sodass Sie irgendwann als sabbelnder Greis in der Fußgängerzone herumstreunen und rufen: «Jesus lebt!» *Es könnte Sie aber auch in die Freiheit des siegreichen Abenteurertums führen, oder es kommt irgendwann überraschend wirklich noch was Besseres. No risk, no fun!* **Weiter zu Feld 17**

26

Folgen Sie der 10-10-10 Regel und fragen Sie sich: Wenn ich mich entscheide, wo stehe ich mit meiner Entscheidung dann in zehn Wochen, zehn Monaten und in zehn Jahren. *Die Antworten auf diese Fragen könnten Ihnen helfen.* **Weiter zu Feld 27**

25

Wenn Sie den tiefen Wunsch haben, Bananenplantagen anzupflanzen und Sie dieser Wunsch immer wieder einholt und alles andere dagegen nur als Plan B erscheint, machen Sie es! *Sie werden es sich nie verzeihen, wenn Sie es nicht wenigstens versucht haben.* **Weiter zu Feld 27**

27

Sie hatten ein großartiges Leben. Aber waren Ihre Entscheidungen die richtigen? Wenn Sie sicher sind, **weiter zu Feld 28**
Bei Zweifeln **Feld 29**

24

Sie gehen zu einem Coach oder Berater. *Das ist o.k., aber fallen Sie jetzt nicht auf eine der zahlreichen Urteilsfehler herein, indem Sie nun alles gut finden, was dieser sagt, einfach, weil Sie viel Geld bezahlen oder Ihre eigene Entscheidung vor sich rechtfertigen wollen oder auf Teufel komm raus ein besserer Mensch werden wollen, nur, um den Coach nicht zu enttäuschen. Bewahren Sie eine kritische Distanz.* **Zu Feld 27**

28

Eine gute Fee kommt und flüstert Ihnen zu, dass Sie dieses Leben, so, wie es bis jetzt war, noch einmal leben dürfen. *Wenn Sie jetzt denken: «Dürfen? ‹Müssen› wäre das richtige Wort! Womit habe ich diese Strafe verdient?»* **Zurück zu Feld 24**

In allen anderen Fällen: **Glückwunsch!**

23

Nach Ihrer Beziehung haben Sie nun auch Ihren drögen Job an den Nagel gehängt. Auch hier wollen Sie sich selbst verwirklichen. *Doch es tut sich eher ein Sinnlosigkeitsloch auf. Wenn Sie Hilfe brauchen,* **weiter zu Feld 24** *Wenn Sie es alleine schaffen wollen,* **zu Feld 25** *Wenn Sie sich nicht entscheiden können,* **weiter zu Feld 26**

22

Sie sind ein emotionaler Wechselwähler und wissen genau, dass andere Mütter auch schöne Töchter haben, die Ihnen andere Paradiese zeigen können. *Also auf in den zweiten Frühling! Nur jedes zweite Wochenende ist Pause. Da haben Sie die Kinder. Wenn Sie welche haben und sie sehen dürfen.* **Weiter zu Feld 27**

29

Heiter weiter! Solange Sie nicht unter der Erde sind, können Sie sich jeden Tag besser entscheiden!

Inspiriert von Michel Eltchaninoff, Philosophie Magazin, 05/2014.

Büroküche einer britischen Uni konnten sich Mitarbeiter Tee oder Kaffee holen. Um zu zahlen, warfen sie jahrelang Münzen in eine Vertrauenskasse. Daneben lag eine Liste mit Preisvorschlägen. Eines Tages hing ein Poster über der Preisliste, auf dem im Wochenwechsel entweder Blumen oder Augen zu sehen waren, die den Betrachter direkt anschauten. In den Augenwochen zahlten die Mitarbeiter fast das Dreifache von dem, was sie in den Blumenwochen zahlten. Eine rein symbolische Mahnung daran, dass sie unter Beobachtung standen, ließ die Mitarbeiter angemessener entscheiden und großzügiger zahlen.

Zum Schluss also die entscheidende Frage: Macht Geld glücklich? Ja, vieles deutet darauf hin. Der Spaß verebbt aber schlagartig, sobald Leute in obere Einkommensklassen vorstoßen. Wer wenig hat und dann anfängt, mehr Geld zu verdienen, dessen Lebensglück steigt deutlich. Wer viel hat und noch ein bisschen mehr bekommt, wird kaum glücklicher. Fazit also, nach dem US-Komiker Danny Kaye: Geld allein macht nicht glücklich. Es gehören auch noch Aktien, Gold und Grundstücke dazu.

Für Menschen mit einem eher ambivalenten Verhältnis zum FC Bayern München führen wir eine neue Währung ein: die Ullis. 28,5 Millionen sind 1 Ulli. Seitdem kostet der Berliner Flughafen gerade mal 125 Ullis, die Elbphilharmonie 18 und das Bistum Limburg einen. Ich finde, da sind wir auf einem guten Weg.

TIPPS FÜR GELDANLAGEN

- *Ein Drittel in Aktien, ein Drittel in Anleihen, ein Drittel in Immobilien.*
- *Sparen Sie 20 Prozent und geben Sie 80 Prozent aus.*
- *Diversifizieren Sie so breit wie möglich.*

Auflösung Geld-Quiz: 1A, 2B, 3B

5. Kapitel
GESUNDHEIT

vorsorgen

aufschneiden

HEAVY METAL ODER WIE ICH HANDLESEN LERNTE

Faszinierend, diese Technik, diese Automatik. Überall ist hier Automatik. Automatik-Automaten geben automatisch Getränke aus, der eine Cola, der andere Kaffee, Hauptsache, Koffein. Koffein ist wichtig hier. Sehr wichtig, denn die Tage sind lang. Zu den Automaten gelangt man ganz automatisch durch Automatiktüren, die sich von alleine öffnen, wenn jemand hinausgeht. Verständlich. Rein will da ja auch keiner. Ab und zu läuft jemand durch, am Tropf oder am Arm eines anderen oder allein mit sich und einem schleppenden Gang. An der Pforte sitzen Leute, die bestrebt sind, den Blickkontakt mit den Wartenden zu vermeiden. Sie möchten nicht der Adressat von Hoffnungen sein, die hier am Ende nicht erfüllt werden können.

Die Notaufnahme eines Krankenhauses ist ein Ort, an dem der Begriff Nahtoderlebnis erst seine wahre Bedeutung bekommt. Mindestens für Leute wie mich, die eine fast schon panische Angst vor allem haben, was mit dem Wörtchen «krank» beginnt. Aber ich bin selber schuld, dass ich jetzt hier bin und warten muss. Ich bin schuld, obwohl ich nichts dafür kann. Auf diese paradoxe Formel lässt sich die ganze Misere bringen. Ich jedenfalls würde es wieder tun, denn ich bin der Meinung, dass das vollständige, unnachgiebige und vor allem gründliche Putzen der Wohnung ein Hochgenuss ist. In erster Linie ein psychologischer. Ich putze, wann immer ich muss – und das mit Vergnügen. Pflicht und Neigung gehen eine wundersame Liaison ein. Die Lösung eines alten Widerspruchs, für den Kant Tausende Buchseiten benötigte, gelingt bei mir an einem Nachmittag. Auffällig an meinem Putzfimmel ist vor allem das energische Moment. Sauber reicht nicht, es muss eben optimal sauber sein. Darum putze ich für eine ganze Kolonne. Ich gehe sogar auf die Knie. Wer sonst keine Götter hat, wirft sich vor dem eigenen Dreck darnieder.

So wischte ich dieser Tage mit gewohnter, höchster Intensität den Dielenboden meiner Wohnung. Ich lebe im Altbau, darum sind die obligatorischen kleinen Ritzen zwischen den Dielen unterschiedlich groß. Sie sind ein Sammelpunkt von allem, was meiner Hygieneneurose Ungemach bereitet. Mein wütendes Schrubben steigerte sich hier ins Gewalttätige. Plötzlich blieb ich kurz hängen zwischen zwei Dielen. Ich spürte einen stechenden Schmerz und hörte ein seltsames lautes Geräusch, ließ mich aber nicht beirren und schaute nur kurz in meine Handinnenfläche, wo ich unterhalb des Mittelfingers einen kleinen Punkt sah, aus dem ein paar Tropfen Blut kamen, die sich meinem Ziel, vollendeter Sauberkeit in den eigenen vier Wänden, nicht in den Weg stellen konnten. Ein Reiniger kennt keinen Schmerz, sagte ich mir und wischte weiter.

Am Abend, nach vollendeter Arbeit, gönnte ich mir zur Belohnung eine Tüte Haribo. Auf Nik Naks hätte ich mehr Lust gehabt, aber die hätten gekrümelt und damit mein Tagwerk zerstört. Nik Naks sind das Snack-Paradies, aber auch das Krümel-Armageddon. Außerdem verursachen Nik Naks Pickel, die größer sind als sie selbst. Pure Vernunft darf diesmal siegen, sagte ich mir, während ich Haribo dinierte und dabei feststellen musste, dass ich meine Hand kaum noch krümmen konnte. Eine geballte Faust in meinem Zustand wäre eine olympische Disziplin gewesen. Nora hätte mich jetzt überredet, zum Arzt zu gehen, aber sie war nicht da, darum rief ich ihre Stimme mit meiner eigenen wach. Ich wollte trotzdem nicht hin, ich wollte diese ungeheure

Frühlingsduft-Sauberkeit in meine Nase steigen spüren, dieses vollendete Werk vollkommener Reinheit bestaunen. Meine Dickköpfigkeit ist ein Grauen, besonders, wenn sie in Koalition mit Unbelehrbarkeit auftritt. Außerdem hatte ich Angst, Fußabdrücke auf dem gerade jungfräulich sauberen Boden zu hinterlassen – und das trotz Filzpantoffeln.

Trotzdem war ich in Sorge und tat das Unverzeihliche: Ich recherchierte meine Symptome im Internet. Ich gab so ungeheuer präzise Begriffe wie «Schmerz» und «Hand» ein, woraufhin ich fürchtete, auf die Seite der Anonymen Onanisten zu kommen. Wenn ich jetzt noch «Putzen» dahintersetzte, würde man mir wahrscheinlich eine Seite zeigen, die mir plastisch vor Augen führt, was Staubsauger noch so alles können, außer staubsaugen. Ich wollte doch nur auf eine Diagnose stoßen, die mir sagt, was ich hören will: dass alles wieder von alleine weggeht und ich nicht zum Arzt muss. Leider trat das Gegenteil ein: Ich ließ mich von Forum zu Forum treiben, bis ich sicher sein konnte, dass nur die vollständige Amputation meines gesamten rechten Arms mich würde retten können. Wahrscheinlich sogar beide Arme, um auch wirklich hundertprozentig sicher sein zu können. Am Ende meiner Recherche hatte ich Kopfschmerzen. Kurz fürchtete ich, dass der Kopf auch gleich noch mit wegmuss. Ich meinte, dass ich mir ein Band gerissen habe. Darum dröhnte in meinem Hirn ein Satz, den ich irgendwo in den unendlichen Onlineweiten gelesen hatte: Ein gerissenes Band muss innerhalb von 48 Stunden geflickt werden. Das musste ich erst mal verarbeiten. Und das geht am besten im Schlaf.

Am nächsten Morgen waren drei Finger angeschwollen, ich fürchtete eine Fingerverdickungs-Epidemie, deren Opfer ich geworden sein musste. Finger-Ebola! So machte ich mich auf in die Notaufnahme der nächstgelegenen Klinik. Ich folge immer dem Motto «Nimm dir Essen mit, wir fahr'n ins Krankenhaus!»

Wie sich herausstellte, war das die richtige Entscheidung, denn ich wartete geschlagene acht Stunden darauf, behandelt zu werden. Als ich eintraf, wurde ich zunächst aufgenommen wie ein Weihnachtsmann, der an Ostern kommt. Patienten sind hier nicht vorgesehen, sie sind der Störfall. Ärzte lernen das von der Pike auf: Ihre erste Begegnung mit einem Menschen während des Studiums ist symptomatisch – eine Leiche. So teilnahmslos und gleichgültig schauten sie mich hier an, dass ich mich fragen musste: Lebe ich noch, oder wese ich schon? Der Arzt soll Krankheiten verstehen, nicht Kranke. Das ist das Problem.

Ich muss also warten. Warten müssen ist ganz schlimm für mich, ich habe das nie gelernt, glaube ich, während mich der Warteraum zwingt, mir während des Wartens über das Warten Gedanken zu machen. Ich kann nicht warten, nur erwarten. Was erwarte ich? Ich weiß es nicht, aber in erster Linie mehr. So ist das bei uns Optimierern. Warten ist nicht mehr eine Tugend, warten ist eine Qual. In der U-Bahn, am Schalter, im Kaufhaus. Machtlos und frei von Selbstbestimmung, stehen wir an oder rum und meinen, dabei eigentlich draufzugehen. Optimiertes Leben ist effizientes Leben. Künftige Gesellschaften wird man einteilen in die, die warten müssen, und die, die es nicht müssen. Privatversicherte sind ja auch in erster Linie deshalb privat versichert, weil sie das Warten vermeiden können. Von ein paar schrägen Hypochondern abgesehen, will doch kein Mensch ausführlicher behandelt werden. Schnell rein und noch schneller wieder raus aus diesen Maschinenräumen der eigenen Eingeweide.

Wie ich so grüble, kann ich das Problem auch ad hoc lösen: Ich finde, man könnte mich hier einfach vorziehen. Ich bin ein Routinecheck, da wird nicht viel passieren, keine Operation, nichts, das ist schnell erledigt, und ich kann wieder gehen, was mir das Wichtigste ist. Aber so läuft das hier nicht. In der Notaufnahme wird nach eigenen Gesetzen entschieden: Bei jedem Patienten, der eingeliefert wird, benutzen Notfallärzte die gleiche Checkliste, um so etwas wie Ordnung ins Chaos zu bringen: Das Notfall-ABC. A steht für airway und bedeutet, dass Mund, Rachen und Bronchien frei sind. B steht für breathing, was heißt, dass die Lungen frei sind und genug Sauerstoff bekommen. C ist die circulation. Damit ist gemeint, dass das Herz pumpt und der Blutdruck ausreichend ist, um Leber, Nieren und Gehirn zu versorgen. In einem zweiten Schritt kommen noch D und E hinzu: D steht für disability und soll den Arzt daran erinnern, dass er auch Muskeln, Reflexe und mentale Reaktionen überprüft. E steht für exposure und bedeutet, dass kein Körperteil vernachlässigt werden darf.

Gemessen an diesem Standard verstehe ich besser, warum ich hier wahrscheinlich am längsten warten muss. Ich komme frühestens bei H wie Hand, oder wenn ich mich im Zeitoptimierungsrausch danebenbenehme, ganz hinten – unter Z wie Zicke.

GLANZ UND ELEND
DER INTUITION

Mein Blick wandert über all die anderen Gestalten, die im Wartezimmer sitzen, und lässt mich an einen Autounfall denken, den ich einmal hatte.

Ich saß in einem Taxi, und der Fahrer raste über eine unübersichtliche Kreuzung. Die Ampel war schon mehrere Sekunden zuvor auf Rot gesprungen, dennoch drückte der Fahrer aufs Gas. Wir fuhren über Rot, und ich sah aus dem Augenwinkel, wie sich von rechts ein Auto näherte – ziemlich schnell, wie ich meinte. Es knallte uns in die Seite, der Wagen kippte durch den Aufprall auf die Fahrerseite, Fenster zersprangen, und ich erinnere mich nur noch, wie ich mich panisch festhielt an allem, was sich um mich herum befand. Ich muss in diesen Sekunden reagiert haben wie eine Eidechse, die sich an ihre Umgebung angepasst tot stellt in der Hoffnung, der Feind werde sie schon nicht finden. Nach nur wenigen Minuten waren Polizei, Feuerwehr und Rettungskräfte vor Ort. Sie prüften zuerst, ob der Fahrer und ich ansprechbar seien, um dann die Türen aufzufräsen und uns herauszuhelfen. Mir war tatsächlich nichts passiert.

Wie waren die Rettungssanitäter nun vorgegangen? Wie entscheidet man, wenn man an einem Ort eintrifft, eine Situation vorfindet und dann innerhalb weniger Sekunden Entscheidungen über erste und zweite Hilfe, über Leben und Tod, treffen muss? Folgen diese Leute ihrer Intuition? Und was ist dann die Intuition? Ein Gefühl, ein Blick, ein gefühlter Blick? Nichts von alldem. Intuition ist nicht, wie man gerne meint, «aus dem

Bauch heraus» entscheiden. Es ist nicht Voodoo und nicht Zauber, es ist nichts Übernatürliches und auch sonst nichts für Forscher von Disziplinen, die ein «para» als Vorsilbe brauchen, um das Unerklärliche zweiachtel-seriös erklärbar zu machen. Wer jetzt Heldenerzählungen erwartet von Übermenschen mit übersinnlichen Fähigkeiten, die auch in der Lage wären, Berge zu versetzen und die Welt aus den Angeln zu heben – den muss ich hier leider enttäuschen.

Der US-Psychologe Gary Klein beobachtete über lange Zeit Feuerwehrleute bei ihren Einsätzen und konnte zeigen, dass die schnellen Entscheider in erster Linie in der Lage waren, aus beschränkten Möglichkeiten das Beste zu machen. Ihr Erfolgsgeheimnis besteht gerade darin, nur eine Option zu haben, nicht wählen zu können. Durch jahrelange Erfahrung konnten sie sich auf ein Repertoire von Verhaltensweisen stützen – wie Schubladen, die man öffnet, wenn man sie braucht. Jede Entscheidung ist wie Auto fahren, ein automatisierter Ablauf, der in Fleisch und Blut übergegangen ist.

Wenn das gewählte Vorgehen schwierig ist, modifizieren sie schnell, scheitern sie wieder, schauen sie nach einer zweiten Option. Intuition ist in erster Linie Wiedererkennung. Sie beruht auf Erfahrung. Aber es ist – anders als manch ein Bauchentscheidungs-Romantiker gerne glauben möchte – kein semimagischer Blitz, der sich jeder rationalen Erklärung entzieht. Sicher mag es Intuitionstalente geben, Menschen, die Situationen und Stimmungen genauer, tiefer erfassen und schneller darauf reagieren können. Das nennt man dann Sensibilität oder Empathie. Auch diese Kompetenzen entfalten ihre Kraft erst dann so richtig, wenn sie durch Wiederholung geübt werden konnten, durch Weltbegegnung und -auseinandersetzung reifen konnten.

Ein Fußball-Schiedsrichter erklärte mir einmal, wie er ein Foul beim Kopfball innerhalb von Sekundenbruchteilen erkennt: Er achtet nicht etwa auf den Ball und seine Bewegungen, sondern auf die Augen der am Kopfball beteiligten Spieler. Gucken beide den Ball an, werden sie nicht foulen. Wendet einer den Blick vom Ball ab und schaut dem anderen Spieler in die Augen, wird er auch der sein, der foult. Man nennt das auch die Blickfaustregel. Piloten lernen eine ähnliche Regel: Wenn sich ein Flugzeug nähert und ein Crash zu befürchten ist, so soll der Pilot auf einen Kratzer in der Windschutzscheibe schauen und beobachten, ob sich das Flugzeug relativ zu diesem Kratzer bewegt. Wenn nicht, muss er die Maschine sofort nach unten ziehen.

Der Schiedsrichter beim Foul, der Feuerwehrmann, der ein Haus verlässt, unmittelbar bevor es einstürzt – beide verfügen über ein «Wissen ohne Wissen». Das ist eine Grundausstattung des menschlichen Lebens, es ist tastendes Ahnen, versuchendes Spüren, emotionales Experimentieren.

Das Schöne daran: Der Mensch ist erstaunlich lernfähig, er lernt schnell und verlässlich, insbesondere, wenn es um Gefahren und Angst geht. Bis heute habe ich ein seltsam mulmiges Gefühl, wenn ich in einem Taxi sitze und der Fahrer bei Gelb aufs Gas geht, um die Kreuzung noch zu überqueren. Dabei ist es überaus unwahrscheinlich, dass mir ein ähnlicher Unfall noch einmal passiert, aber das emotionale Lernzentrum ist wie Google – es weigert sich beharrlich zu vergessen. Eine einzige Erfahrung kann ausreichen, um eine langfristige Abneigung hervorzurufen, auch an der falschen Stelle: Vor einigen Jahren waren Nora und ich im Urlaub, am letzten Abend waren wir in einem besonders schönen Restaurant. Den Rückflug verbrachte ich auf der Toilette, übergab mich und hatte Durchfall – und das 10 000 Meter über der Erde. Seit dieser Reise und ihren Nebenwirkungen kann ich weder Spinat essen noch Ryanair fliegen, noch werde ich jemals wieder in dieses Restaurant gehen. Zu Unrecht. Mein Arzt bestätigte mir nach meiner Rückkehr, dass ich mir einfach nur ein Magen-Darm-Virus eingefangen hatte, wie man es immer und überall bekommen kann, sofern man zu den Exemplaren der menschlichen Spezies gehört, die von Zeit zu Zeit das eigene Haus verlassen. Es war keine Lebensmittelvergiftung und auch nicht das durch vor sich hin dilettierende Billigflug-Kapitäne hervorgerufene Geschaukel – und es war vor allem nicht der Spinat, den ich seitdem meide wie der Pilot die Turbulenzen. Aber intuitiv gab ich allen Orten und Menschen, denen ich in der Phase meines sich steigernden Unwohlseins begegnet war, die Schuld. Der Verursacher war nicht identifizierbar, also war alles verdächtig.

Psychologen haben in Experimenten mit Patienten, die sich einer Darmspiegelung unterzogen hatten, herausgefunden, dass für das Schmerzempfinden nicht die Dauer des Schmerzes entscheidend ist, sondern die Frage, wie heftig der Schmerz im qualvollsten Moment ist und wie stark er am Ende der Behandlung war. Man nennt das die Höhepunkt-Schluss-Regel. Wenn Höhepunkt und Schluss zusammenkommen bei Untersuchungen, ist das der schlimmste Fall, im Theater und beim Sex ist es der beste. Stundenlang speiend über den Wolken zubringen zu müssen, wirft einen langen tiefen Schatten auf den gesamten Urlaub. Es bleibt dieser fade Nachgeschmack.

Das Negative wirkt in der menschlichen Erinnerung immer stärker nach als das Positive. Ängste erlernen wir schneller als Hoffnungen. Man nennt das Schmerzaversion. Wollen Ärzte die Schmerzen ihrer Patienten in Grenzen halten, wäre es darum hilfreich, den Schmerz zu verringern und nicht die Dauer der Untersuchung.

Magen-Darm. Würde ich das jetzt lieber haben wollen? Ich weiß es nicht. Immerhin kommt da einfach ein Doktor nach Hause, gibt einem einen mehr oder weniger heftigen Arzneicocktail, und nach ein paar Stunden hat man seine Ruhe. Aber dieses

Ausharren hier, das ist das Grauen. Was auch immer jetzt gleich passieren wird, ich nehme mir vor, genau zu beobachten, was mit mir geschieht, genau zu schauen, wie meine Ärzte hier entscheiden. Über mich? Mit mir? Weder noch? Wie kommt so etwas wie eine Diagnose eigentlich zustande? Das Schicksal in die eigene Hand nehmen ... also, in die linke, aber immerhin ... und daraus einen Selbstversuch machen, das muss das Ziel sein, finde ich. Während ich versunken vor mich hin denke, ruft ein Arzt meinen Namen. Ich stehe auf und folge ihm.

Ein Assistent oder der Assistent eines Assistenten führt mich in einen kleinen Raum mit einer noch kleineren Liege und einem Stuhl. So ähnlich stelle ich mir eine Zelle im Knast vor. Ein Aufseher, der sich weder vorstellt noch sonst eine Regung menschlicher Anteilnahme zeigt, begrüßt mich, ohne mir in die Augen zu schauen.

Der Arzt fasst Hand und Finger an und fordert mich auf, zu sagen, wie sehr seine Berührung schmerzt. Auf einer Skala von 1 bis 10, bitte. Ich bin sofort bei 8, nein 9, mindestens. «Hmmm ... Röntgen», sagt er. Mehr nicht. Das nennt man dann wohl einen elliptischen Anfall. «Zugang für Tropf» nuschelt er weiter, «nur fürn Fall.» Eine Spritze, das ist ja furchtbar! Ab und zu spende ich Blut, weil ich finde, dass man Opfer bringen muss. Mein Opfer ist mein Blut und vor allem der Stich, den die Nadel verursacht. Niemand kann erahnen, wie entsetzlich das für mich ist. Es heißt ja immer, Männer litten sehr schnell sehr stark, ich leide nicht – ich sterbe. Schon der Anblick einer Spritze jagt Elektroschocks durch meinen Körper. Ich bin so immun gegen eine Karriere als Fixer wie ein Marathonläufer gegen Adipositas. Apropos Marathon: Es ist zum Davonlaufen hier, aber nicht einmal das kann ich. Stattdessen muss ich sitzen bleiben auf diesem elektrischen Stuhl der Klinikkultur.

18 Sekunden dauert das Gespräch zwischen Arzt und Pa-

tient im Schnitt, bis der Arzt das erste Mal unterbricht. Jedenfalls bei Kassenpatienten. Bei Privatversicherten mögen es auch gerne mal gefühlte 18 Stunden sein. Die Unterbrecherei auf dem Niveau von schlecht gelaunten Ehepartnern ist zudem vollkommen unnötig. Experimente haben gezeigt, dass auch Patienten, die ausreden dürfen, maximal zwei Minuten sprechen, um ihre Beschwerden zu schildern. Trotz Google hält sich die Zahl der Schwätzer, die alles besser wissen, weil sie keine Ahnung haben, erfreulich in Grenzen.

Die von den Ärzten gepflegte Gesprächskultur hat fatale Folgen: Die schlimmsten Fehldiagnosen resultieren daraus, dass der Arzt nicht auf den Patienten eingeht. Darum passieren die schlimmsten Fehler auch nicht in der Therapie, sondern bei der Diagnose – rund jede sechste ist falsch. Dabei bekommt der Arzt die Diagnose vom Patienten frei Haus geliefert, wenn er ihm nur richtig zuhört. Die Art und Weise seiner Fragen strukturiert die Antwort des Patienten.

In schwierigen Entscheidungssituationen fühlt sich ein Arzt oft wie ein Jongleur, der mit zu vielen Bällen auf einmal klarkommen muss. Darum verlässt er sich auf Faustregeln, die eine schnelle Entscheidung ermöglichen. Zugleich bergen Faustregeln auch enorme Fehlerquellen. Die zwei großen Fallen, in die gerade Ärzte tappen können, sind Bestätigungsfehler und Repräsentationsfehler.

Der Bestätigungsfehler ist ganz alltäglich: Wir neigen dazu, das zu sehen, was wir sehen wollen. Wir neigen zur Zustimmung und nicht zur Ablehnung. Der kognitive Aufwand des Verneinens und Hinterfragens ist ungemein größer, als der zu bejahen. Je mehr Informationen wir haben, desto schlimmer wird es. Sobald sich in unserem Kopf eine kohärente Weltsicht herausgebildet hat, stehen wir im Verdacht, nur noch Beispiele zu berücksichtigen, die beweisen, dass wir recht haben. Darum gilt: Traue keinem, der dir sagt, er habe es schon immer gesagt. Er hat nur vergessen, dass es einmal anders war.

Aufgrund des großen Drucks, schnell zu entscheiden, tritt der Bestätigungsfehler bei Ärzten besonders häufig auf – meist mit besonders weitreichenden Konsequenzen. Wenn er einen Marathonläufer vor sich hat, tippt der Orthopäde bei Knieproblemen eher auf eine Entzündung als auf einen Tumor.

Der Repräsentationsfehler liegt vor, wenn Anzeichen übersehen werden: Noras Freundin Tina hatte mit Mitte 20 einen Schlaganfall. Im ersten Krankenhaus, in dem sie sich untersuchen ließ, diagnostizierte man aber eine multiple Sklerose. Und das trotz Rückenmarkspunktion und allem Brimborium, über die man sie nicht einmal aufgeklärt hatte. Tina war mit Mitte 20 sehr jung für einen Schlaganfall, insofern war das vielleicht nicht die wahrscheinlichste Diagnose, auf die Ärzte kommen konnten. So fielen sie dem Repräsentationsfehler zum Opfer, auf Kosten der vollkommen schockierten Patientin, die ihr Leben an sich vorbeiziehen sah. Schlechte Ärzte erkennt man an diesen und ähnlichen Fehldiagnosen, gute daran, dass sie Fragen stellen, zuhören können und es sich erlauben, mit bis zu fünf Hypothesen gleichzeitig zu jonglieren.

Im Alltag ist das verdammt schwer möglich, jedenfalls gibt es kaum jemanden, dem es dauerhaft wirklich gelingt. Aber von Ärzten dürfen wir erwarten, dass sie diesen Versuch mindestens wagen. Vielleicht hat der irische Dichter William Butler Yeats die guten Ärzte am treffendsten charakterisiert: «Die Besten sind des Zweifels voll, die Ärgsten sind von der Kraft der Leidenschaft erfüllt.»[29]

Die Realität sieht anders aus: Bei der Auswertung von Obduktionsberichten kam heraus, dass jeder vierte Herzinfarkt, fast jeder dritte Tumor und jede zweite Entzündung übersehen wurden. Warum? Eine Ursache ist die tradierte, hierarchische

Struktur vieler Kliniken: Kritik bahnt sich ihren Weg nur von oben nach unten, ist selten auf Augenhöhe und geht nie von unten nach oben. Ärzte laufen darum andauernd Gefahr, sich selbst zu überschätzen und blind zu werden für die eigene Fehlbarkeit. Studien haben gezeigt, dass kranke Menschen gar nicht so erpicht darauf sind, autonome Entscheidungen zu treffen. Sie wollen in erster Linie ernst genommen werden und nicht als Nummer behandelt werden oder als Übel, das Arbeit macht.

So komme ich mir jetzt wieder vor, während ich hier warte. Schließlich werde ich aufgerufen zum Röntgen. Meine Hand wird also bestrahlt von oben und von unten, von der Seite und noch mal von der anderen. Man schickt mich wieder raus, ich warte wieder, bis ich schließlich von einem zweiten Arzt in ein Behandlungszimmer geführt werde. Seine Diagnose: Ich habe Metall in der Hand. Metall? Ich bin irritiert. Bin etwa ich und nicht Vitali Klitschko der wahre Dr. Eisenfaust? Einen Nagel, vermutet der Arzt. Alle meine Alarmglocken schrillen schon. Ich? Metall in der Hand? Bevor ich Metall in der Hand habe, habe ich ein drittes Auge auf der Nase. Dieser Kerl ist der George W. Bush unter den Ärzten. Er möchte seine Truppen losschicken, um bedrohliche Massenvernichtungswaffen aus mir herauszuholen, und wird am Ende nichts finden. Aber es wird Tote und Verwundete gegeben haben. Meine Hand und mich nämlich. Ich finde das Bild gut. Auch deshalb, weil ich mit meinem Aggressionslevel gerade in die Nähe eines Saddam Hussein der Notaufnahme komme. Nur: Was, wenn er recht hatte? Sollte ich mir im Rahmen meiner saddamesken Säuberungsaktion wirklich einen Nagel in die Hand gerammt haben? Wahrscheinlich einen sehr alten Altbauwohnungs-Nagel aus der Kaiserzeit, der beim Nageln aus dem Bett meiner Urahnen herausgepurzelt ist.

DER FRÜHE VOGEL FÄNGT DEN KREBS – WAS BRINGEN SCREENINGS?

Ich gestehe, ich hatte sehr lange keine Ahnung, was ein PSA-Test ist. Ein Test, bei dem man herausfinden kann, ob man privat von der NSA abgehört worden ist? So eine Art NSASTASI-Unterlagen-Behörde? Heute ist mir klar, es handelt sich um ein Früherkennungs-Screening für Männer, das Prostatakrebs anzeigen soll. Wenn ich noch ehrlicher sein sollte, müsste ich zugeben, dass ich nicht einmal weiß, wo die Prostata ist. Aber das wäre zu viel Ehrlichkeit auf einmal. Offenbar weist der PSA-Test ein Eiweiß nach, das von der Vorsteherdrüse gebildet wird, um das Sperma zu verflüssigen. Ärzte hoffen, dieser Wert könne schon bei gesunden Männern frühe Hinweise auf Krebs liefern. Das ist eine falsche Annahme.

Neue Studien zeigen, dass der Test null Einfluss auf die Rate der Todesfälle hat. Von 1410 untersuchten Männern müsste man 48 an der Vorsteherdrüse operieren, um rein statistisch einen Tod durch Prostatakrebs in zehn Jahren zu verhindern. Die anderen 47 Patienten hätten von der Operation gar nichts, außer Impotenz (sechs von zehn) und Inkontinenz (drei von zehn).

Die gesetzlichen Krankenkassen zahlen die Untersuchung nicht, Urologen aber halten daran fest. Deshalb erzählt man Männern ab 40 Jahren, sie sollten unbedingt zur Untersuchung spazieren. Darum wird der Test in Deutschland jetzt «optimiert». 50 000 vollkommen gesunde 45-jährige Männer werden schon bald gebeten, an einer großen Studie teilzunehmen, die von der deutschen Krebshilfe finanziert wird. Grundlage für die Auswahl der Probanden sind nicht etwa Beschwerden oder ein Verdacht, sondern das Einwohnermelderegister. Das ist so, wie wenn die Polizei einfach mal so eine Hausdurchsuchung bei Ihnen machen würde, weil Sie zufällig in einem Stadtteil wohnen, in dem besonders viele Taschendiebe leben.

Ärzte entscheiden sich aus unterschiedlichen Gründen für Früherkennung – zusammengefasst heißen sie SIC-Syndrom: «S» steht dabei für «Selbstschutz»: Ärzte wollen Schadensersatzklagen verhindern. Jeder Patient ist ein potenzieller Kläger. Die Gefahr ist groß, wegen unterlassener Hilfeleistung oder einer unterlassenen Untersuchung verklagt zu werden. Es gibt aber keine Möglichkeit, sie wegen schädlicher Nebenwirkungen zu belangen. Das «I» steht für «Innumeracy», also Zahlenblindheit. Viele Ärzte entscheiden sich für Untersuchungen, weil sie die medizinische Evidenz nicht kennen oder nicht verstehen. Gerd Gigerenzer berichtet von einer Stichprobe unter 20 Urologen in Berlin, von denen nur zwei Nutzen und Schaden der Prostatakrebs-Früherkennung kannten. Das «C» steht für «Conflict of Interests», Interessenkonflikte. Allein in den USA werden Jahr für Jahr drei Milliarden Dollar für den PSA-Test und die Behandlungen, die sich daraus möglicherweise ergeben, ausgegeben. Das Gesundheitssystem selbst ist der bösartigste Tumor, den man sich vorstellen kann. Er wuchert und metastasiert – an Stellen, wo man es kaum für möglich gehalten hätte

Was dem Mann seine Prostata, ist den Frauen ihre Brust. Die Mammographie zur Früherkennung von Brustkrebs machen drei von vier Frauen in den USA regelmäßig mit. Es gibt aber bis heute keinen Beweis, dass sie das Risiko verringert, an irgendeiner Krebsart, einschließlich Brustkrebs, zu sterben. Von 1000 Frauen, die am Screening teilnahmen, starben 21 an Krebs, genauso viele wie bei denen, die nicht teilgenommen hatten. Jahr für Jahr werden Frauen zur Mammographie geschickt, obwohl deren lebensrettende Qualität überhaupt nicht nachgewiesen ist. Die Nebenwirkungen sind dafür auch hier umso größer: 100 von 1000 Frauen werden positiv getestet, obwohl sie gar keinen Brustkrebs haben, und bringen Wochen der Angst und Schlaflosigkeit zu.

Wieder einmal spielt die Angst der Ärzte eine zentrale Rolle. Das Screening ist so etwas wie eine Selbstberuhigungspille der Mediziner. Das heißt dann Interventionismus – die Tendenz, lieber irgendetwas (im Zweifel auch Schädliches) zu tun, als gar nichts zu tun. Eine Umfrage ergab, dass nicht eine einzige Ärztin selbst zur Mammographie gehen würde. Sie verordnen, was sie selbst für sich nicht in Anspruch nehmen. Das Gleiche gilt für Operationen: Ärzte lassen sich im Schnitt deutlich seltener aufschneiden als der Rest der Bevölkerung. Kindern von Ärzten und Juristen werden viel seltener die Mandeln herausgenommen, Ähnliches gilt für die Entfernung der Gebärmutter (16 % bei allen, 10 % bei Ärztinnen). Ärzte und Juristen bekommen also eine bessere Behandlung – und besser bedeutet hier meistens weniger.

Hinzu kommt ein Urteilsfehler: Aufgrund unserer Paranoia vor dem Krebs zäumen wir das Pferd von hinten auf: Der Fakt, dass alle, die vorzeitig an Krebs starben, einen bösartigen Tumor hatten, bedeutet nicht, dass alle bösartigen Tumoren zum Krebstod führen. Nur weil alle Banker korrupt sind, bedeutet das noch lange nicht, dass alle Korrupten auch Banker sind. Obwohl, wer weiß ...

Bei einer Umfrage in den Vereinigten Staaten fragte man 500 Probanden, was sie lieber hätten: 1000 Dollar in bar oder eine Ganzkörper-CT? Mehr als zwei Drittel würden die CT vorziehen. Dabei gibt es auch hier keine Beweise für den Nutzen. Keine einzige Ärztevereinigung empfiehlt sie, und einige lehnen sie sogar ab. Den guten Arzt erkennen Sie also daran, dass er bei dieser Frage die 1000 Dollar nimmt, den schlechten daran, dass er sie schon für die Antwort auf diese Frage will.

Das Individuum, das sich selbst zum Gott erklärt hat, muss Allmacht auch über sich gewinnen. Alles wissen, alles durchleuchten, alles vermessen und skalieren, auch das, was eigentlich niemand wissen will. Statt 1000 Dollar zu investieren in ein schönes, gerne auch gesundes Leben, wirft man es heute den Apparate-Scharlatanen in den Rachen, auf dass sie eine Krankheit entdecken, die sich nie bemerkbar gemacht hätte und an deren Medikation der Patient anschließend dahinsiechen kann.

OP OR NOT OP? WIE SIE SICH NOCH SCHNELLER INS EIGENE FLEISCH SCHNEIDEN

Schnell sehe ich ein: Widerspruch ist zwecklos, der Nagel muss raus. Und wer keine Argumente hat, sollte schweigen und sich seinem Schicksal ergeben. Eine Operation steht also an, eine mit lokaler Betäubung, wie ich lerne.

Wegen des hohen Alters meines Nagels muss meine Hand zunächst in einer Jodlösung gebadet werden: Man möchte auf Nummer sicher gehen und die Hand spülen, damit keine Blutvergiftung auftreten kann. Ich habe mir mit meiner Klinik-Entscheidungs-Vermeidungs-Strategie – Achtung, Wortspiel – ins eigene Fleisch geschnitten. Immerhin, die Witze funktionieren noch. Oder? Das ist doch auch was wert. In einer Stunde wird es losgehen, heißt es.

Es ist ein kleiner Schnitt für die Menschheit, aber ein großer für mich. Das Bevorstehende weckt dunkle Erinnerungen an Kindertage. An all die kleinen Operationen, die ich damals über mich ergehen lassen musste. Ich war übersät von Muttermalen, meine Mutter lief mit mir von Pontius zu Pilatus, von Hautarzt zu Hautarzt, immer in der Hoffnung, einen zu finden, der endlich das Messer im Sack ließ und mir sagte: «Alles halb so schlimm, die Flecken muss man nur an Ostern bei Mitternacht mit einer Voodoo-Formel besprechen, und schon sind sie weg!» Stattdessen wurde gespritzt, geschnitten und genäht, als gäbe es kein Morgen. Und das zumeist von Ärzten, die Operieren offenbar bei aztekischen Schamanen gelernt hatten. Jedes Mal fanden sie einen Grund, um mir zu sagen, dass ausgerechnet dieser eine Leberfleck irgendwann vielleicht einmal ein bösartiger Tumor werden könnte. Am Ende stellte sich immer heraus, dass alles vollkommen harmlos gewesen war. Aber es hätte ja auch anders laufen können, sagten die Ärzte dann. «Hätte, hätte, Fahrradkette.»

Können Klinikmanager die Leistung gewinnbringend abrechnen, wird geschnibbelt. Viele Chefarzt-Verträge enthalten sogenannte Zielvereinbarungen, die Ärzte müssen Umsatzziele erfüllen. Auch gesetzlich Versicherte sind hier eine ordentliche Cashcow, die sie in erster Linie ordentlich melken können: In einigen Gegenden Deutschlands ist die Zahl der Bandscheibenoperationen um ein Drittel gestiegen – in nur drei Jahren. Knapp die Hälfte davon könnten Kliniken konservativ behandeln. Die Zahl der Knieoperationen stieg sogar um die Hälfte. Bei sechs von sieben chirurgischen Eingriffen ist nicht erwiesen, ob sie dem Patienten überhaupt einen Vorteil bringen. Operiert wird trotzdem, denn die Überdiagnostik wird vom medizinischen System unterstützt.

In einem kahlen Raum (wie viele hatte ich heute schon gesehen?) soll ich mich bis auf die Unterwäsche ausziehen. Ich schließe meine Klamotten in einen Spind ein, der Pfleger steht schon mit einem Bett auf Rädern in der Tür. Ich möchte mich kurz wehren. Nur weil ich Metall in der Hand habe, habe ich noch lange kein Blei in den Füßen. Nein, heißt es, man ziehe es vor, mich zu schieben.

Ich bekomme einen Sichtschutz, damit ich nicht sehen kann, wie an mir herumgeschraubt wird. Ich weiß nicht, wer mehr Vorteile davon hat: die Ärzte, weil ich ihren Pfusch nicht sehen kann, oder ich, weil ich von der Ohnmacht verschont bleibe? Während man mich in den OP schiebt, schwitze, zittere und bebe ich, keine Spur von der Betäubung, die man mir soeben verabreicht hat. Das war doch klar: Das Zeug wirkt nicht, es wirkt nicht! Es ist ein Placebo, weiter nichts. Genauso wie es sich hier um ein Placebo-Krankenhaus handelt und um eine Placebo-Operation! Es ist, als wolle mein Kopf die Kontrolle nicht abgeben, als wehrte er sich mit Händen und Füßen. Nein, sorry, schiefes Bild. In diesem Moment wohl nur ... mit den Füßen. Nun liege ich da, wie ein kleines Kind, mit einem gefühlten Puls von 180 und dem Gefühl, hier niemals lebend rauszukommen. Jemand gibt mir ein Beruhigungsmittel. Ziemlich schnell spüre ich zwar meinen Arm nicht mehr, aber sonst bin ich komplett wach.

Ich hoffe inständig darauf, dass die Beruhigungspillen bald ihre Wirkung entfalten, und nicht, wie einmal, bei einem dieser Muttermal-Dilettanten, das Geschneide losgeht, bevor die Betäubung gewirkt hat. Wahrscheinlich haben sie auch noch Valium mit Speed verwechselt, weil es irgendeine vom Chefarzt verlassene Nachtschwester heimlich umetikettiert hat. Wer Schlaganfälle nicht von einer multiplen Sklerose unterscheiden kann, dem ist alles, wirklich alles zuzutrauen, denke ich noch, dann wird alles sehr schwer an mir, ich verliere die Kontrolle und bin kurz unsicher, ob ich abtreten oder nur wegtreten würde.

BASIC, SMART UND FLEXI – WAS ORGANSPENDER MIT BILLIGFLIEGERN GEMEINSAM HABEN

ass ich diese Zeilen hier schreibe, zeigt: Ich bin noch da. Das Erste, was ich nach dem Aufwachen bemerke, ist mein rechter Arm, der gefühllos und schwer daliegt. Er ist bis zum Ellbogen in einem Gips. Was soll das denn bitte? Typisch, faucht es in mir: Diese Ärzte! Man gibt ihnen die kleine Hand und sie nehmen den ganzen Arm.

Der Raum, in den ich nun gebracht werde, ist auf dem Niveau eines Studenten-WG-Zimmers, dessen Bewohner noch nie einen Putzeimer in der Hand hatten. Putzen ... wie komme ich nur darauf? Vielleicht sollte ich mal einen Hirnscan machen lassen, ob ich noch alle Latten am Zaun habe. Um ehrlich zu sein, habe ich Angst vor dem Ergebnis.

Meine Assoziationen werden ruppig unterbrochen von der herbeigeeilten Krankenschwester. Sie knallt mir die Speisekarte der Woche vor den Latz. «Aus unserem Angebot können Sie Ihre Mahlzeiten individuell zusammenstellen», heißt es da ein wenig zu wattebäuschig einlullend. Da hat man ordentlich was zu tun, immerhin ist viermal am Tag Essenszeit, um 7, um 12, um 2 und abends um 6. Wie aus dem Nichts tut sich, inmitten der Ohnmacht, die Möglichkeit auf, frei entscheiden zu können. «Das Stationspersonal hilft Ihnen gerne», steht da allerdings auch. Rechts ist eine Spalte mit den Wochentagen: An jedem Tag habe ich allein beim Frühstück die Wahl zwischen einem süßen, einem pikanten, einem Vollwert (Standard), einem vegetarischen, einem Müsli- und einem Kinder-Frühstück, als Zwischenmahlzeit gibt es Obst, Natur- und Fruchtjoghurt, Kompott und Sonntagsgebäck, aber das überraschenderweise nur sonntags. Abends dann die Möglichkeit, sich zwischen dem Wurstteller, Hausmannskost, einem Käseteller, nordischen Happen, einer rustikalen Vespervariation, dem vegetarischen Teller, der leichten Alternative, Käse mal anders und einer Salatschale zu entscheiden. Das Mittagessen muss ich zwischen Vollkostmenü (wieder Standard), Vitalmenü und vegetarischem Menü wählen, auf einer weiteren Seite folgen das Kindermenü Vitalkost, Gastro-6-Menü und auf einer weiteren Schluck-I- und Schluck-II-Menü. Auch ein paar regionale Schmankerl haben Einzug gehalten, ab und zu mal 'ne Bulette, außer bei den Schluck-Menüs. Nur so 'ne richtige Berliner Currywurst fehlt mir – besonders beim vegetarischen Menü.

Während ich auf den ersten Seiten dieses Buchs noch hilflos vor all den Möglichkeiten im Supermarkt stand, will ich mir selbst gegenüber nun lernfähig erscheinen, darum entscheide ich mich. Und zwar schnell. Nach den Gesetzen, die ich gelernt habe: Je komplexer die Entscheidungswelt, desto mehr stehen uns Informationen im Weg. Ich orientiere mich an der «Take the best»-Faustregel, die besagt: Verlasse dich auf einen guten Grund, maximal auf drei, und dann entscheide. Ich spüre den Widerstand der Gewohnheit in mir aufquellen: «du musst doch optimale Entscheidungen treffen,» «Du musst alle Gerichte auf dieser Karte studieren, gewichten, was dir schmeckt und was nicht, am besten noch eine Liste machen, Punkte vergeben und skalieren, in Tabellen eintragen und eine Kurvendiskussion mit der Schwester beginnen. Vielleicht solltest du zudem noch in einer repräsentativen Umfrage sämtliche aktuellen, ehemaligen und zukünftigen Mitpatienten über ihre Erfahrungen mit den jeweiligen Gerichten befragen» – und das alles mit links. Nein, ich muss einsehen, dass das in dieser mehr als ungewissen Welt nichts bringen würde. Ich bin noch immer in einem Krankenhaus und weiß hier in erster Linie, was ich nicht will, nämlich erstens Wurst und Käse, die ich des Übereinanderliegens verdächtige, wie in diesen schmuddeligen Landgasthöfen, in denen man Cappuccino noch standardmäßig mit Sahne aus der Sprühdose bekommt. Zweitens will ich keinesfalls Fleisch, aus Angst, dass das hier so ein Schuhsohlen-Teil sei, das ganz und gar ungenießbar wäre. Da ich nicht nachträglich umbestellen und neu wählen kann, würde ich, sollte das Essen ungenießbar sein, dann hungrig nicht einschlafen können, wenn die Krankenschwester-Aufseher-Wärterin die Zellentür um 21 Uhr schließt. Damit habe ich zwei Gründe für meine Entscheidung – einfache und vorurteilsbehaftete, zugegeben – aber ich habe sie, und so scheint mir die Wahl des vegetarischen Menüs unter den risikoreichen die risikofreieste zu sein.

Wohlgemut diktiere ich der Schwester also meinen Bestellzettel. Im Grunde ist so ein Krankenhaus wie ein Kreuzfahrtschiff: Alle warten den ganzen Tag auf die nächste Mahlzeit und reden in der Zwischenzeit über Krankheiten, es wird viel gespuckt, und in unregelmäßigen Abständen geht einer über Bord. Allerdings hält sich der Service hier sehr in Grenzen, ich muss bis zum übernächsten Tag auf meine vegetarische Kost warten. Man erklärte mir den Fauxpas damit, dass meine Wahl vom Standard (Vollkost, also Fleisch) abweiche und das damit verbundene Einbuchen bis zu 24 Stunden dauern könnte – das erste vegetarische Menü bekäme ich also mit etwas Glück unmittelbar nach meiner Entlassung.

Was sich hier zeigt, ist das schier allgegenwärtige Problem der Standardoption – in diesem Fall die Vollkost. Standardoptionen spielen bei allen unseren Entscheidungen eine große Rolle.

In Deutschland zum Beispiel sind nur rund 10 % der Menschen Organspender. In Frankreich und Österreich sind es 99,9 %. Der Grund: Hierzulande muss sich jeder bewusst entscheiden, Spender zu werden. Die Standardoption bei der Frage «Spender ja oder nein» ist «Nein». In Frankreich und Österreich ist es umgekehrt: Dort ist zunächst einmal jeder Spender, es sei denn, er entscheidet sich bewusst dagegen. Deutschland geht hier insofern einen Sonderweg, als eine sogenannte erweiterte Zustimmungsregelung gilt: Der Eintrag im Organspendeausweis ist maßgeblich. Steht dort nichts, müssen die Angehörigen entscheiden, die auch die Möglichkeit haben zustimmen.

In einem Experiment konnten zwei US-Psychologen zeigen, dass sich nur knapp die Hälfte aller Teilnehmer als Organspender zur Verfügung stellten, wenn sie dies explizit erklären mussten. Sollten sie dagegen ihre Bereitschaft zu spenden aktiv verneinen, behielt die Mehrheit, nämlich über 80 %, den Status als Spender. Die vorgegebene Standardoption ist insofern von hoher Relevanz, als dass wir uns in hohem Maße ihr gemäß verhalten. Menschen sind offensichtlich Lemminge: Solange es uns nicht verdächtig erscheint, machen wir fast immer das, was uns als Standardoption vorgegeben wird. Die existierende Vorgabe scheint also als sinnvolle Empfehlung wahrgenommen zu werden, da sie so gut wie nie geändert wird, auch dann nicht, wenn es relativ leicht möglich wäre.

Vorgegebene Standardoptionen sind ein Beispiel für Entscheidungshilfen in Situationen, in denen Entscheidungen schwierig und komplex sind. Der Staat oder eben: der Krankenhaus-Caterer – dieser Rosinenbomber der Bettlägerigen – gibt Hilfestellung, indem er eine Vorauswahl trifft, die den derzeit gängigen Überzeugungen richtigen Verhaltens entspricht. Es ist eine Möglichkeit, Menschen zu guten Entscheidungen anzustoßen, ohne ihre Freiheit einzuschränken. Man nennt das libertären Paternalismus. Richtig umgesetzt, ist es eine Art Hilfe zur Selbsthilfe. Schlecht umgesetzt, wäre es Paternalismus, platte Bevormundung. Im Fall der Organspende wäre eine Routineentnahme funktionierender Organe nach dem Tod durchaus sinnvoll. Allein mit den so zur Verfügung stehenden Nieren würden Tausende vorzeitiger Todesfälle verhindert. Aber: Diese Regelung widerspricht dem abendländischen Bild vom selbstbestimmten Menschen, der selbst entscheiden können muss, was er wollen soll. Vor diesem Hintergrund bietet die Standardoption eine gute Chance, Entscheidungen zu erleichtern.

Leider lädt unser Umgang mit der Standardoption oft genug zu Missbrauch ein, vor allem im Internet. Sie ist ein Fest für Nepper, Schlepper, Bauernfänger. Einmal habe ich mir ein Programm im Internet heruntergeladen, mit dem ich sämtliche Files dieser Welt in mp3 konvertieren konnte. Die Standardoption hier: Alle Häkchen waren bereits gesetzt. Neun von zehn Häkchen hätten dabei Dinge nach sich gezogen, die ich weder wollte, noch brauchte: automatische Updates, Verknüpfungen, (Anti-) Virenprogramme, Pop-up-Fenster, Installation neuer Suchmaschinen, die mich noch mehr suchen und noch weniger finden lassen würden.

Ähnlich schlimm ist es bei Airlines. Zum Glück hat Nora mir mein Notebook ins Krankenhaus gebracht. So bewege ich mich mit Fünf-Finger-Suchsystem durchs Netz. Das ist Surfen auf dem Niveau eines 28kbit-Modems. Unterwegs als einarmiger Linkshänder mit zwei linken Händen. Ich versuche, meine Laune etwas zu verbessern, indem ich nach Flügen für den nächsten Urlaub suchte.

Auf der Website der Airline Easyjet ist zunächst einmal der Hin- und Rückflug der Standard, nicht Oneway. Das ist ja noch nachvollziehbar. Danach ist die Standardzahlung die «Kreditkarte», die erstens bequemer und zweitens zwischen zwei und zehn EURO teurer ist als das Lastschriftverfahren. Anschließend muss ich für jedes anfallende Gepäckstück zahlen, wofür noch einmal 32 Euro fällig werden, was mir aber zugleich als 50 %-Rabatt verkauft wird – im Gegensatz jedenfalls zu dem Preis, den ich bezahle, wenn ich das Gepäck erst am Flughafen aufgeben möchte. Man verkauft mir also Abzocke als Sparmaßnahme. Bei jeder seriösen Airline sind 20 kg Freigepäck der Standard, ja, mehr noch, es ist ein zur Konvention geronnener Standard. Ihn derart gemein zu unterlaufen ist ein gezielter Versuch, Leute arm zu machen; ihr Hirn so sehr durch den Fleischwolf verdrehter und verkorkster Regularien zu drehen, dass sie am Ende nicht mehr wissen, wie sie heißen. Ob es diese Politik auch hier im Krankenhaus gibt? Wann wird der erste Oberarzt hier auftauchen, der mir einen 50 %-Rabatt verkaufen will, wenn ich mich für einen zusätzlichen PSA-Test entscheide?

Vielleicht gibt es bald die Basic-, Smart- und Flexiorganspende. Basic ist die Niere aus Rumänien, die im gekühlten Handschuhfach im Opel Corsa über die Grenze geschmuggelt wurde, Smart ist die blitzblanke deutsche Niere mit einem alkoholfreien Gratisgetränk dazu. Die Flexispende besteht aus Niere, Leber und Lunge einer wunderschönen amerikanischen Streber-Eliteabsolventin mit einem Body-Mass-Index im Phantasiebereich, die nie geraucht, getrunken und auch sonst nicht gelebt hat. Kostenloser Aus- und Umtausch aller Organe jederzeit möglich.

ALWAYS CHECK SIX – WARUM JEDER GUTE ARZT AUCH PILOT SEIN SOLLTE

Das sind Gedanken, die man hat, wenn man wartet. ja, ich warte schon wieder. Nur: worauf? Auf besseres Wetter? Eine andere Diagnose? Irgendein Ansprechpartner wäre schon mal ein Anfang. Vielleicht auch einer, der mir so etwas wie eine Perspektive bietet. Aber nichts. Keiner da. Weder für mich noch für den Alten neben mir.

Es riecht nach einer Mischung aus totem Fleisch und Plastik und passt sich auf perverse Weise perfekt ein in die Atmosphäre dieses Raums – das Fenster hat keine Gardinen, die Sonne knallt rein, voll auf meinen Zimmergenossen, ein alter Mann, der hier offenbar schon länger endgelagert wird. Er hat sich wohnlich eingerichtet mit seinen Pillen und allerlei Goodies und Gedöns von zu Hause. Er bietet mir Nik Naks und Haribo an. Mit Haribo verbindet mein Gedächtnis jetzt Putzen plus Nagel in der Hand. Haribo ist für immer besetzt, nie mehr werde ich Haribo essen können. Ich erwische mich, wie ich selbst den kognitiven Verzerrungen und Irrtümern verfalle, über die ich mich in diesen Zeilen sonst lustig mache. Verrückte Welt. Ich nehme also die Pickel in Kauf, deren Hervorrufung ich die Nik Naks bezichtige, und greife üppig zu.

Für die Morgenvisite sind die Verbände des Alten abgenommen worden, seine Beine riechen (nicht gut), und die Fenster können wir auch nicht öffnen, nur kippen. Auch wenn hier sonst alles angeblich auf Dialog angelegt ist, wenn es um die Fenster geht, herrscht nach wie vor Paternalismus. Aus Gründen. Wer nur irgendwie könnte, würde hier sonst schnellstmöglich aus dem Fenster springen. Die Widersprüche setzen sich auf allen Ebenen fort. Wer in unser Zimmer kommen will, muss Mundschutz tragen wegen der hohen Infektionsgefahr für den Alten. Zugleich ist die Toilette auf dem Flur. Eine Toilette, die auch Besucher benutzen könnten. Die Infektionsgefahr endet also vor den Toren unseres Zimmers. Für 15 Zimmer, also 30 Betten, gibt es zwei große Badezimmer. Es bilden sich Schlangen von einer Länge, wie ich sie nur vom Apple Store kenne, wenn ein neues iPhone auf den Markt kommt.

Hätte ich noch eine Hand frei, ich würde hier sofort putzen. Mundschutz im Zimmer, aber zusammen aufs Klo. Das ist wie Petting mit Kondom, aber Sex ohne.

Schätzungen zufolge sterben in Deutschland jedes Jahr 17 000 Menschen an vermeidbaren Fehlern in Krankenhäusern – das sind dreimal so viele wie im Straßenverkehr. Wer den Autounfall überlebt, wird spätestens nach der Einlieferung dahingerafft. Mehr als eine halbe Million schwerwiegende Fehler machen Ärzte jedes Jahr in deutschen Kliniken. Laut einem Bericht der Weltgesundheitsorganisation geht jeder zehnte Patient zwar nicht mit der alten Krankheit, dafür aber mit einer neuen nach Hause, für die er nicht einmal privat zuzahlen musste. Schuld ist die negative Fehlerkultur in deutschen Krankenhäusern. Sie fällt überall auf fruchtbaren Boden, wo ein Regiment der Angst vor falschen Entscheidungen herrscht, wo Angst vor Fehlern dominiert und alles getan wird, um einen Fehler auch dann zu verbergen, wenn er doch passiert ist. Paradoxerweise führt gerade diese Fehlerkultur zu mehr statt zu weniger Fehlern.

Eine positive Fehlerkultur herrscht in der Luftfahrt: Hier dürfen Fehler passieren, weil es geschützte Übungsräume gibt. Kritische Situationen werden immer und immer wieder am Simulator geübt. Kliniken, in denen Ärzte schwierige Situationen trainieren können, gibt es dagegen nicht. Außerdem ist der Doktor im Todesfall des Patienten immer fein raus, während Piloten beim Absturz mit ihren Passagieren in einem Boot sitzen. Hinzu kommt, Piloten stehen permanent unter dem Druck der öffentlichen Beobachtung – stürzt eine Maschine ab, werden die Zeitungen prominent berichten. Wenn Patienten an vermeidbaren Fehlern sterben, wird zwar auch darüber geschrieben, aber ins öffentliche Bewusstsein gelangen diese Fälle selten.

In schlechten Fehlerkulturen werden oft gar keine Entscheidungen getroffen. Es herrscht panische Angst vor der Verantwortung. Die Folge sind defensive Entscheidungen. Schuld sind die anderen, aber nicht man selbst. So ist es in erster Linie mangelhafte Teamarbeit, die für Fehler im Klinikalltag sorgt. Häufig handeln Ärzte eher nach persönlichen Vorlieben als nach medizinischen Standards. Von der Luftfahrt können Ärzte dabei in jeder Hinsicht am meisten lernen: «Always check six» heißt es in der Pilotensprache. Ein Pilot muss vor sich (auf zwölf Uhr) nach Feinden und möglichen Fehlerquellen Ausschau halten, genauso aber auch hinter sich (auf sechs Uhr). Übersetzt heißt das: nie blind Routinen hinterherlaufen oder intuitiven Täuschungen erliegen, weil sie naheliegend sind. Stets Skepsis wahren und auch den Blick dahin wagen, wo im ersten Moment niemand Gefahren vermuten würde.

Wäre die Fehlerkultur in der Luftfahrt auf dem Niveau eines durchschnittlichen Klinikums, hätte der große Held der Pilotenszene, Chesley B. Sullenberger, die US-Airways-Maschine im Jahr 2009 nicht notgewassert auf dem Hudson River, er wäre damit direkt ins Empire State Building gekracht.

In einem Krankenhaus in den USA entwickelten Forscher eine Liste mit 50 verschiedenen Punkten für die Notaufnahme. Frage für Frage mussten die Ärzte mit ihren Patienten durchge-

hen, Zwischenergebnisse in den Taschenrechner eintippen und
Summen bilden. Das Ziel: Sie sollten die Wahrscheinlichkeit eines Herzinfarkts genauer einschätzen. Tatsächlich erhöhte sich
die Trefferquote gewaltig. Schnell regte sich Widerstand gegen
die Rechnerei, da sie Zeit kostete und sich die Ärzte von ihrer
Rigidität bevormundet fühlten. So schaffte das Klinikum die
Checkliste wieder ab. Die Entscheidungen der Ärzte aber blieben besser. Der Grund: Die Liste hatte das Denken der Ärzte
verändert. Sie hatten einige Aspekte verinnerlicht und hilfreiche
Abkürzungen im Denken genommen.

DOKTORSPIELCHEN – WENN ARZT UND PATIENT GEMEINSAM ENTSCHEIDEN SOLLEN

Viele Ärzte, insbesondere des Mittelalters, waren auch Philosophen. Man nannte sie Al-Hakim, was «der Weise» bedeutete. Sie hatten vielleicht noch einen Sinn dafür, dass das griechische Wort *pharmakon* in seiner Bedeutung immer zweideutig war: Es bedeutete Gift und Heilmittel. Wer das heute einem Pharmavertreter klarmachen will, wird von ihm direkt mit einer Ladung Tranquilizer zugedröhnt. Der Medizinstudent des 21. Jahrhunderts hat im Rahmen seines Studiums genau 20 Unterrichtsstunden rund ums Thema «Ethik in der Medizin» – das ist so, als wenn ein Automechaniker erst am letzten Tag seiner Ausbildung davon erfährt, dass es Unfälle gibt.

Wenn die großen Denker und Philosophen eine Gemeinsamkeit haben, dann ist es die Fähigkeit, Fragen zu stellen. Diese Wiederbesinnung auf die Qualitäten des Fragens könnte manch ein Problem im Miteinander zwischen Arzt und Patient schnell lösen. Aber diese Zeiten scheinen vorbei zu sein. Das kann erahnen, wer der Spur der Sprache folgt: Das deutsche Wort Arzt kommt vom griechischen Wort *archiatros*, was Oberarzt bedeutet. Das Wort verdrängte eine ältere Bezeichnung für Arzt, nämlich das germanische *lachi*, was «der Besprecher» hieß. Das Wort wanderte, der Besprecher auch. Er zog sich aus den Praxen zurück und überließ dem erkalteten Oberarzt die diagnostische Bühne.

Nach einer halben Ewigkeit kommt doch noch jemand zu

dem, was sie hier Visite nennen. Aber was ist schon Ewigkeit in einem Krankenhaus? Man lässt mich wissen, dass man nicht nur den Nagel aus meiner Hand entfernt habe, man habe sie auch spülen müssen, die Hand hatte sich schon entzündet. Darum hatte ich also diese Gipsschiene, die mich zum Playmobil-Männchen machte.

In vier Tagen soll ich endlich entlassen werden. Aber ich will unbedingt einen Deal, der mir auch gelingt: Aus dem Gips, den ich ab sofort tragen muss, sollte mindestens mein Zeigefinger rausgucken, damit ich tippen kann.

Nur mit dem Daumen alleine bist du nichts, wirklich nichts. Nicht einmal ein Daumenkino ist drin. Der Arzt widerspricht zunächst. Er ist der Erste, von dem ich mich hier ernst genommen fühle. Er macht den Eindruck, als höre er zu, als sei ich mehr als nur eine Nummer. Schließlich bekomme ich doch, was ich will – mit dem deutlichen Hinweis, dass dies nun alleine meine Entscheidung und mein Risiko sei, denn die Hand muss ruhig gehalten werden. Ich und stillhalten? Da kann man auch einem Koalabären das Versprechen abnehmen, dass er doch einfach mal für einen Monat keine Eukalyptussträucher mehr frisst.

Wenn die hier meine Optimierungswerte kennen würden, müsste ich wahrscheinlich eine eidesstattliche Versicherung abgeben, dass ich mich freiwillig ans Bett fessele – und zwar nur mit Daumen und Zeigefinger. Dann habe ich Chancen auf einen Eintrag im Guinness-Buch.

Noch vor 300 Jahren entschied allein die Krankheit, was mit dem Patienten passierte. Der Arzt war eher ein Begleiter, der tat, was zu tun war. Ein Erfüllungsgehilfe des Notwendigen, diktiert von den Gesetzen der Biologie. Im 18. und 19. Jahrhundert wuchs seine Autorität, Fortschritte in der Medizin und neue Medikamente machten ihn zum Halbgott in Weiß, der allein wusste, was für den Patienten richtig war. Die Epoche des bevormundenden Paternalismus brach herein. Erst in den 1970er Jahren trat Fürsorge an die Stelle des Besserwisserischen. Zustimmung nach Aufklärung war das Wort der Stunde.

Dieser Trend hält bis heute an und hat sich sogar radikalisiert. Mitbestimmung ist das Codewort im Wartezimmer der Wahlmöglichkeiten. Ärzte und Patienten sollen gemeinsam entscheiden, wie der richtige Weg für den Patienten aussehen könnte. Partnerschaften statt Hierarchien. Beide Parteien begegnen sich auf Augenhöhe – der Arzt ist dabei Experte für medizinisches Wissen, der Patient Experte für sein persönliches Leben. Erste Studien zeigen, dass die gemeinsame Entscheidung Vorteile für beide Seiten hat: Patienten fühlen sich besser informiert und haben mehr Vertrauen in die getroffene Entscheidung, Ärzte tragen nicht mehr alleine die Verantwortung. So weit, so schön. Mindestens von der Idee her. Aber Zweifel sind angebracht: Vor dem Hintergrund, dass ausführliche Beratung und Gespräche schlecht bis gar nicht bezahlt werden, besteht die Gefahr, dass Patienten einfach nur sich selbst überlassen werden. Dieser Faktor, zusammen mit der miserablen Fehlerkultur in Kliniken und der ärztlichen Angst vor falschen Entscheidungen und Klagen, könnten diese Tendenz verfestigen. Und wer will schon mit einem Menschen auf Augenhöhe diskutieren, der die Gesprächskultur eines niederen Primaten mitbringt.

Hinzu kommt: Das Arzt-Patient-Verhältnis hat ein Gefälle, trotz aller Begegnungsversuche auf Augenhöhe. Das liegt auch daran, dass eine Partei stets bedeutend mehr weiß als die andere. Gemeinsame Entscheidungen sind darum eher ein Minenfeld der Missverständnisse: Vielleicht ist es auch einfach eine halbbewusste Manipulation des Patienten und lediglich der Versuch, ihm das Gefühl der vollkommenen Autonomie zu geben – und danach doch wieder die Standard-Vollkost mit Wurst und Salami zu servieren.

Die neue Gleichberechtigung geht einher mit einem Verständnis des Patienten als Kunden. Auf den ersten Blick wird er nobilitiert zum König, zum Inhaber von Rechten, zur autonom entscheidenden Autorität, dessen Wort gilt. Auf den zweiten Blick wird er vom Sockel gestoßen und zum Dukatenscheißer, der viel abwerfen soll. Ich bin so froh, dass ich nichts am Rücken habe. Ich erinnere mich daran, dass ein großer Eingriff am Rücken Ärzten 20 000 Euro bringt – in etwa so viel wie ein VW Golf, das erklärte Lieblingsauto der Deutschen. Früher war Rückgrat eine Haltung, heute ist es Anatomie. Aber es wird eine Menge Wirbel drum gemacht.

Je mehr Fälle behandelt werden und je schwerer sie sind, desto mehr verdient die Klinik. Und ausschließlich an diesem Ergebnis wird sie gemessen. Nicht an der Zahl der Fehler und nicht am Maß der Zufriedenheit ihrer Patienten. Das ist so, als würde ein amerikanisches Kaffee-Imperium mit einer Meerjungfrau mit zwei Schwänzen im Logo seinen Erfolg allein daran messen, wie viel Becher Muckefuck pro Tag an die koffeinsüchtige Kundschaft gehen, egal, ob die Brühe nach Jauche schmeckt und niemand mehr wiederkommt am nächsten Tag. Die Ökonomisierung der Krankheit begünstigt Fehlentscheidungen. In mehreren Studien konnten Forscher zeigen, dass es einen Zusammenhang zwischen dünner Personaldecke und hoher Fehlerdichte an Kliniken gibt. Die Speerspitze der Patienten-Autonomie sind Patientenverfügungen, in denen der Arzt zu tun hat, was der Patient möchte. Aber die neue Entscheidungsfreiheit ist eine Scheinfreiheit. Der Patient bleibt Abhängiger, Hilfsbedürftiger. Was verlorengeht, ist der Arzt als Anwalt und Berater des Patienten. Der Philosoph Martin Heidegger hoffte noch darauf, dass «die Rettung des Arzttums innerhalb der technischen Welt» gelingen könne – und zwar «zur Befreiung in neue Möglichkeiten»[30].

Die Retter lassen sich offensichtlich Zeit, die neuen Möglichkeiten sind längst da, aber es bleiben, in Heideggers Sinne, einseitig technisch-rechnende. Krankenkassen zahlen den Kliniken einen Festbetrag pro behandelter Krankheit und nicht mehr die Liegezeit. Er lohnt sich nur dann, wenn der Patient das Haus schnell wieder verlässt. So haben sich die durchschnittlichen Aufenthalte in deutschen Kliniken in den letzten zwanzig Jahren auch halbiert. Da Kliniken in Sachen Transparenz in etwa so weit sind wie Nordkorea bei starkem Nebel, können wir nur spekulieren, ob sie ehrenhaft entlassen wurden oder bei geschlossenem Fenster erstickt sind. Oder bei geöffnetem … sagen wir, geflohen sind.

DR. AUSSER HOUSE – VON PHARMAPFEIFEN UND TRANS- PLANTATIONSTRICKSERN

Es spricht viel dafür, dass es in der gesamten medizinischen Sphäre nur einen wirklichen Entscheider gibt: das Geld. Das ließ sich lange ablesen an der Phalanx der Pharmavertreter, die kein Luxushotel scheuten, um den neuesten Quatsch an den Doktor zu bringen. Wer den vollkommenen Absturz der Schulmedizin in die Tiefen der Scharlatanerie miterleben wollte, musste Pharmavertretern bei ihrer Arbeit zuschauen. 16 000 Schwerstkriminelle tingelten im Auftrag der Pillenmafia legal durch Deutschland, machten niedergelassenen Ärzten Geschenke, luden sie zum Essen ein – oder noch dreister: fuhren direkt mit ihnen in den Urlaub. Ziel war es, dass die Ärzte beim nächsten Patienten genau die Medikamente desjenigen Unternehmens verschreiben, mit dem sie im Urlaub waren.

Stellen Sie sich vor, Sie waren in den Ferien in Italien und haben jeden Abend zum Essen einen bestimmten Wein getrunken, der Ihnen schmeckte. Sie haben ihn dort entdeckt. Dann kommen Sie nach Hause und finden zufällig genau diesen Wein in Ihrem Supermarkt. Natürlich werden Sie ihn kaufen, weil Sie gute Erinnerungen mit ihm verbinden. Aus dem gleichen Grund wird er Ihnen schmecken. Genau darum wird er Ihnen wahrscheinlich sogar besser schmecken, als wenn Sie ihn einfach so gefunden hätten. Man nennt diesen Effekt den Halo-Effekt. Der sorgt dafür, dass sich der erste Eindruck, den wir haben, verstärkt, auch wenn wir später Informationen bekommen, die diesen ersten Eindruck in Frage stellen könnten. Der Halo-Effekt ist der Grund, warum verschiedene Zeugen in Ermittlungsverfahren nicht miteinander sprechen dürfen. Die Justiz kann so unvoreingenommene Zeugen davon abhalten, sich gegenseitig zu beeinflussen. Auf genau diese kognitive Verzerrung setzten Pharmaunternehmen. Das ist seit einigen Jahren fast unmöglich, denn seit dem 01. 07. 2014 ist Schluss mit lustig. Ärzte dürfen keine Geschenke mehr annehmen, selbst Kugelschreiber mit Logo sind verboten. Einladungen von Ärzten sind nur noch ohne Partner und Rahmenprogramm möglich. Oder wie man unter Medizinern sagt: Da kannste auch gleich Kassenpatienten behandeln! Was bleibt, ist die Vermutung, dass die Pharmalobby nicht erfindet, finanziert und unterstützt, was heilt, sondern, was das Leid exakt so unerträglich macht, dass es dem Patienten zu gut zum Sterben und zu schlecht zum Leben geht. Das ist ihr bitteres Geschäftsgeheimnis.

Der Gang des Lebens wird zur Störung: Normale Veränderungen durch das Alter werden in den Stand der Krankheit erhoben, um mit ihren Mittelchen das Volk zu vergiften. Schüchterne Menschen sind psychotisch, und akribische Arbeiter haben eine Zwangsstörung, damit sie mit Pillen vollgestopft werden können. Erst wenn auch der letzte Gesunde krank ist, hat der Arzt sein Ziel erreicht. So wie es Apple-Chef Steve Jobs geschafft hat, Bedürfnisse für Technik zu schaffen, die niemand braucht, ist es in der Medizin gelungen, Krankheiten zu erfinden, die keiner braucht, um Medikamente zu verabreichen, die nichts bringen.

Der Interventionismus, die Entscheidung, lieber etwas Falsches zu tun als gar nichts, ist auch die Folge einer Forderung auf Patientenseite. Das Zeitalter der Optimierer kann nicht warten, hat aber Erwartungen – und zwar hohe. Diese müssen erfüllt werden von entschiedenen Handlungen, und seien sie noch so falsch. Optimieren heißt aktiv sein, hyperaktiv, bloß nichts passiv abwarten.

Wer optimale Entscheidungen treffen will, darf vor Eruptionen gesteigerter Hysterie nicht zurückschrecken. Ist mein Blutdruck im oberen normalen Bereich, so gelte ich heute nicht länger als «normoton», was so viel wie normal bedeutet, sondern als «prä-hyperton», was halbkrank bedeutet, obwohl gar keine Symptome vorliegen. Obwohl ich kerngesund bin, liege ich schon bis zu den Lenden auf der Intensivstation.

Es ist bewusste Manipulation des Kunden zur Einschränkung seiner Urteilskraft, die oft tödlich endet: Über 50 000 Patienten sterben jedes Jahr in Kliniken an falschen Medikamenten. Je älter, desto höher die Schluckfrequenz: Obwohl alte Menschen ein Viertel der Bevölkerung ausmachen, nehmen sie zwei Drittel aller verordneten Medikamente. Oft heben sich die Wirkungen gegenseitig auf, oder es gibt Wechselwirkungen, die niemand richtig abschätzen kann.

Hinzu kommt die Krankenkassen-Mafia, der Abou-Chaker-Clan des Gesundheitssystems. Sie erstattet einen viel höheren Satz, wenn der Arzt einen Patienten behandelt, und sei es nur mit einem Nadelstich, als wenn er ihn nur körperlich untersucht. Viele Tests, die Ärzte durchführen, sind weder nützlich noch informativ. Sie sind einfach nur überflüssig.

Aussteiger aus der Pharmabranche berichten, dass neun von zehn Medikamenten von der Privatindustrie entwickelt werden – ohne jede wissenschaftliche Unterstützung. Dabei sind all die Fälle noch gar nicht berücksichtigt, bei denen Entdeckungen nachträglich akademischen Forschungen zugeschrieben wurden, ohne etwas mit ihnen zu tun zu haben. Man nennt das «Flugunterricht für Vögel»[31]. Schon an der Bezeichnung zeigt sich, dass die Medizin von der Luftfahrt noch eine ganze Menge lernen kann.

Der Markt hat das Gesundheitssystem längst in der Mangel, es liegt im Sterben, weil es schon lange keine Luft mehr bekommt. Der US-Bestsellerautor Michael Crichton schreibt in seinem Roman *Next*, der technisch erschlossene und kommerzialisierte Körper ist «das Gold des 21. Jahrhunderts»[32].

Vieles deutet darauf hin, dass er recht hat: Körperteile zirkulieren tatsächlich wie Geld in denselben Bahnen – nur in umgekehrter Richtung. So wandern Organe von Osten nach Westen, von Süden nach Norden, von Jung zu Alt und von Frauen zu Männern. Die ersten spenden sie, die zweiten empfangen sie. Wer nichts hat, wird Organnutte. Verkaufte Körper folgen Macht- und Marktverhältnissen.

Dieser Trend bestätigt sich beim Blick auf Schadensersatzentscheidungen deutscher Gerichte. Frauen bekommen deutlich weniger Geld als Männer, Gleiches gilt für Ältere. Fazit: Je älter und weiblicher, desto weniger Geld im Schadensfall. Noch nie in der Geschichte war der menschliche Körper zugleich so viel und zugleich so wenig wert wie heute. In Rumänien kostet eine weibliche Eizelle 1400 Euro, in den USA bis zu 100 000 Dollar. Beim Kinderhandel zeigen sich ähnliche Zahlen: In Indien kostet ein Baby 14 Euro. Das bedeutet, wenn ich nach einem Wochenende bei mir im Viertel die Pfandflaschen einsammle, kann ich mir in Indien davon ein Kind kaufen. In Guatemala wird es da schon schwieriger. Hier kostet ein Baby 50 000 Dollar, aber nur, sofern es sich als Exportware in die USA empfiehlt. Dazu werden die Kinder den Einheimischen oft gestohlen und von Banden verkauft. Das Kind ist damit Platz drei unter den Exportwaren Guatemalas – nach Kaffee und Zucker. Am Ende des Geldkapitels haben wir gesehen, dass wir ab einem gewissen Betrag kognitiv so überlastet sind, dass wir kapitulieren müssen. Bei der Gesundheit ist es nun ähnlich. An dem neuralgischen Punkt, an dem sich Geld und Medizin auf einer globalen Ebene die Hand rei-

chen, können wir unsere hyperaktiven Duracellhasen-Optimie-
rungsentscheidungen einpacken. Hier wird entschieden und es
ist nicht einmal wirklich zu sagen, was, geschweige denn, wer es
tut. Die Grenzen zwischen Ursache und Wirkung verschwim-
men auf der langen Reise der Körper zwischen Rumänien und
Guatemala.

Den weltweiten Trend, Entscheidungen über menschliches
Leben mit dem Maßband des Finanzkapitalismus zu vermessen,
hat man auch in Deutschland nicht verpasst, obwohl wir hier,
wie es sich gehört, zunächst eine Nummer kleiner einsteigen.

Im Jahr 2012 geriet das Transplantationszentrum der Uni
Göttingen in die Schlagzeilen. Der damalige Leiter der Trans-
plantationschirurgie verstieß bei fast der Hälfte aller Patienten
seiner Ära gegen die Regeln seines Fachs. Eigentlich müssen Alkoholiker sechs Monate trocken sein, bevor sie eine neue Leber
bekommen – anders in Göttingen: Hier bekam ein schwer al-
koholisierter Russe schon zu Beginn seines Entzugs eine galante
Vorzugsbehandlung. Wahrscheinlich weil die Verantwortlichen
wussten: In einen echten Wodkarussen können sie keine Anfän-
gerleber hineinschrauben. Da muss ein Exemplar rein, das schon
gebührend vorgeglüht hat – vielleicht das von Rainer Brüderle,
der braucht ja auch Geld. Das sollte eine Lehre aus Göttingen
sein: Im Sinne der deutschen Volkswirtschaft sollte ein dauerbe-
duselter Wodkarusse mit Plusterleber auch in Zukunft auf einem
vorderen Platz auf der Warteliste stehen, selbst wenn er es nicht
mehr rechtzeitig geschafft hat, auch seine Niere so weit zu ruinieren, dass er sich auf der Liste weiter nach oben hätte schieben
können. Schließlich hat der Russe zuvor noch drei Villen in Ba-
den-Baden gekauft. Allein die Grunderwerbssteuer rechtfertigt
doch hier eine zügige Vorzugsbehandlung.

Das Motiv des Oberarztes in Göttingen war – überraschend
– Geld. Er bekam bis zu 25 % mehr Gehalt, wenn er besonders

OPTIMIERER

Motto:
Nur das Beste ist gut genug!

Selbstkontrollmodus
(Innere Diktatur)

Verachtet sich für Fehler

Selbstoptimierung/
chronische Perfektionsgier

Scheitern an eigenen
Ansprüchen

Angst vor Fehlern wächst
Wachsende Unzufriedenheit

Höheres Depressionsrisiko

**Schlechtere
Entscheidungen**

GELASSENER

Motto: *Was gut genug ist, ist das Beste!*

↓

Selbstregulationsmodus
(Innere Demokratie)

↓

Fehler sind normal und erlaubt

Prinzip: Versuch und Irrtum
Hinfallen und wieder aufstehen

Eigene Ansprüche erfüllen sich

Wachsende Zufriedenheit

Niedriges Depressionsrisiko

✳ ✳ ✳

*Bessere
Entscheidungen*

viele Lebern verpflanzte. Sobald es sich für den Arzt nicht mehr lohnte, ging die Zahl der Transplantationen deutlich zurück.

Chirurgen sind die Künstler unter den Ärzten. Derartige Durststrecken und kreative Fäulnisphasen, in denen so viel Potenzial brachliegt, dürfen nicht sein. Hier muss auch das Klinikumfeld solidarisch unter die Arme greifen: etwa mit dem Aufbau eines sicheren Organhandel-Akquise-Netzwerks helfen. Mitarbeiter, die beim Roten Kreuz oder im ADAC-Hubschrauber mitfliegen, um im Moment des Unfalls die noch brauchbaren Teile aus dem Blech herauszuschrauben. Wo sonst sollen all die Organe herkommen in einem ablebensunwilligen Land, in dem jeder Zweite darauf hofft, dass der Herzschrittmacher auch unter der Erde die Pumpe noch weiter am Leben halten wird?

Die Gutachter des Göttinger Falles wünschten sich für die Zukunft, dass die Kultur einer «verantwortungsvollen Mitarbeiterschaft» gefördert werde. Dass die gute Fee morgen drei Wünsche erfüllt, ist wahrscheinlicher. In der Klinik habe ein Klima steiler Hierarchie, Repression und Angst geherrscht und die Arbeitsmoral: «Wir bieten unseren Reichen Leichen, so lang uns nur die Leichen reichen!»

6. Kapitel
KINDER

fördern

füttern

DIE GUTEN INS TÖPFCHEN

Er betrat den kleinen Raum, in dem es passieren sollte. Er setzte sich auf den Stuhl, der exakt ausgerichtet in der Mitte stand. Er mochte es, wenn sich Menschen beim Interieur Gedanken machten, auch in zwiespältigen Milieus. Er zog sich aus, hängte seine Klamotten über den für sie vorgesehenen Ständer und setzte sich, nur mit Unterhose bekleidet, auf den Stuhl. Neben sich entdeckte er ein Pärchen – und zog sich auch die Unterhose aus. Für einen Moment hatte er das Gefühl, das Paar würde ihn beobachten, ohne ihn anzuschauen. Man hatte es an die Wand gestellt, sie waren ein Bild. Wer malt solche Bilder, fragte er sich. Wenn er das hier hinter sich gebracht hat, wäre er am Ziel.

Als er sich so nackt begutachtete, fand er, dass er sich eigentlich ganz gut gehalten hatte für einen Enddreißiger. Viele Gleichaltrige sahen schlechter aus. Und das, obwohl er wirklich nichts ausgelassen hatte auf dem Weg hierher. Er begann, sich anzufassen, wie nur Männer das tun. Zielgerichtet, schnell und ohne Umwege. Die Frau, die er per Knopfdruck zu sich hatte kommen lassen, war zu allem bereit, sie guckte so, wie Conny, seine Freundin, schon lange nicht mehr geguckt hatte, vielleicht noch nie. Das mit Conny war ein Plan, der nun zu erfüllen war. Darum war er hier. Die Frau vor ihm war perfekt. Aber teuer war sie. 700 Euro hatte er bezahlt für diesen einen Moment, auf den es nun ankam. So geil war sie nun auch wieder nicht, auch wenn sie sich da rekelte wie ein vollendeter feuchter Männertraum. Es dauerte zehn Minuten. Jetzt musste er nur noch treffen. Dann hatte er gewonnen. Wenn nicht, wäre er geliefert. Nach 12 Minuten und 30 Sekunden inklusive An- und Ausziehen verließ er den Raum und überließ die Kleine ihrem Schicksal. Als er sich noch einmal umdrehte, guckte sie grimmig, aber das hatte nichts mit ihm zu tun. Vielleicht war es gut, dass sie sich nur auf einem viel zu alten Fernseher hergegeben hatte, abgetastet von den Laserstrahlen eines DVD-Players.

Olli öffnete mit seinem jungenhaften Grinsen, mit dem er alle und jeden sofort für sich einnehmen konnte, die Tür. Entschieden wie immer, ganz der Deutsch-Geschichte-und-Ethik-Lehrer mit Chancen auf den Posten des stellvertretenden Vizegymnasialdirektors in Urlaubszeiten. Er trat aus der Tür des Samengewinnungsraums und übergab sein Sperma der Krankenschwester, die es später, nach einem Bummel durch die Innenstadt, die diesen Namen nicht verdiente, seiner Freundin Conny injizieren würde. Man hatte ihm gesagt: Die Chance auf ein Kind liege bei maximal 50 %. Mehr sagen sie hier nicht, im Kinderwunschzentrum, aus Angst, die Patienten könnten danach enttäuscht sein. Weniger sagen sie auch nicht, wahrscheinlich, weil sie sonst Gefahr liefen, Kunden zu verlieren. Und verlieren war hier nicht erlaubt in den Räumen der Gewinnung. Kurz hatte Olli überlegt, den Becher an der Rezeption abzugeben mit den Worten: «Nett hier. Aber bei Starbucks hätten sie jetzt meinen Namen draufgeschrieben!» Kurz musste er sich vorstellen, wie es wäre, wenn er bei der Injektion noch einmal laut ausgerufen würde.

Olli und Conny, beide Lehrer, beide irgendwas um Mitte-Ende-Dreißig und beide irgendwie zwischen Mitte-Ende-Fruchtbarkeit – jedenfalls, wenn sie das zusammen durchziehen wollten. Der Grund für seine Anwesenheit im Kinderwunschzentrum war ein lateinisches Wort, das er – um im Wortsinne zu bleiben – verfickt noch mal nicht aussprechen konnte. Irgendwas mit Vari... variierte Zeugungseinschränkung ... nein, veritables Zeugungsverweigerungsrecht ... auch nicht. Jedes Mal, wenn jemand nachfragte, also wirklich nachfragte, musste er wieder

nachgucken. Varikozele, korrigierte ihn Conny dann. Seine Be-
und Einschränkungen kannte sie alle, auch wenn sie Fremdwör-
ter waren. Wenn ich die beiden sah, dachte ich: Wahrscheinlich
hören die sich auch gegenseitig Vokabeln ab.

Varikozele ist eine erweiterte Vene, durch die der Hoden zu
stark durchblutet wird, weswegen das Spermium zu warm und zu
langsam wird, erklärte mir Olli einmal. Wir kannten uns seit der
Schulzeit aus dem Ethikunterricht. Er hatte damals ein Faible für
Nietzsche, den die meisten anderen Kursteilnehmer für ein Ent-
chen hielten. Ich kann seine Spermien verstehen: Wann immer es
irgendwo warm ist, werde ich auch schlagartig müde und schlafe
ein. Sogar unter der Dusche! Darum ist mein Kosename bei Nora
auch Elefant, einfach, weil ich im Stehen wegpennen kann.

Wer sich heute für ein Kind entscheidet und auf natürlichem
Wege keines bekommen kann, hat sehr viele Optionen. Etwa
240 000 Paare finden sich jedes Jahr im Kinderwunschzentrum
ein, um dem Nachwuchs auf die Sprünge zu helfen. Ollis Weg
nennt sich Insemination und ist heute so selbstverständlich, dass
er nicht einmal unter den Begriff der Künstlichen Befruchtung
fällt. Im Zeitalter von ICSI, IVF, ICC und IOC, die alle klingen
wie korrupte Sportkomitees, die in amerikanischen Spionage-
serien als Halunken herhalten müssen, wird die Fortpflanzung
mit einer simplen Spritze nicht einmal besonders erwähnt.

Dabei ist die Insemination so etwas wie die Mutter der künstlichen Befruchtung. Vor rund 100 Jahren schämten sich Ehe-
leute noch für diesen Eingriff. Zum ersten Mal entkoppelten sich
Fortpflanzung und Sex, dieses untrennbare Pärchen der Menschheitsgeschichte, eine Art Barbie und Ken der Generationenstaf-
felstabübergabe.

Damals vögelte sich das Paar einfach die Seele aus dem Leib,
während der Arzt wartete – meist im Nebenzimmer oder im
gleichen Raum, nur durch einen Vorhang getrennt von den Fort-

pflanzungshungrigen. Am Ende versuchte der Arzt so taktvoll wie möglich einzugreifen. Mit einer Spritze saugte er den Samen aus den weiblichen Genitalien oder aus einem Kondom heraus und injizierte sie danach. Ein Arzt hatte eine spezielle Behandlungstechnik: Er goss den Samen in einen Katheter und pustete ihn mit dem Mund in die Gebärmutter. Es ist nicht ganz klar, ob das noch ein medizinischer Eingriff oder schon ein Dreier war.

Wie so vieles, kam der Impuls zur Insemination aus der Tierwelt: Ende des 19. Jahrhunderts fanden Mediziner, dass Pferde und Rinder ihren Samen beim Zeugungsakt unnötig verschleuderten. Dieser Verschwendung wollten sie Einhalt gebieten, indem sie künstliche Befruchtung ausprobierten. Sie hatten Erfolg: Mit einem einzigen Ejakulat konnte der Hengst nun bis zu dreißig Stuten befruchten. Eine Quote, von der selbst Horst Seehofer nur träumen kann.

Da hatte Olli es leichter, wenngleich das Damoklesschwert der vier Buchstaben über ihm schwebte: ICSI. Das war die Drohung, die das Kinderwunschzentrum immer wieder aussprach, sollte es mit der Insemination nicht klappen. Hier wird das Sperma des Mannes direkt in die Eizelle gespritzt. Die Kosten liegen bei rund 3500 Euro, gesetzliche Krankenkassen zahlen die Hälfte – aber nur bei verheirateten Paaren. Die Regelung ist so veraltet, dass man schon Angst bekommen kann, dass der Arzt kurz vor dem Orgasmus noch persönlich im Schlafzimmer vorbeischaut, um den Gewinnersamen mundgeblasen in die Frau zu bringen.

Ausgerechnet die rot-grüne Bundesregierung hat diesen Passus ins Sozialgesetzbuch geschrieben. Vielleicht versucht ja bald eine konservative Regierung, die Ehe aufzulösen. Dann wären die Lager wieder quitt und das Problem aus der Welt. Schätzungen zufolge sind aufgrund dieser Rechtsprechung über 10 000 Kinder in den vergangenen zehn Jahren nicht entstanden.

Über den Schaden der Eingriffe ist wenig bekannt. Zwar ist

der Anteil der Fehlbildungen fast doppelt so hoch wie bei natürlich gezeugten Kindern, was aber vor allem daran liegt, dass die eingeschränkte Fruchtbarkeit von Männern sich bei den Söhnen fortsetzt. Unfruchtbare Väter zeugen unfruchtbare Söhne. Geschäftlich ist das großartig: So zeugen die Kinderwunschzentren ihre eigenen Patienten.

Die Entscheidung für künstliche Befruchtung ist nach wie vor umstritten. In der Angst, das Kind könne in Zukunft kein Geschenk, sondern ein Produkt sein, reichen sich Lager die Hand, die sonst so verfeindet sind wie James Bond und Dr. No. Feministinnen und Kirchenvertreter, Grüne, Ex-Spontis und Konservative wissen sich in trauter Einigkeit, wenn es um die Zweifel an der Zukunft geht.

Jüngst krakeelte die Autorin Sybille Lewitscharoff, die Reproduktionsmedizin sei mit den Kopulationsheimen der Nazis vergleichbar. Im Frühjahr 2014 wurde ihr der renommierte Büchner-Preis verliehen, benannt nach dem großen Schriftsteller des revolutionären Vormärz: «Gott mag den allerdurchlauchtigsten und gesalbten Schafsköpfen gnädig sein; auf der Erde werden sie hoffentlich keine Gnade mehr finden.»

Und man fragte sich: Woher kannte der seine Autorenkollegin Sybille Lewitscharoff? Das intellektuelle Nachtschattengewächs, das in seiner Rede von «abartigen Halbwesen aus der Retorte» und von «der Weisheit des Onanieverbots» sprach. Das war nicht Vormärz, das war geistiger Spätherbst.

Wahrscheinlich war Frau Lewitscharoff einfach nur das Ergebnis einer intellektuellen künstlichen Befruchtung durch Kardinal Meisner bei gleichzeitiger geistiger Samenspende durch Zeugen Jehovas und andere Sekten-Knalltüten.

Oder um es mit Georg Büchner zu sagen: «Adieu, mein Freund! Die Guillotine ist der beste Arzt.»

ICE ICE BABY – VON DER ABSCHAFFUNG DER WECHSELJAHRE

Conny hatte davon im Radio gehört, als sie mit dem Auto durch München fuhr. Es war Rushhour und sie auf dem Weg zu einer Fortbildung im Stress, da sagte ihr plötzlich die Stimme von Jack Nicholson die Sätze: «Bewahren Sie Ihre Fruchtbarkeit. Bestimmen Sie den passenden Zeitpunkt für Ihren Kinderwunsch von nun an selbst.» Das war in etwa so passend, wie wenn David Hasselhoff einen Werbespot für die Anonymen Alkoholiker drehen würde. Es war der Spot eines Kinderwunschzentrums in München, der da morgens aus den alten Boxen von Connys Auto kroch und Frauen zum Social Freezing aufrief. Anfangs dachte Conny: Social Freezing – das ist gezieltes Auf-Eis-Legen von nervigen Facebook-Freunden durch Blocken ihrer Accounts. Aber nein, es ist das Einfrieren von Eizellen. Eine Art Gebärchance für Frauen, die über dem ganzen Social networking das Real Kindermaching vergessen haben. Oder sich den Stress mit den Männern und ihren Produktionsbedingungen einfach ersparen wollen.

Vor einer künstlichen Befruchtung muss jedes Paar nachweisen, dass es ein Jahr lang regelmäßig versucht hat, Kinder zu kriegen, so steht es in den Statuten. Ich bin sicher, zum Zwecke der Transparenz wird bald eine Videobeweispflicht eingeführt. Da hat Social Freezing eine neue Qualität: Es ist eine Entscheidung von Frauen, die noch gar nicht versucht haben, Kinder zu kriegen. 2000 Euro pro Zyklus kostet der Spaß, hinzu kommen Medikamente von bis zu 1000 Euro und die Gebühr für die Lagerung von

240 Euro im Jahr. Je mehr Zyklen eine Frau für die Produktion der zum Einfrieren empfohlenen 20 Zellen braucht, desto teurer wird es. Embryos on the rocks haben eben ihren Preis.

Rechtlich ist das alles o.k., es gilt: Meine Eizelle gehört mir. Befruchtete Keimlinge sind rechtlich nicht geschützt, nur befruchtete Eizellen. Nora hält das für ziemlichen Schwachsinn. «Lifestyle-Medizin für Unentschiedene ist das, die einfach nicht wissen, was sie wollen, und alles auf einen immer noch optimaleren Zeitpunkt verschieben wollen, der aber so optimal sein muss, dass er darum nie eintreten wird.» Ich finde diese Entwicklung ernsthaft großartig. Das ist ein riesiger Schritt in Sachen Selbstbestimmung, eine neue Möglichkeit der freien Entscheidung. Endlich stehen Frauen auch in Sachen Biologie uns Männern in nichts mehr nach. Entspannung auf der Lebensautobahn zwischen 20 und 40. «Bald könnt ihr die Wechseljahre abschaffen!», sage ich Nora, die mich anguckt, als wolle ich sie in Frauenklamotten verführen.

Eine Evolution, die Frauen noch immer mit ihren verkorksten alten Mustern mit Anfang 40 ausbremst, hat nur *social freezing* verdient. Die Menopause bei einer Frau kommt im Schnitt heute vier Jahre später als zur Mitte des 19. Jahrhunderts. Vier Jahre in 150 Jahren, das ist eine verdammt schlechte Quote. Vor 150 Jahren wäre ich mit meinen 34 Lenzen spätestens bei diesen Zeilen tot vom Stuhl gefallen. Nora hätte noch drei Jahre gehabt, und dann wäre auch bei ihr der Ofen aus gewesen. Kinder, die heute zur Welt kommen, haben eine durchschnittliche Lebenserwartung von 82 Jahren. Das macht 45 Jahre mehr Leben in 150 Jahren, aber nur vier Jahre mehr bis zur Menopause. Überall haben die Geschäfte bis 20 Uhr oder länger geöffnet, nur der feine Bioladen von Mutter Natur macht Miese, weil er leider schon am späten Vormittag die Schotten dichtmacht.

Verboten ist in Deutschland die Eizellspende, eine Art Leihmutterschaft light. Die Eierstöcke einer Spenderin werden mit Medikamenten stimuliert, die gereiften Eizellen anschließend unter Narkose entnommen, mit Sperma befruchtet und der Mutter eingesetzt. Tausende Pärchen fahren jedes Jahr über die Grenze nach Tschechien oder bis Spanien, um nach erfolglosen Inseminationen und In-vitro-Fertilisationen endlich durch Eizellspende ein Kind bekommen zu können. In Tschechien kostet die Prozedur 4000 Euro, in Spanien das Doppelte. Je ärmer das Land, desto niedriger der Eizellenpreis: In Rumänien liegt er zwischen 100 US-Dollar und 1400 Euro, in den USA dagegen werden bis zu 50000 Dollar bezahlt, wenn die Zelle von einer attraktiven Abgängerin einer Elitekaderschmiede kommt. Zwar hat das Ethikkomitee der Amerikanischen Gesellschaft für Reproduktionsmedizin festgelegt, dass nur Honorare bis 5000 Dollar ethisch zu rechtfertigen seien, zugleich aber gibt es an Eliteunis offensive Aufrufe an junge Frauen zu Eizellspenden. Was juckt es den stolzen Wirtschaftskreislauf, wenn sich ein Ethikkomitee an ihr reibt? Die meistgestellte Frage von Frauen aus Deutschland lautet denn tatsächlich auch: Ist die Spenderin gesund, und hat sie einen Hochschulabschluss? Einige fragen nach Zwillingen, türkische Paare nach einem Jungen. Geschlechtswahl ist aber auch in Tschechien verboten. Noch!

In den Vereinigten Staaten ist es vor wenigen Jahren gelungen, bei der Besamung von Rindern das erwünschte Geschlecht herzustellen. Dabei haben Forscher den Samen des Milchbullen so behandelt, dass er hauptsächlich weibliche Kälber erzeugte. Durch das «sortierte Sperma» ist es jetzt möglich, 90 % mehr weibliche Junge zu züchten. Die Folge war eine heillose Überproduktion von Milch. Ein Fertilitätsinstitut in Washington prüft schon, ob sich die Methode auf den Menschen übertragen lässt.

Sollte das gelingen, wäre eine Überproduktion von menschlichen Kühen dabei eher unwahrscheinlich. Umfragen haben ergeben, dass die Nachfrage nach Söhnen hier deutlich größer ist, vor allem unter Republikanern in den USA. Man möchte nicht wissen, was nach gefühlten 16 Jahren Merkel unter CDU/CSU-Östrogenknechten herauskommen würde.

Wer fremden Samen einpflanzt, ist normal, wer sich eine Eizelle spenden lässt, steht mit einem Bein für drei Jahre im Knast. Die genetische und die biologische Mutter müssen eine Person sein, heißt es. Beim Vater ist das offenbar nicht so entscheidend. Was schließen wir daraus? Die Mutter ist die wichtigere Person, beim Vater kommt es nicht so sehr darauf an. Die Samenspende des Mannes ist ja auch eher ein Spaß: Er darf sich zehn schöne Minuten mit Heftchen machen, die er zu Hause verstecken muss, und darf Filmchen gucken, die er sonst unter dem Risiko einer Vireninfektion von dubiosen Pornoseiten runterladen muss. Samenspende ist betreutes Wichsen, und am Ende ist der Samen im Eimer.

Eine Eizellspende dagegen gefährdet das Wohl der Spenderin. Die Frau bekommt Hormone, die den Bauch aufschwemmen und zu Stimmungsschwankungen führen können. Olli sagt immer: Letzteres schaffen die meisten Frauen auch ohne Spende. Außerdem besteht Kommerzangst: Spenderinnen könnten in finanziellen Notlagen ihre Gesundheit aufs Spiel setzen.

Diese Angst wirkt schon fast niedlich vor dem Hintergrund der Science-Fiction-Wirklichkeit, in der wir global leben. Das optimale Kind könnte schon bald eines sein, das sich ein Paar wie beim Hausbau vom Wunschzentrum zeigen lässt, alles ist wählbar, alles ist kombinierbar. Augen- und Haarfarbe, Größe, Geschlecht. Und nur die entscheidungsschwachen Fertighausbesitzer nageln in den eigenen vier Wänden ein Fertigkind zusammen. Die Standardoption fristete dann nur noch ein elendes Dasein als Fluchtpunkt für phantasielose LBS-Bausparer.

KEVIN ALLEIN ZU HAUS – VON RICHTIGEN ENTSCHEIDUNGEN UND FALSCHEN NAMEN

Samstagnachmittag. Die Feiergemeinde hatte sich in Schale geschmissen, die Glocken läuteten, alles schien gut. Noch verbargen die Festgäste den eigentlichen Anlass des Zusammentreffens dezent hinter Schlips, Krawatte, Fliege und Kleidchen. Die kirchliche Trauung eines Paares wirkt immer ein wenig wie ein Vorspiel zur rauschenden Party danach, Ouvertüre der Ekstase im Gewand der Konventionen. Wer das Feierliche nicht ehrt, ist der Party nicht wert.

Was die Gäste heute erwartete, war eine Fete mit gebremstem Schaum, denn Conny war am Tag der Hochzeit schon im fünften Monat schwanger. Es war eine besondere Trau(er)feier, auf der sie bestanden hatte: sie katholisch, er Atheist. Sie aus gutbürgerlichem Hause, er aus einer Künstlerfamilie. Eine Hochzeit, zwei Welten. Schnell schloss ich mit Nora Wetten ab, welche Gäste zur Braut und welche zum Bräutigam gehören könnten. Ich meinte, man müsste es schon an Äußerlichkeiten erkennen. Lange hatten Olli und Conny nach einem katholischen Pastor gesucht, der sich trauen würde, sie zu trauen, obwohl Olli nicht in dieser Kirche war und auch nicht in sie eintreten würde, wie er gerne bei Gott geschworen hätte, wenn er nur an ihn geglaubt hätte. Nach ausgiebiger Recherche fanden sie also, was keiner für möglich gehalten hätte: einen offenbar vom Heiden gebissenen und mit Weltoffenheit infizierten katholischen Priester, der sie miteinander verheiratete. Diese sakralen Spanks unter der Kutte nahmen mich sofort für ihn ein. Doch schon nach wenigen Worten war ich ernüchtert: Schnell schien der Pastor ein gut eingespieltes Programm schlecht abzuspulen: Er sprach von dem notwendigen Dritten in einer Ehe, von dem Dritten, der die zwei erst ganz mache. So recht habe ich das Geschwurbel nicht verstanden. Eine Weile lang war ich auch nicht sicher, oder ob er dem Paar einen gemeinsamen Geliebten anempfehlen wollte, vielleicht einen Inseminations-Doc aus dem 19. Jahrhundert.

Was der Meister sagen wollte, war: Wer «nur» zu zweit ist, neigt dazu, sich selbst im Spiegel des anderen selbst zu begaffen und wie Narziss irgendwann in sich selbst zu ersaufen. Wer mehr haben will als das permanente selbstverliebte Geblubber und jahrmarktgleiche Karussellfahren um die eigene Unbeweglichkeit, muss sich fortpflanzen. Das war auch Ollis Gedanke: Nur nicht so enden wie die ganzen Kinderlosen, die ihr Leben lang im ölig-versifften Badewasser der Vergangenheit planschten, eingekesselt von dieser Weltfremdheit des In-den-Tag-hinein-und-nicht-wieder-hinaus-Lebens, diesem Versacken in der Tristesse des Immergleichen.

Der Laienprediger plapperte vor sich hin wie ein schlechter Clown, der noch einmal am Nasenring durch die Manege gezogen wird, während die Zuschauer im Zelt längst weggedämmert sind. Olli ließ seinen Blick über Connys Bauch wandern und musste sich erneut vergegenwärtigen, dass das wohl nun das Leben sei, das seine nächsten zwanzig, nein, wenn er an sich selbst dachte, eher dreißig Jahre bestimmen würde. Da war das Wesen drin, das die Regeln aufstellen würde, um sie anschließend selbst zu brechen, das alles beherrschen würde mit seinen Lüsten und Launen.

Es war Connys Wunsch, dieses Kind, sie hatte die Daumenschrauben angezogen. Olli war zeitlebens ein Aufschieber, dabei aber immer entschieden: Er wusste genau, was er wollte, es änderte sich nur ständig. Reisen, Neuseeland und Australien, später Südafrika und Tansania. Wirkliches Reisen, nicht Tourist spielen. Die Welt sehen, eine Ausbildung, anschließend ein spätes Studium, dann irgendwann Lehrer. Als Olli anfing zu arbeiten, bereiteten sich viele aus seinem Jahrgang schon auf die Frühpensionierung vor. Es gibt Menschen, deren Tage müssen dreimal so lang sein wie die der anderen, es passt dreimal so viel rein, und es kommt scheinbar auch dreimal so viel raus – und trotzdem kriegen sie das gebacken. Ihre Uhren ticken anders, langsamer vielleicht, in einem Rhythmus, der den Zeitgenossen gespenstisch unmusikalisch vorkommen muss. Aber es kommt der Moment, da holt auch diese Leute die echte Zeit ein, und sie hören das Ticken der Echtzeituhr, in Stunden, Minuten und Sekunden, die Endlichkeitsuhr der Masse, die Entscheidungen fordert wie der Richter den Schuldbeweis des Verdächtigen vom Staatsanwalt.

So war Olli also in diese Stromschnelle des Lebens geraten und bemühte sich, mitzuhalten, ohne von ihr fortgerissen zu werden. Weniges ging schnell, vieles dauerte, war das Ergebnis von Sanktionsdrohungen und Stellungskriegen. Am meisten Stress machten Namen in all ihren Variationen. Der gemeinsame Nachname (beide behalten den eigenen), also eine Gemeinsamkeit in der Ungemeinsamkeit, war sein Wunsch, aber nur, weil sie seinen Nachnamen partout nicht wollte und er ihren nicht; der Nachname des Kindes (ihrer) war ihre Bedingung. Allem ging eine lange Diskussion voran, nichts war klar, eindeutig oder selbstverständlich. Alles ein Ergebnis langwieriger und nur bedingt humoristischer Frotzeleien.

Noch länger ging es beim Kindsvornamen. Lea war Connys Wunsch, da sie gelesen hatte, dass der Name intelligent wirkt. Psychologen konnten zeigen, dass Menschen mit modernen Vornamen auch jünger geschätzt wurden – und wer jünger geschätzt wird, wird zugleich als intelligenter wahrgenommen.

Der Halo-Effekt, diese Urteilsverzerrung, die uns auch glauben lässt, dass ein Mensch ehrlich ist, weil wir ihn großzügig erlebt haben, ist auch hier als täuschendes Moment unserer Intuition im Spiel. Eine Elfriede etwa, von der Probanden nichts als ihren Vornamen wussten, erschien ihnen als dumm. Wenn natürlich Elfriede zum Zeitpunkt von Leas Einschulung der Modename wäre, dann wären Olli und Conny quasi der Horst. Selbst Lehrer fallen hier ihrer falschen Intuition zum Opfer: Eine Studie unter Grundschullehrern ergab, dass Justin, Marvin, Mandy, Angelina, Chantal und Kevin per se unter Bildungsferneverdacht standen. Nicht einmal Justin Bieber kann hier noch etwas ausrichten. Auch Marvin Gaye ist machtlos, der Sänger von *Sexual Healing*, diesem Heißmacher aus Zeiten, in denen Petting noch Vorspiel war und nicht eine Sicherheitskontrolle am Flughafen. Besonders schwer haben es die Kevins, sie gelten als verhaltensauffällig und leistungsschwach.

Als schlau und aus wohlhabenden Verhältnissen stammend, gilt Maximilian, was für mich immer noch nach einem korruptverkorksten Schwippschwager der Franz-Josef-Strauß-Dynastie klingt und damit nach bayerischer Volkstümlichkeit, in der die Frauenquote schon erfüllt ist, wenn die eigene Ehefrau im Abgeordnetenbüro beschäftigt ist.

Olli wollte anfangs eine Anna, dann eine Anna-Lena, während Conny alles mit Anna ablehnte, Lena aber mochte, zumindest vor Lena Meyer-Landrut, was aber jetzt auch zu spät war, denn Lena, also Meyer-Landrut, war nun mal da und nicht rückgängig zu machen, der Vorname ihrer Tochter aber schon. So kam Olli auf die so einfache wie großartige Idee, einfach einen Buchstaben mit einem echten Killer aus der 8b aus Lena herauszukillern, und schon war man bei Lea. Marie, der zweite Vorname, war schnell gewählt, einfach, weil Maria, was phonetisch ganz prächtig an Lea angedockt hätte und Connys Wunsch gewesen war, von Olli abgelehnt wurde mit der Begründung, eine Maria im Haus sei der erste Schritt zum Kircheneintritt.

Nun also final und zuallerletzt Lea-Marie. Das klingt nach einer Kunstkarriere, ist aber eher der Unfähigkeit geschuldet, sich auf einen einzigen gemeinsamen Namen zu einigen. Olli meinte, das sei eine gute Vorbereitung auf die Zeit nach der Scheidung, dann könnten ja beide das Kind mit ihrem Lieblingsnamen rufen. Wenn ein Kind sich früh an zwei verschiedene Vornamen gewöhnen müsse, sei das schließlich eine Form frühkindlicher bilingualer Erziehung.

Olli hätte sich mit dem Namen seiner Tochter auch Zeit lassen können, so, wie er sich mit dem Rest seines Lebens auch Zeit gelassen hatte. Viele Jahre hatte er überlegt, wie er seine Aufschieberitis bekämpfen könnte. Was er tun könnte, um diesen vielleicht schlimmsten Entscheidungshemmschuh endlich abzuschütteln.

Der Mensch braucht Druck – am besten von außen. War Olli also nur eine Marionette von Connys Willen? Warum hatte sie nicht auf Jack Nicholson gehört und war schnell rechts rangefahren zum Einfrieren? War sie der Dozent und er der Kursteilnehmer von Kurs 2, der nun brav auf Deadlines hinarbeitete?

Auch wenn es biologischer Bullshit ist: Späte Elternschaft hat fast nur Vorteile, das wusste Olli. Studien von Soziologen zeigen, je gefestigter Mütter und Väter sind und fühlen, desto stabiler sind Wissen und Werte, die sie weitergeben. Sie werden von ihren Kindern als besonders unterstützend wahrgenommen. Sie sind seltener Optimierer und häufiger Gelassene. Reproduktionsmediziner sagen, fast die Hälfte aller kinderlosen Paare zwischen 40 und 50 sind es nur deshalb, weil sie zu lange gewartet haben und sich nicht entscheiden konnten.

Warum schieben wir heute die Wahl für oder gegen Kinder so weit hinaus? Zur Rushhour ist einfach zu viel los. Das gilt für echte Autobahnen genauso wie für die des wirklichen Lebens. Alle wollen gleichzeitig nach Hause, alle wollen pünktlich zum Essen am Tisch sitzen. Wer zu spät kommt, isst kalt. So entsteht Stau, nur ein paar ganz Mutige wechseln andauernd die Spur und kommen auch nicht wirklich schneller ans Ziel. Und wer über den Standstreifen fährt, hat erst recht verloren, genau wie die Drängler, die spätestens bei Reisverschluss-Verfahren an der Baustelle sowieso keiner mehr reinlässt.

Man kann nicht alles auf einmal haben, drum entscheiden wir uns erst einmal für einen sicheren Job. Mindestens ein Elternteil sollte über ein Einkommen verfügen, das die Familie auch ernähren kann, sagt eine Mehrheit. Wieder einmal sind hier die Frauen auf der Überholspur und müssen regelmäßig warten, wenn sie mit den Männern Kolonne fahren wollen: Mehr als ein Drittel aller 25-jährigen Kerle wohnt noch bei Mama und zeigt dort, was ein echter Mann ist, indem sie knallhart entscheiden, welche Musik am Mittagstisch gehört wird: «Solange ich meine Beine unter deinen Tisch strecke, kommt André Rieu nicht ins Haus!»

Später haben die meisten Männer wenig Lust auf Elternzeit. Ein Drittel aller Väter nimmt das Angebot an und bleibt im Schnitt drei Monate zu Hause. Hinzu kommt: Gerade für Frauen ist das Kind ein ganz klarer Karrierekiller. In einer Arbeitswelt, in der Präsenz mit Output gleichgesetzt wird, sind sie nahezu chancenlos. Frauen, die Teilzeitmodelle in Anspruch nehmen wollen, müssen mit Karrierenachteilen rechnen. Männer, die Elternzeit einfordern, ergeht es noch schlimmer. Ollis Chefin, die Schuldirektorin, stellte in Frage, ob er seine Wunschklassen weiter unterrichten dürfe, als er sagte, dass er aufgrund von Elternzeit erst sechs Wochen später ins Schuljahr zurückkehren werde. Wer der Religion der Arbeit abschwört und den Evangelikalen des Erwerbs den Rücken kehren will, muss mit drakonischen

Strafen und Verfolgung in Form von Degradierung nicht unter einem Jahr rechnen.

Die wirtschaftlichen Rahmenbedingungen machen auch wenig Hoffnung. All die politischen Noteinsätze der Politik – wie Elterngeld und Rechte auf Kitaplätze ab dem ersten Lebensjahr – haben nur sehr bedingt mehr Kinder zur Welt kommen lassen. Deutschland liegt im europäischen Vergleich auf den hintersten Rängen in Sachen Fortpflanzung: Nach uns kommen nur noch Ungarn, Andorra, Bosnien und Herzegowina und Lettland. Beim Blick nach oben finden wir naturgemäß die nordeuropäischen Länder: Island, Irland, Frankreich und die Türkei. Wenn Sie jetzt sagen: «Als ich zuletzt in der Türkei war, da war die im Süden und nicht im Norden!» Dann sage ich: Irrtum, Euer Ehren! Wenn man den Bestsellerlisten glauben darf, kommen die ganzen Kopftuchmädchen größtenteils in Neukölln zur Welt und nicht in Istanbul.

In Frankreich sehen Forscher die Fortpflanzungsfreudigkeit in erster Linie in der gelungenen Vereinbarkeit von Familie und Beruf, Kind und Karriere und diesem Evergreen der Kinderdebatte. Viele Berufstätige in Deutschland wären schon froh, sie würden wenigstens Beruf und Karriere unter einen Hut bringen. Die Vereinbarkeit von Familie und Beruf ist das «Radio Gaga» der Geschlechterdiskussionen. Keiner kann es mehr hören, aber alle applaudieren.

Was ist also dran an der Vereinbarkeit als Grundlage von Kinderentscheidungen? In einer Studie fanden Forscher folgendes heraus: In Eupen und Malmedy, der Region Belgiens, in der deutsch gesprochen und deutsches Fernsehen geguckt wird, bekamen Frauen im Schnitt so viele Kinder wie die Belgier, nämlich 1,8 und nicht 1,4 wie die Deutschen. Wahrscheinlich vor allem deshalb, weil es hier gute Betreuung schon für die ganz Kleinen gibt. Insbesondere bekamen die Mütter hier häufiger ein drittes Kind. Das ist die Entscheidung, die vielen deutschen Paaren am schwersten fällt. Das Statistische Bundesamt, dieser Vatikan der Zahlen, sagt: Ein drittes Kind erhöht das Armutsrisiko eklatant. Es ist in etwa so gefährlich wie eine schwere Krankheit oder ein fehlender Berufsabschluss. Das dritte Kind ist das verflixte siebte Jahr der Fortpflanzung, eine Art Ejaculatio praecox der Verarmung.

Olli hatte sich lange an ein Leben ohne Kinder gewöhnt, er konnte sich mit dieser Idee sogar anfreunden, ganz ohne Probleme. Als Mann ist das auch leichter. Eine Entscheidung gegen Kinder ist noch immer ein Frauenproblem. Kein Mann muss sich fragen lassen, warum er keine Kinder hat. Er gilt als Junggeselle, Freigeist, entschiedener Lonesome Rider, Lebenskünstler oder freigeistiger lonesome Lebenskünstlerrider. Vielleicht hat er auch einfach noch nicht die Richtige gefunden. Wenn er nicht vollkommen spackig auftritt, zieht er Aufmerksamkeit und Interesse auf sich. Wenn er Glück hat, wird man ihn fragen, welche spannenden Stämme er zuletzt bereist habe? Die Tibetaner oder die Taliban? Und ob er nicht vielleicht bald darüber schreiben wolle, er schreibe doch sicher, er wirke wie einer, der schreiben soll, ja schreiben.

Man könnte diesen Kerl natürlich fragen, ob er sich nicht entscheiden könne, ob er ein Bindungsproblem habe, ob er schon mal ein Spermiogramm habe machen lassen, man könnte ihm unstetes Leben vorwerfen, ganz abgesehen von der ganzen Sülze von wegen Rentenkasse, Generationenvertrag, unter dem er seine Unterschrift ja offensichtlich verweigere! Hat er vielleicht eine Rechtschreibschwäche, oder was ist da los? All diese Vermutungen sind verquer, vorgestrig und insgesamt reichlich behämmert, aber man könnte sie vorbringen. Das tut nur keiner. Man spricht ja auch nur vom Altweibersommer, nicht aber vom Altgockelsommer.

Die volle Breitseite kriegen stattdessen die Frauen ab. Sie sind in der Beweispflicht, normal zu sein, auch ohne Kind. Sie müssen beweisen, dass sie nicht schwer einen an der Klatsche haben, wenn da nicht mal langsam ein Braten in die Röhre kommt und nach neun Monaten geworfen wird. Schon die Schiefe des Bildes zeigt die Schräglage der Wahrnehmung. Prüde? Frigide? Schwierig? Bekloppt? Flittchen? Jawoll, alles auf einmal. Eine Frau ohne Kind, da nimmt der Mann schnell mal Reißaus, es sei denn, er sieht die Chance zur schnellen Triebabfuhr ohne Konsequenzen, dann könnte doch noch was gehen.

Wenn Sie mal was Verrücktes machen wollen: Fragen Sie doch mal sämtliche Freunde und Kollegen, die Kinder wollen oder schwanger sind: «Warum das denn?» «Woher kommt das nur?» «Mein Gott, bist du sicher?» «Meinst du nicht, da kommt noch jemand Besseres?» «Vielleicht hast du die Richtige ja noch gar nicht gefunden?» Die Reaktionen fotografieren Sie bitte und schicken sie direkt an mich.

OHNE ROHMILCHKÄSE UND GARANTIERT GLUTENFREI – NOTIZEN AUS DER OPTIMALEN KINDHEIT

Der Neunjährige wollte nur ein Abenteuer erleben. Die Mutter ließ ihn allein in einem Kaufhaus in New York zurück. Allein, ausgestattet nur mit Geld, Handy und einem U-Bahn-Plan. Sie war vorher oft mit ihm U-Bahn gefahren, er kannte sich aus und konnte alleine entscheiden, welchen Fremden er vertrauen konnte und welchen nicht. Er wusste, wie man sich selbständig zurechtfindet. Nach einer dreiviertel Stunde kam er begeistert zu Hause an, voller Stolz, was er geschafft hatte. Die Mutter wurde danach zur «schlechtesten Mutter der Welt» gekürt und hat heute eine eigene Fernsehshow in den USA.

«So nicht!», hatte Conny ausgerufen, als sie, gerade frisch inseminiert und beglückt von geglückter Schwangerschaft, von dieser Geschichte hörte. «Unverantwortlich, nicht lustig und überhaupt mit nichts zu rechtfertigen. Ein Glücksfall, dass das Kind überhaupt noch lebt!», kickte sie Ollis kindliche Begeisterung für coole Erziehungsmethoden auf direktem Weg in die hinter ihm stehende Bücherwand. Wenn das der Grund sei, eine Fernsehshow zu kriegen, könne sie auch eine bekommen, sagte Conny, worauf Olli erwiderte, dann müsse sie aber erst einmal alleine U-Bahn fahren. Das war eine schöne Pointe, eigentlich eine doppelte, da in der 20 000-Seelen-Gemeinde, in der sie sich niedergelassen hatten, das einzige Abenteuer darin bestand, 30 Minuten auf den nächsten Bus zu warten.

Conny brachte eine Stimmung der latenten Verkrampfung ins sonst so kuschelige Heim. Olli konnte das beileibe nicht mehr allein auf die hormonellen Verirrungen einer spätgebärenden Frühschwangeren zurückführen. Dieses eine Kind musste nun auch ein optimales werden. Conny hatte ihr Leben ganz auf dieses Kind ausgerichtet: Einmal hatte er Rohmilchkäse mitgebracht, da hatte sie ihn angeguckt, als wolle er sie und das Kind töten. Auch sonst lebte sie wie eine Nonne: kein Tropfen Kaffee. Keine Aufregung. Wirklich gar keine. Wenn sie auf der Straße sah, wie jemand unter freiem Himmel eine Zigarette ansteckte, wechselte sie die Straßenseite. War sie dem Süchtling näher als fünf Meter gekommen, drohte sie mit Anzeige wegen Kindesmissbrauchs. Zu Hause hörte sie nur noch Bach für Babys, schon Beethoven und Tschaikowsky wären zu heftig, von Wagner ganz abgesehen, diesem Führerkomponisten. Olli meinte, ein paar Takte Parsifal würden nicht schaden als Vorbereitung für eine «Führer-light»-Karriere als Konzernlenker oder Parteivorsitzender.

Conny war auf dem besten Weg zur Helikopter-Mama. So nennt man diese überbehütenden Eltern, in deren Mitte Conny offenbar eine große Karriere anstrebte. Ich finde diesen Begriff falsch. Helikopter sind sehr laute Fluggeräte. Schon im Anflug nimmt man ihre Rotorblätter wahr, sie klingen nach Krieg und lauter Überwachung. Wenn der Heli kommt, hört ihn das geschulte Ohr schon drei Tage vorher. Jeder halbwegs professionalisierte Schwerverbrecher kann sich noch in aller Ruhe eine Höhle im Wald buddeln, ehe der Helikopter wirklich über ihm kreist. Ich nenne Eltern wie Conny «NSA-Eltern». Sie überwachen ihre Kinder wie ein Geheimdienst, folgen ihnen auf Schritt und Tritt, sie sind Detektive des Gutmeinens, stille Ermittler auf den Pfaden der optimalen Kindheitsentscheidungen. Sie sehen alles, wissen alles und sind darum die größte Gefahr für die Zukunft ihrer eigenen Brut: Indem sie alles wissen, verhindern sie, dass die vorgeblich Geschützten lernen, selbst zu entscheiden. Letztlich schützen sie, genau wie die echte NSA, niemanden außer sich selbst und ihre himmelschreienden Neurosen.

Schon die Schwangerschaft erlebte Conny als Phase der kompletten Lebensentwöhnung, der Askese und des Verzichts. Nur in einem Bereich konnte sie nicht genug kriegen: Süßigkeiten und Voruntersuchungen. Für einige Monate gab sie die Drohnenkamera an die bildgebenden Verfahren der Medizin ab.

Dank ihres Alters hatte sie den Sonderstatus «Risikoschwangere». Schon allein deshalb hatte sie Anspruch auf drei pränataldiagnostische Untersuchungen. In der zwölften Woche ging es los mit einem Ersttrimester-Screening. Ersttrimester – das klang wie der Inhalt dreier Semester in einem, eine Art G8 für Hochbegabte, die ihr Geld mit Eizellspenden verdienen. Eigentlich ging es aber nur darum, die Nackenfalte des daumengroßen Kindes zu messen. Ist sie verdickt, könnte das ein Hinweis auf das Downsyndrom sein. Wenn das so sei, würde Conny abtreiben. Anschließend folgte noch eine Serumanalyse: Hier kann die Konzentration von zwei Bluteiweißen einen Hinweis auf das Syndrom liefern. Die statistische Wahrscheinlichkeit einer Behinderung liegt jetzt bei 1:51. Conny kippte vollends aus dem Gynäkologenstuhl, wie immer, wenn Ärzte mit Zahlen um sich warfen. Darum schnell eine Fruchtwasseruntersuchung, um das Genom des Kindes zu checken. Allein wegen der Untersuchung kommt es bei einer von 200 Müttern zu einer Fehlgeburt – Connys Verwirrung ist nun in einem Bereich, der sich irgendwo zwischen irritiert und hysterisch einpendelte.

Was wollen, was müssen Eltern wissen? Und was fangen sie mit diesen Informationen dann an? Was ist die richtige Entscheidung? Derzeit werden 90 Prozent aller Föten mit Downsyndrom abgetrieben. Die bisherigen Erfahrungen zeigen: Eltern unterscheiden je nach Diagnose, wie sie handeln: Ist das Gehirn und damit die geistige Entwicklung betroffen, wählen die meisten einen Schwangerschaftsabbruch. Hat das Kind einen Herzfehler, sprechen sich viele Eltern für das Kind aus.

Schon hier setzt der Zwang zur Entscheidung zugunsten der Überwachung ein: Die Schwangerschaft wird gesehen im Lichte ihres Scheiterns. Wer sich anders entscheidet und dem Spinnennetz der Untersuchungen entzieht, läuft Gefahr, geächtet zu werden: als kindsgefährdende Mutter, die Risiken eingeht und fahrlässig handelt.

Die Serie von Entscheidungen darüber, was man wissen will, schadet in erster Linie dem Kind. Sie setzt die Mutter unter grundlosen Stress. Die entsprechend ausgeschütteten Hormone erreichen über den Blutkreislauf das Kind und beeinflussen es negativ.

In dieser Zeit zwischen Erstfruchtwasserscreening und Trimesternackenfaltenserumscheck hatte sich Olli oft selbst eine Frage gestellt, die er sonst nur seinen Ethikschülern vorlegte. Wann genau begann eigentlich menschliches Leben? Er stellte die Frage jetzt anders, weniger theoretisch, dafür befangener. Sonst schützten ihn vor der eigenen Emotion vor allem die Schüler, deren Begeisterung einseitig besetzt war von der aufkeimenden Fortpflanzungsfähigkeit und ihren vielfältigen Möglichkeiten.

Wer entschied über den Beginn menschlichen Lebens? Konnte man das überhaupt je richtig entscheiden? Warum waren Abtreibungen bis zur zwölften Woche straffrei, aber nicht, wie in Schweden, bis zur zwanzigsten?

Philosophen aller Epochen hatten darüber nachgedacht. Aus biologischer Sicht beginnt das Leben, sobald mit der Verschmelzung der Vorkerne ein neues Genom entsteht. Immanuel Kant würde das so bestätigen, da jedes menschliche Wesen, auch das, welches noch im Begriff ist, dazu zu reifen, zu dem gehört, was Kant «Menschheit» nennt. Die katholische Kirche sagt, das Leben beginne mit der Verschmelzung von Ei und Samen. Das ist reichlich exotisch – jedenfalls historisch und weltweit. Aber das, was wir Welt nennen, hat die katholische Kirche ja sowieso eher am Rande interessiert. Im Judentum und Islam gilt der Embryo erst ab seinem 40. Tag als Mensch. Diese Überzeugung geht auf Aristoteles zurück, für den das Kriterium des Mensch-Seins der Moment der ersten Bewegung des Embryos im Mutterleib war.

Letztlich gibt es hier wahrscheinlich keine richtige Entscheidung. Begänne das Leben mit der Verschmelzung von Samen und Ei, wie es die Kirchen wollen, würde das bedeuten, dass wir alle neun Monate älter wären, als wir sind. Vielleicht ist das der Grund für den Führerschein mit 17 und die Rente mit 63. Verschwörungstheoretiker würden sagen: Wir sind von der Kirche unterwandert worden! Hätte die Kirche recht, müsste auch jede Schwangere, die raucht und trinkt, wegen Körperverletzung angezeigt werden können. Adäquater scheint das Konzept eines gestaffelten Lebensschutzes. So sind PID und embryonale Stammzellen-Forschung weniger verwerflich als die Abtreibung eines zweimonatigen Embryos, und diese wiederum ist weniger verwerflich, als ein zweijähriges Kind zu töten.

Ist der straffreie Abbruch einer Schwangerschaft bis zur zwölften Woche also eine richtige Entscheidung? Hegel spricht davon, dass jede Geburt ein «Sprung aus quantitativer Veränderung in qualitative» sei.[33] Es muss also einen Zeitpunkt geben, ab dem der Fötus nicht mehr nur in seiner Größe wächst, sondern als Mensch gelten kann. Dieser Moment ist schwer auszumachen. Der Sprung liegt medizinisch in der 20. Woche, bei einer Größe von zwanzig Zentimetern und einem Gewicht von 550 Gramm. Trotz aller Annäherungsversuche bleibt dieses Datum vage, willkürlich und immer eine Frucht menschlichen Empfindens.

Nach vier Monaten ertastet ein Fötus seine Umgebung, er berührt die Nabelschnur und drückt seine Finger zusammen. Mit fünf Monaten weicht er einer Taschenlampe aus, die direkt auf den Bauch der Mutter gehalten wird, weil sie Schmerzen auslöst. Kurz: Es gibt Entscheidungen, die getroffen werden müssen, obwohl sie weder falsch noch richtig entschieden werden können und denen man darum immer unterstellen wird, dass sie irgendwie falsch sein müssen.

NACHSITZEN! WENN NSA-ELTERN LEHRER SPIELEN

Der Vater hatte eine Mission. Darum hatte er sich Unterstützung mitgebracht, als er zu Olli in die Schule kam. Die 5 in Geschichte konnte er nicht auf seinem Sohn sitzenlassen. Wie oft hatte er ihn denn motiviert, seinen Jungen, wollte er von Olli wissen, wie oft einen Kommentar ins Hausaufgabenheft geschrieben, einen individuellen, einen, der ihn konstruktiv kritisiert, zugleich auch motiviert, aufbaut, in den Himmel seiner eigenen unentdeckten Möglichkeiten hebt, Türen aufmacht, die verschlossen waren? Man kann keine Türen öffnen, wenn der Bewohner den Schlüssel verloren hat, hätte Olli gern gesagt, aber er wusste, dass das nichts bringen würde. In seinem Kopf drehte er die ganze Sache noch eine Schraube weiter. Wie gerne hätte er mit der vernichtenden Schärfe, die nüchterne Worte so brutal machen können, ausgerufen: Man kann keine Türen öffnen, wo Betonwände der Ignoranz ihren Einbau verhindern. Stattdessen schwieg Olli und musste sich anhören, dass er gar nie, wirklich gar nie, Türen geöffnet, schon gar nicht konstruktiv und erst recht nicht motivierend, wie der Vater schnappatmend schnaubte, ohne Ollis Antwort abzuwarten, während der Typ neben ihm grimmig dreinschaute. Der sah aus, als warte er nur auf seinen großen Auftritt. Das ist immer so bei Anwälten, dieses Lauern, wie ein Löwe, der sich ans Zebra heranpirscht. Olli kannte das schon, es brachte ihn nicht wirklich aus der Ruhe. Kurz danach schlug der Löwe zu: Bei Frage 1 könne man noch ein paar Punkte geben, bei Frage drei ebenso, und außerdem habe er die Arbeit schon mit der von anderen Schülern verglichen, und überhaupt war sie wohl auch nicht rechtzeitig angekündigt, eine Woche vorher reiche einfach nicht, damit sich ein Schüler ordentlich vorbereiten könne. Und schon war der Sohn auf einer 4,4, und die Versetzung war geschafft.

Man müsse schon schwer einen an der Klatsche haben, um ausgerechnet in Geschichte eine 5 zu bekommen, meinte Olli. Ich vermutete, dass der Junge Angela Merkel mit Hitler verwechselt hatte. Möglicherweise hatte er in den vergangenen Jahren zu viel griechisches Fernsehen gesehen. Olli verachtete diese NSA-Eltern, die ihre Kinder aufs Gymnasium schicken, obwohl sie da so viel verloren haben wie die Sahnehaube auf dem Cappuccino Italiano. Die Eltern, die es ausnutzten, dass sie frei entscheiden können, weil die Empfehlung nach der Grundschule eben nur noch eine Empfehlung sei und keine verbindliche Wegmarke mehr. Das hatten sie jetzt davon, die Politiker, mit ihrer dämlichen Liberalisierung. Dass er, der Lehrer am Gymnasium sich mit Leuten rumschlagen müsse, die jetzt auch «wer sind. Diese Leute halten den Wermutstropfen wahrscheinlich auch für einen Likör. Sie sagen «Wir», wenn sie von ihren Kindern sprechen. Schon darin äußert sich nicht Wohlwollen, sondern eine ans Widerwärtige grenzende Vereinnahmung der nachfolgenden Generation. «Wir haben eine schlechte Note, wir sind versetzungsgefährdet».

Ich bin überrascht: Ich kannte in meiner Schulzeit das Gegenteil – eine Koalition meiner Eltern mit den Lehrern. Ich war oft ein miserabler Schüler, unkonzentriert und verhaltensauffällig. Ein Leben lang saß meine Mutter im Elternbeirat, ein langes Schulleben lang wusste sie alles aus erster Hand, meine Noten, meine Fehlstunden, meine Kommentare im Unterricht. Als sei sie dabei gewesen, erzählte sie mir nach Elternabenden, welche Böcke ich in Mathe geschossen und gegen welche ich im Sportunterricht gelaufen war. Ich fragte mich immer, was die da machen bei ihren Elternabenden. Gucken die sich Videoaufzeichnungen der Schulstunden an? Haben die nichts Besseres zu tun? Wollen die nicht schnellstmöglich weg da? Offensichtlich nicht, denn meist kam meine Mutter solidarisiert mit den Lehrern nach Hause, um mir die Hölle heiß zu machen.

Ich habe nie eine Unterschrift gefälscht, weil ich wusste, es würde rauskommen. Sofort. Heute ist das reihenweise der Fall. Ruft Olli die Eltern zu Hause an, die er schon lange der Ahnungslosigkeit verdächtigt hatte, sind die oft vollkommen überrascht, während das Kind sagt, es habe seine Mutter nicht traurig machen wollen. Man kann es verstehen. Eine Elterngeneration, die optimal und schmerzfrei durchs Leben gehen will, kann man mit schlechten Noten nicht behelligen. Das macht man lieber mit sich selbst aus.

Die Sehnsucht nach einer Freiheit von allem, was weh tut, scheint mir ein zentrales Merkmal der nachwachsenden Jungelternkohorte zu sein. Bei Conny war mir das zum ersten Mal aufgefallen. Kaiserschnitt oder nicht, war bei Lea-Maries Geburt die große Frage. Genau genommen, wurde die Frage schon diskutiert, als noch der Rohmilchkäse auf dem Tisch und die Namensdiskussion in den Sternen stand. Conny war lange der Illusion der schmerzfreien Geburt gefolgt, die dafür sorgt, dass die Kaiserschnittraten in die Höhe schießen. Nur bei knapp jeder fünften Frau ist ein Kaiserschnitt sinnvoll und notwendig, gemacht wird er bei jeder dritten. Die Zahl hat sich in den vergangenen zwanzig Jahren verdoppelt.

Die optimale Geburt ist die schmerzfreie, die optimale Entscheidung die ohne schmerzende Konsequenzen. Vielleicht ist das unser Problem, dass wir uns etwas vormachen, wenn wir von optimalen Entscheidungen schwadronieren, vielleicht wollen wir einfach nur alles Negative, Schmerzhafte, Leidvolle aus unserem

Leben verbannen. Aber wäre die optimale Entscheidung dann noch eine Entscheidung, eine positive «Freiheit-zu»-Entscheidung oder nur eine negative, eine «frei von Konsequenzen»-Freiheit und damit gar keine Entscheidung mehr?

Letztlich kam Lea-Marie dann doch auf natürlichem Wege, in einer Spontangeburt, auf die Welt. Aber es war richtig, sich Gedanken zu machen, fand Olli. Schließlich war es nicht irgendein Kind, das hier das Licht der Welt erblickte, nein, es war ein Kind mit Masturbationshintergrund. Und das gibt es nicht alle Tage.

Mittlerweile ist Lea-Marie sechs Jahre alt, sie spielt Klavier und lernt Englisch seit dem Kindergarten, von Lehrerinnen, die diesen Namen nicht verdienen und ihr Sprechfehler antrainieren, von denen sich Batterien von Logopäden ganze Yachten werden kaufen können. «Siis are se sings» heißt es da, und die Lehrerin wundert sich noch, warum alle Kinder auf einmal anfangen zu singen. Hätte Olli nur einmal ein paar Seiten des französischen Philosophen Jean-Jacques Rousseau gelesen, hätte er eine laute Stimme gegen den Frühförderfuck vernehmen können: «Ich glaube nicht, dass außer den Wunderkindern jemals ein Kind von zwölf bis fünfzehn Jahren zwei Sprachen wirklich gelernt hat.»[34] Forscher konnten nachweisen, dass verspieltes Sprachenlernen in der Vorschule nichts bringt, es sei denn, Kinder wachsen zweisprachig auf und werden von Geburt an in ein sogenanntes Sprachbad getaucht. Hat das Kind das Gefühl, dass es nur noch Erfüllungsgehilfe der Entscheidungen von Eltern ist, rächt sich das früher oder später.

Olli selbst ist auch ein Optimierer und somit ein Optimierungspapa. Seine Janusköpfigkeit besteht in seiner Blindheit sich selbst gegenüber: Lea muss gefördert werden, was das Zeug hält. Angeblich, weil sie es selbst so will und so talentiert ist. Zugleich verachtet Olli sämtliche Eltern, die ihren Kindern heimlich auf dem Rad hinterherfahren, wenn sie zum ersten Mal alleine zur

Schule gehen. Was Olli nicht sieht: Frühförderung und Überbehütung sind zwei Seiten einer Medaille. In beidem zeigt sich ein egomaner Ehrgeiz, in dem das Kind ausschließlich zur Projektionsfläche der eigenen Wünsche wird. Der französische Satiriker François Rabelais hat einmal gesagt: «Ein Kind ist kein Gefäß, das gefüllt, sondern ein Feuer, das entzündet werden will.» Aber, «nur wer selbst brennt, kann Feuer in anderen entfachen», sagt der römische Philosoph Augustinus.

Welches Feuer sollen Eltern entfachen, die selbst nur ein einziges Feuer in sich haben, das Feuer der Angst. Und das ist kein Feuer, die Angst ist eher das angefeuchtete Haushaltstuch, mit dem man das Feuer des Muts und des Aufbruchs in Sekundenschnelle ersticken kann. Angst, das ist die Motivation ihrer Entscheidungen. Frühförderung – das Ergebnis der Sorge, das Kind werde nicht rechtzeitig zum Global Player herangezüchtet. Eine Generation von Eltern, die verinnerlicht hat, dass Fehler das Ende bedeuten, gibt als Dogma weiter: Du sollst keine Fehler machen, Du darfst nicht scheitern, nicht abstürzen. Sie haben Angst, in ihren eigenen Kindern die Fehler zu sehen, die sie sich selbst nicht gestatten. Sie fürchten die Erkenntnis, dass die eigenen Kinder weiser sind als sie selbst, dass sie die größeren Experten in Sachen Versuch und Irrtum sind. Um diese Konfrontation mit sich, dieses Schauspiel der eigenen Unzulänglichkeiten zu vermeiden, soll dieses Kind unschuldig bleiben, heilig und rein, egal, was passiert. Darum verteidigt man es nach Kräften, mit Anwälten gegen Lehrer und mit harten Auftritten an Elternsprechtagen, wenn es ein paar aufs Maul gekriegt hat. Aber die Löwenmama, die die eigene Brut gegen die versammelte Lehrerschaft verteidigt, macht das Kind erst recht zu dem, was es auf keinen Fall werden soll: zum Opfer, zum Isolationshäftling der überbemutterten eigenen Lebensunfähigkeit.

Dabei ist das Gefühl, selbstbestimmt entscheiden zu können,

von ungeheurer Bedeutung. In einem Experiment legten Psychologen Säuglinge mit dem Gesicht nach oben in ein Kinderbett, den Kopf auf einem Kissen. Über dem Bett war ein Schirm aufgespannt, von dem verschiedene Tierfiguren an Sprungfedern herabbaumelten. Die Säuglinge konnten die Figuren nicht sehen, doch wenn sie ihren Kopf auf dem Kissen drehten, ging eine kleine Lampe hinter dem Schirm an, so dass sie die tanzenden Figuren sehen konnten. Dann ging das Licht weder aus. Drehten die Säuglinge zufällig den Kopf, stellten dadurch das Licht an und sahen so die Figuren, zeigten sie Interesse und Spaß. Sie konnten offenbar nicht genug davon bekommen, dass sie in der Lage waren, die Figuren durch Kopfbewegungen sichtbar zu machen. Andere Säuglinge bekamen sogenannte Freispiele. Immer wenn ein «Kontrollsäugling» das Licht hinter dem Schirm über seinem Bett einschaltete, ging auch das Licht hinter dem Schirm eines anderen Säuglings an. Diese Säuglinge sahen die Figuren genauso lange wie ihre Partner, die die Kontrolle hatten. Anfangs hatten sie genau so viel Spaß an und mit den Figuren, doch ihr Interesse ließ schnell nach. Die Wissenschaftler, die dieses Experiment gemacht hatten, kamen zu dem Schluss, dass die erste Babygruppe vor allem deshalb so viel Spaß mit dem Spiel hatte, weil sie das Gefühl der Kontrolle über die Spielzeugtiere hatte. Die Kinder lachten und kreischten, weil sie ein Gefühl der Selbstbestimmung über das Schauspiel hatten.

Der Phalanx der NSA-Eltern gelingt es dann in den Jahren danach vortrefflich, diese Sehnsucht nach Selbstbestimmung abzuziehen wie einen Tick, der nur oft genug sanktioniert werden muss, damit er sich mit der Zeit von selbst erledigt. Jeder zweite Grundschüler macht sich nur mit den Eltern auf den Schulweg, 1970 war es nur jeder Zehnte. Eltern helfen bei den Hausaufgaben, bezahlen Fünftklässlern bis zu zehn Nachhilfestunden in der Woche. In Paris versuchte eine Mutter, für ihre Tochter eine

Englischprüfung zu schreiben. Sie kleidete sich wie ihre Tochter, flog aber auf.

An Unis fragen Eltern nach, ob die Prüfungstermine stimmen, die ihnen ihre Kinder angegeben haben. Einige überlegen, in die neue Studienstadt umzuziehen. Es sind Versuche, das Kind ewig jugendlich, ewig pubertär bleiben zu lassen, so, wie sie es selbst seit Jahren sind. Die Entscheidung, das Gymnasium von neun auf acht Jahre zu verkürzen, leistet das Übrige. Das Kind wird durch den optimierten Lehrplan gejagt wie eine Sau durchs Dorf. Anschließend folgt mit 17 Jahren das Studium, das Papa und Mama für die Optibrut ausgesucht haben. Wer soll auch sonst entscheiden, außer dem Einzigen, der bei der Immatrikulation unterschriftsberechtigt ist? Bald schlagen Eltern ihren Kindern auch vor, mit wem sie zu schlafen haben, wen sie zu heiraten haben und welche Wandfarbe die Küche haben wird.

Am Ende fügt sich alles zusammen. Entgegen den Verlautbarungen der Politik geht es nicht darum, in der Schule die souveränen Staatsbürger von morgen heranzuziehen. Die Bildungsreformen der letzten Jahre sind nicht Optimierungs-, sondern Verdummungsversuche durch Verstopfung der Synapasen mit Highspeed-Wissenshappen. G8 ist das Crystal Meth der Bildung: Man ist schnell high, leistet im Rausch noch schneller noch mehr, stürzt aber später umso heftiger ab.

Eine Hexenjagd auf die Autonomie der nachfolgenden Generationen ist in vollem Gange. Das selbst denkende, selbst handelnde Subjekt ist gefährlich. Einfacher ist es, dem Souverän die Souveränität auszutreiben, um sie bei der Hexenverbrennung namens Burnout endgültig verkohlen zu lassen. Der autonome, kritische Bürger, der die Ausweitung seiner Entscheidungszone vorantreibt, ist die größte Gefahr für die einschläfernden Konsensknacker in den Bumsbuden der Politverwaltung. Oder anders gesagt: Der brave Streber ist systemrelevant, weil er mit etwas Glück lebenslang ein gefallsüchtiger Befehlsempfänger-Untertan bleibt. Überbehütende frühfördernde NSA-Eltern und Bildungspolitiker spielen sich vorzüglich gegenseitig in die Hände – wahrscheinlich merken sie es nicht einmal.

Jeder neue Versuch einer Optimierung bringt neue Ängste hervor, und jede neue Angst ist der Treibstoff für neue Optimierungen. Der Ausbruch aus diesem Teufelskreis würde bedeuten, gelassener zu werden: «Stabile und vorhersagbare Routinen und Verhaltensmuster bieten. In der Lage sein, die Bedürfnisse der Kinder wahrzunehmen und darauf einzugehen und emotionale Zuwendung und Disziplin verknüpfen. Außerdem: Lebende Beispiele dafür sein, wie man mit den Problemen des Lebens zurechtkommt», schreibt der US-Journalist David Brooks.[35] Michel de Montaigne sagt Ähnliches, nur einen Tick poetischer: «Es ist gut, wenn der Lehrer den Zögling vor sich hertraben lässt, um angesichts seiner Gangart beurteilen zu können, wieweit er sich zur Anpassung an dessen Kräfte zurücknehmen muss. Nur eine hohe und ungemein starke Seele vermag sich auf die Gangart des Zöglings einzustellen und ihm zugleich als Schrittmacher dienen.»[36]

Es wäre so leicht, all diese Probleme auf einen Schlag zu lösen: Man müsste sich nur von einem Prinzip verabschieden, dem der Seniorität oder, wie Olli gern sagt, dem «Sesselpupserprinzip». Er darf das sagen, denn er ist Lehrer, und damit sitzt er im Glashaus: Abschied von linearen Berufsbiographien, Abschied von der Vorstellung, man müsse dies und das und jenes geleistet haben, um aufsteigen zu dürfen. Abschied vom Beamtenprinzip, zulassen, dass Leute mit 40 wieder oder auch zum ersten Mal studieren oder, nachdem sie Kinder groß gezogen haben, eine Ausbildung anfangen.

Reihenweise fordern Erzieher und Lehrer heute, es müsse wieder mehr Raum entstehen für das freie Spiel. Das macht die

Kindheit aus und nicht die Druckbetankung mit Lernstoffen. «Der Mensch spielt nur, wo er in voller Bedeutung des Wortes Mensch ist, und er ist nur da ganz Mensch, wo er spielt», hat Friedrich Schiller gesagt.[37]

Vielleicht hat die Entscheidung zur Überbehütung diesen Grund: Wir ertragen die Kinder nicht spielend. Das Kind, das sich träumend im Spiel verliert, sich auf die Welt einlässt und bedingungslos ja zu ihr sagt, versunken und mit nichts anderem beschäftigt als mit dem Spiel, das gerade seine einzige Wahrheit ist. Es gibt kein Gestern und kein Morgen, nur diesen einen Moment. Das können die Gefangenen der Selbstoptimierung nicht mehr verstehen, sie lassen lieber den spätpubertären Kläffer im Nadelstreifen namens Anwalt auf die Lehrer los. «Wer zum Kind werden will, muss auch noch seine Jugend überwinden», sagt Nietzsche, wie Olli sagt. Und der muss es wissen, der ist Ethiklehrer.[38]

Dies aber ist das vielleicht größte Problem. Die heute hibbelig-aufgeregte Jungeltern-Generation verklärt die Jugend bis jetzt zu ihrem verzweifelten Ideal. Das konnte man schön beobachten, als die Nachricht kam, dass «Wetten dass …?» abgesetzt werden würde. Der Tod von dieser Sendung ist der Tod unserer Kindheit, die doch niemals enden sollte. Das Ende der VaMuKi-Lagerfeuer-Heimeligkeit. Ich weiß, VaMuKi, das muss ich erklären, das stand einst für Vater, Mutter, Kind. Das waren so etwas wie die Drei Tenöre der klassischen Familie, die heute nicht mehr auftreten. Erst wurde das Kind gebadet, dann mit dem Bade vor dem Fernseher ausgeschüttet, dann durfte es wach bleiben und hoffen, Thomas – «Herrschaften, aufgepasst, Top, die Wette gilt»-Gottschalk würde richtig heftig überziehen.

Die Generation, die damals wach bleiben durfte, ist heute weit weg von VaMuKi: Sie ist damit beschäftigt, die Reste der Patchwork-Familie zusammenzukratzen und Kind 1 wieder rechtzeitig bei Mama 1 abzuliefern, um anschließend, wenn wieder mal überraschenderweise Udo Jürgens, Peter Maffay oder Joe Cocker aufspielt, mit Kind 2 bis 4 und Mama 5 gemeinsam den Rest der Sendung zu gucken. Da bleibt einfach keine Zeit für eine dreistündige Show. Zukünftige Generationen werden bei Familienfeiern genervt über uns stöhnen: «Papa erzählt von ‹Wetten, dass ...?›.»

Solange wir Jugendliche bleiben, werden wir das kindliche Spiel weder bei den Kindern noch in uns selbst entzünden können. Friedrich Nietzsche vergleicht das spielende Kind mit dem Künstler: «Der Künstler kommt immer mehr in eine Verehrung der plötzlichen Erregungen, wird wechselnd in seinen Stimmungen. An sich ist nun der Künstler schon ein zurückblickendes Wesen, weil er beim Spiel stehen bleibt, welches zur Kindheit gehört.»[39] Künstler und Kind werden eins, beide sind wundervoll versunkene Spieler, denen die erwachsenen Zuschauer über Stunden fasziniert bei ihrer scheinbar zweckfreien Aufführung zugucken können. Nimmt man ihnen ihr Spielzeug weg, gibt es kein Halten mehr. Dann wird gekreischt, getobt, gebissen und getreten. Ich frage mich nur: Woher kannte Nietzsche nur Klaus Kinski?

Wenn jede Kunst auch Ergebnis eines spielenden Künstlerkindes ist, dann kann es keine Kunst der optimalen Entscheidung geben. Die optimale Entscheidung ist nie spielerisch, sie ist verkrampft und angespannt wie die Mutter, die alles unter einen Hut kriegt, ganz ohne gestresst zu sein, und gerade darum mit einer Aggression durch die Welt läuft, mit dem sie den nächsten BMW X3 unter sich begraben könnte. Die optimale Entscheidung will Reinheit ohne Störung, Makellosigkeit ohne Brüche und Perfektion ohne Entwicklung, aber kein spielerisches Leben.

Das, hatte Conny einmal gesagt, mache diese ersten Jahre auch so unerträglich anstrengend: nicht das Kind, sondern die anderen Kindsmütter, die alle mitquatschen. Stimmen, die man nicht hören will, donnern einem mit Presslufthammer-Lautstärke durch die Gehörgänge. Da gab es die Stillexpertinnen, die bei jeder Gelegenheit ihre Brüste auspackten – auf Spielplätzen, Hochzeiten und Gabelstaplern, egal, Hauptsache Titte in die Luft und ab dafür. Dazu gab es ihre Monologe, wie man optimal zu stillen habe, in welchem Winkel, wie, wann wo und warum überhaupt, gratis dazu. Warum, hatte sich Conny oft gefragt, konnten diese Stillexpertinnen nicht einmal wirklich ihrer Profession nachkommen und still sein.

Ähnliches galt für die Kitaqueens, die wussten, dass eine staatliche Kita das Grauen, eine gemeinnützige Kita mit kollektiv kochenden und schrubbenden Mamas aber der Heiland sei, während Waldorf und Statler ..., nee Montessori, sorry, kleine mütterliche Irritation aufgrund von Schlafmangel, dass aber Montedings und so wirklich gar nicht gehen. Und dann natürlich die größte Fraktion im Parlament der Zukunftssicherungs-Beflissenen, die Opfer-Muttis, die den ganzen Tag damit verbringen konnten, darüber zu lamentieren, wie schlimm doch erstens ihr Mann, zweitens ihre Mutter, drittens ihr Vater und viertens ihre Geschwister geworden waren. Getreu dem Motto: Alles Schlampen außer Mutti, also mir.

Das letzte Kapitel seines Buches übers *Kindermachen* hat der Kulturwissenschaftler Andreas Bernard *Das Verschwinden der Kunst aus der künstlichen Reproduktion* überschrieben. Zur Recherche hat sich der Autor im Forum der Kinderwunschseite wunschkinder.net eingenistet. Dort findet man Userinnen, die sich Schneeflocke1706, Sweet Angel oder Kleinchen nennen. Man ist nicht ganz sicher, ob hier schon die erwünschten Kinder die Feder führen oder doch die Mütter, die diese Kinder austragen wollen. Sie verständigen sich in einer Geheimsprache, in der ein Kinderwunsch «Kiwu» heißt, ein Follikel «Follie» und eine hormonelle Stimulation «Stimu». Es ist genau das Sprachniveau, das man aus einem Stadium der Jugend kennt, in dem panisch die ersten Schamhaare wegrasiert werden. Wenn das die Mütter der Kinder von morgen sind, will man dann noch Lehrer sein? Sehr wahrscheinlich werden sie ihren heute amtierenden Vorfahrinnen in nichts nachstehen. Auch sie werden ihre maximal optimierte Brut in die «Klavi-Frühfö», danach in die «Gruschu» und anschließend in die «Nahi» schicken, wenn's nicht so läuft wie programmiert. Es klingt dann alles nur ein wenig niedlicher. Schon heute verbirgt sich hinter der infantilen Sprache der Foren eine knallharte Konkurrenz, ein Vergleich und Wettbewerb ums Kind. Schon bevor es da ist, ist es im brutalsten Sinn des Worts ein Leistungsträger. Die «Du kannst alles schaffen, wenn du nur willst»-Ethik – oder wie man in den Foren sagt, die «Dukaaschawedunuwi»-Ethik hat den Nachwuchs längst infiziert wie eine Erbkrankheit. Man findet eine Reproduktionsindustrie vor, die «das Versprechen der Selbstoptimierung auch auf den fortpflanzungsfähigen Körper anwendet»[40]. Scheitern verboten.

Hier kippen die Chancen der selbstbestimmten Entscheidung mit den Mitteln der Medizin in ihr Gegenteil: Nach der erfolgreichen Scheidung von Fortpflanzung und Sex trennen wir Zeugung und Penetration. Warum noch vögeln, poppen und bumsen, Sauereien machen und Nachbarn mit Stöhngeräuschen auf Rockkonzert-Niveau den Zerrspiegel des eigenen vertrockneten Sexlebens vorführen? Im dritten Schritt trennen wir Sex und Leben. Geht nicht? Doch! Seit kurzer Zeit gibt es die Stamina Training Unit, das Gegenstück zum Vibrator. Mann steckt seinen Penis in die Öffnung oben, drückt einen Knopf und das Teil vibriert den Kunden zum Orgasmus. Man muss sich nicht einmal die Hände dreckig machen. Das Gerät gibt es in verschiedenen Farben, unterschiedlicher Enge und Formen (mit Haaren und ohne) und ist einstellbar auf alle drei Öffnungen möglicher

Penetration: Mund, Vagina, Anus. Am Ziel ist ein Paar in dem Moment, in dem es den Vibrator in die Stamina Unit steckt, dieses optimale Paar mit sich alleine Spaß haben lässt, derweil ins Café geht, einen entkoffeinierten Kaffee mit laktosefreier Sojamilch trinkt, dazu die Libido-Unterdrückungspille «Libitod» einnimmt, um die Wallungen auch weiterhin in Schach zu halten, und sich nachmittags via künstlicher Befruchtung ein Kind machen lässt. Selbstredend erst nach Virencheck durch eine optimale PID.

Ich habe großen Zweifel, ob mein Leben als Optimierer in dieser Form überhaupt noch einen Sinn haben kann. Es heißt immer: Kinder verändern alles. Offenbar reicht es schon, einen Lehrervater bei sich zu Hause zu haben. Olli verabschiedet sich mit einem Satz, an dem schon seine Ethikschüler in der 13 gescheitert sind. Und das, woran Leute scheitern, macht ihm besonders viel Spaß. «Reife des Mannes», zitiert er in einer brüderlichen Haltung, die eher an einen frühreifen Opa erinnert, «Reife des Mannes: das heisst den Ernst wiedergefunden haben, den man als Kind hatte, beim Spiel.»[41] – «Nietzsche?», frage ich. «Ja», sagt Olli – und zwar *Jenseits von Gut und Böse.*

7. Kapitel

POLITIK

links

rechts

DIE OFFENEN GEHEIMNISSE DER AUTOKRATIE, ODER WOLLEN WIR WIRKLICH WÄHLEN?

Zäh und widerstandsfähig» ist Angela Merkel. «Und hübsch.» Das sagt zumindest ihr Gärtner in ihrer Heimat, zwölf Stunden Flugzeit von Deutschland entfernt. In Singapur ist Angela Merkel nur eine Orchidee, eine von 20 000 in dieser Stadt. Im Botanischen Garten steht die weltweit größte Sammlung, die außergewöhnlichsten sind nach Politikern benannt. Überhaupt ist diese Stadt ungeheuer grün, das wollte der Premierminister so. Nach der Unabhängigkeit vor 50 Jahren ließ er erst einmal 1 ½ Millionen Bäume pflanzen. «Green and clean» war das Motto damals. Und ist es bis heute geblieben. «Sauber ist es, man kann vom Boden essen, unfassbar!»

Nora ist begeistert, wie ich sie selten gesehen habe. Sie hatte eine Freundin besucht. Das ist die optimale Stadt, schwärmt sie. «Alles ist bestens organisiert, es gibt quasi keine Kriminalität, Du kann nachts seine Tasche auf offener Straße stehen lassen, du wirst sie am nächsten Tag so vorfinden, wie du sie zurückgelassen hast. Die Menschen sind rücksichtsvoll und zufrieden, in den U-Bahnen kein Gedrängel, kein Gepöbel und kein Geschubse. Stattdessen Pfeile, die anzeigen, wo man rein- und wo man rauszugehen hat. Kein Herangewinke von Taxis, sondern feste Haltepunkte.» Für die Berliner besonders toll: Es gibt einen Flughafen, der offen ist. Der funktioniert!

Alle religiösen Feste feiern sie da: Das Ende des Ramadan, Buddhas Geburtstag, das Hindu Light Festival, Weihnachten für die Christen und das chinesische Neujahrsfest. Das alleine ist wie Ostern und Weihnachten auf einmal, das ganze Land steht still und feiert mit. Diese Stadt ist effizient, weil sie sich ständig weiter optimiert. Kurz bin ich irritiert: Habe ich das richtig gehört? Nora, die bislang so Gelassene, ist über Nacht durch den Besuch einer Stadt zur Optimiererin geworden? Gerade jetzt, da ich mich unter Schmerzen bemühe, Entscheidungen zu treffen, die auch einfach mal «gut genug» sind? Ihre Begeisterung macht mich zögerlich.

Ich verweise nachdenklich auf das Souvenir, das sie mir mitgebracht hat: ein Becher. Darauf sind sämtliche Verbote und die dazugehörigen Strafen abgebildet, die es in der Stadt gibt: Rauchen 100 Singapur Dollar, das sind etwa 60 Euro. Essen und Trinken in der U-Bahn 500, Tiere füttern 1000, Drogenschmuggel und Drogenhandel Todesstrafe. Gemessen an der Zahl seiner Einwohner ist Singapur Weltmeister im Hinrichten. Zwischen 1990 und 2005 wurden 420 Menschen gehängt, hochgerechnet auf Deutschland wären das in der gleichen Zeit 8000, in den USA 28 000 Hinrichtungen, tatsächlich gab es dort 884.

Wenn Sie sich jetzt fragen: Gibt es auch noch was zwischen Geld- und Todesstrafen? Natürlich! Auch Prügelstrafen gehören zum Strafen-Portfolio, verhängt für Vandalismus. Männer zwischen 16 und 50 Jahren werden mit bis zu 24 Hieben hintereinander auf den nackten Arsch versohlt. Ein ausgebildeter Prügelknabe, der sich hier Justizbeamter nennen darf, spannt den Delinquenten über einen Prügelbock und fügt ihm mit einem langen Rohrstock schwere Schläge zu, die zu bleibenden Narben führen sollen. Die Ausbilder sind gehalten, mit dem Stock Geschwindigkeiten von mindestens 160 km/h zu erreichen und in der Sekunde des Zusammentreffens von Stock auf Haut den Stock so zu ziehen, dass bei jedem Schlag die Haut aufreißt. Mitten in der Zukunft platzen die Wunden der Vergangenheit auf, als wären sie nie geheilt. Ich frage mich, ob ich mir wenigstens Buchstaben oder ganze Wörter wünschen darf, die mir dann, ganz dem asiatischen Servicegedanken folgend, in den Po graviert werden.

Auf dem Becher steht, neben den Strafen, auch: The fine city. Das ist ein bittersüßes Wortspiel, denn «fine» bedeutet sowohl schön als auch Strafen: Ist das noch Selbstironie oder schon bitterer Zynismus?

«Wenn es eine Person gibt, der man in 100 Jahren Denkmäler setzen wird, so ist es Singapurs Gründer Lee Kuan Yew, der Begründer des Kapitalismus mit asiatischen Werten», hat der Philosoph Peter Sloterdijk gesagt.[42] Das klingt so, als seien Prügeln und Menschen hängen asiatische Werte. Das ist nur ein gemeiner rhetorischer Kniff der Machthaber. Asiaten haben lediglich eine positivere Einstellung zu Macht, Autorität und Hierarchie. Macht bedeutet Schutz. Der Staat ist hier noch ein Vater, der für seine Schutzbefohlenen entscheidet, und nicht eine zögerliche, aber zähe Orchidee, deren Schönheit in heimischen Gefilden als umstritten gelten darf. Darum ist Bevormundung in Asien auch positiv besetzt. Der Vater entscheidet, was gut für dich ist und was schlecht für dich ist. Gewalt ist gut, solange man sie selbst anwendet, aber schlecht, wenn sie andere anwenden: Darum zensiert der Vater Filme, in denen das vorkommt, was er für Gewalt hält. Eine Folge der Kultserie «Game of Thrones» geht hier keine zwanzig Minuten. Leistung ist gut, darum zahlen die Bewohner niedrige Steuersätze. Religion ist gut, darum dürfen alle Weltreligionen ihre feiern. Schwulsein ist schlecht, darum ist es offiziell verboten, genau wie Drogen.

Ich bin schockiert: Nora ist der vielleicht extremsten Wucherung des autoritären Kapitalismus auf den Leim gegangen. Möglicherweise war sie auch nur in einem Labor unserer eigenen Zukunft? «Quatsch», sagt Nora. «Das ist ein Stadtstaat am anderen Ende der Welt und keine 80-Millionen-Menschen

Demokratie in Europa.» Ich bin da nicht so sicher. Vielleicht ist dieses Aufeinanderprallen der Extreme – totale Freiheit bei vollkommener Kontrolle –, das bis vor wenigen Jahren undenkbar gewesen wäre, wirklich ein Weltmodell? Weil es schwierige Entscheidungen abnimmt? Weil es Nachteile gibt, die man in Kauf nimmt, weil sie von unschlagbaren Vorteilen aufgewogen werden? Weil Nora so fasziniert ist? Weil es, wie sie sagt, «einfach funktioniert»? Und Dinge, die funktionieren, können so verdammt verführerisch sein. Noras Begeisterung inspiriert mich zu einem Gedankenexperiment: Vielleicht geht es gar nicht so sehr um asiatische Werte. Vielleicht ist die Sehnsucht nach Macht, Autorität und Führung in der Diktatur der permanenten Entscheidungen so groß, dass Freiheit zweitrangig wird?

Bei einer Umfrage in Österreich im Mai 2014 sagten zwei Drittel der Bevölkerung, sie hätten nichts gegen einen Führer, der von Parlament und Wahlen unabhängig sei. Bei den Europawahlen machte nicht einmal die Hälfte aller Wahlberechtigten mit. In Frankreich bekam der rechtspopulistische Front National 25 %, die Dänische Volkspartei 22 %, erfolgreich waren auch die UKIP in Großbritannien und die FPÖ in Österreich. In Deutschland sind wir mit unseren 7 % für die AfD gerade noch einmal mit einem braunen Auge davongekommen. Allein das ist mit asiatischen Werten eher so mittelmäßig erklärbar. Wer permanent entschciden muss, will nicht auch noch wählen müssen.

Autoritärer Kapitalismus, das ist das Schlagwort der Stunde. Seine Gefahr besteht in seiner Wandlungsfähigkeit. Es gibt ihn in allen Farben und Formen. Er ist wie ein Flavoured Latte Macchiato. Egal, welchen schlechten künstlichen Geschmack man ihm beimischt, er schmeckt immer nach etwas, was da nicht reingehört. Vielleicht ist es aber auch nur unsere verwestlichte, verweichlichte Gewohnheit, die uns sagt: Schwarzer Kaffee (Kapitalismus) plus Milch (Demokratie), das war's. Über alles andere hat der Weltgeist spätestens 1989 sein Urteil gesprochen. Und jetzt sehen wir: Hey, wer braucht Milch, wenn er die politischen Geschmacksnerven auspeitschen kann mit Geschmacklosigkeiten wie Kokos, Kiwi und Chili?

Derzeit also im Angebot: Putin-flavoured Latte Macchiato mit einem Schuss Wodka, bei Widerspruch tödlich – wie die meisten Schüsse. Daneben Orban flavoured mit dunkelbraunem ungarischem Gulaschgeschmack und Rindfleischfäden, die zwischen den Zähnen stecken bleiben, damit die Medienmeute einfach mal garantiert die Fresse hält. Für alle Liebhaber des Bosporus der Turkish-flavoured Coffee mit Diktatorendürüm-Essenzen. Und in jedem zehnten Getränk ein echter Erdogan-Dönerspieß. Wer den verschluckt, ist auf der Stelle weg. Menschenrechte muss man nicht mit Füßen treten, man kann sich auch dran verschlucken. Ganz neu im Angebot der autoritären Internationale ist der WildersLePen-flavoured Coffee, mit einer widerlichen Mischung aus Gras- und Rotweinspuren im Abgang, die nach Sekunden zum Kotzen ist.

In Russland erleben viele Bürger den Markt als Kriegszustand, der Unsicherheit schafft und die slawische Seele mit seiner Dekadenz, in der Conchita Wurst den Eurovision Song Contest gewinnen konnte, zerstört. Da fragte sich Putin: «Warum verkleidet sich dieser Mann als Frau mit Bart? Wir in Russland haben genug echte Frauen mit Bart!». Laut einer Umfrage leben Russen lieber in einem sicheren und mächtigen Land als in einem freien.

Was vereint all die neuen Autokraten? Sie bringen eine angeblich nationale Identität, ein nationales Heimatgefühl, eine Übersichtlichkeit ins Chaos der globalisierten, multioptionalen Gegenwart. Ihr Versprechen ist: Je globaler wir agieren, desto weniger Entscheidungsfreiheit hat dein Land und damit du selbst. Du bist ein Ohnmächtiger und wir sind deine Fürsprecher. Der französische Front National hat den Europa-Wahlkampf 2014 mit einem einzigen Wort gewonnen: Sicherheit.

Am Anfang des Buches hatten wir gesehen: Die Voraussetzung für Entscheidungen ist Freiheit. Nur wo Freiheit ist, können wir Optionen, damit Alternativen und damit Wahlfreiheit für uns beanspruchen. Die neuen Rechten in Europa gehen nun einen perfiden Weg: Sie wollen die Entscheidungsgewalt des Nationalstaats in einer als gefährlich stigmatisierten, globalisierten Welt zurück. Überschaubare Strukturen, eine nationale Währung, eine national entscheidende Regierung und auch sonst nationale Verwaltungen, vor allem keine EU-Bürokratengurken im weit entfernten Brüssel, in Straßburg oder wo auch immer die da ihren Schabernack treiben. Und all das passiert unter dem Deckmantel der Freiheit. Marine Le Pen und Geert Wilders gründeten zu diesem Zweck Ende 2013 die «Europäische Allianz für die Freiheit». Dabei haben sie unterschiedliche Ziele: Geert Wilders aus den Niederlanden ist ein moderner Rechtspopulist, hat beste Beziehungen zu Neokonservativen in den USA und steht für die Rechte von Schwulen ein. Marine Le Pens Vater war offener Antisemit, sie selbst möchte sich da noch nicht so festlegen. Vielleicht muss sie erst noch den «Welches Feindbild passt zu mir?»-Wal-O-Mat ausfüllen. Alle gemeinsam haben sie den Hass auf das, was sie multikulturelle Gesellschaft nennen, und die Islamisierung Europas. Mit der Angst, diesem größten Gegner aller freien Entscheidungen, wollen sie ihre Anhänger ins gelobte Land der Freiheit führen. Dann kann ich auch beim Lotto alle Felder auf einmal ankreuzen im Glauben, dass es schon keiner merken wird.

Ihre Entscheidung geht so: Wir werden die liberale Demokratie, die Freiheit des Abendlandes, gegen ihre Gegner, die Fundamentalisten aller Herren Länder, mit Klauen und Zähnen verteidigen. Damit aber werden sie selbst zu Fundamentalisten, zu liberalen Fundamentalisten. Für ihre Freiheit zahlen sie den Preis der Freiheit.

Woher kommt die plötzliche Faszination rechtspopulistischer Kräfte? Schauen wir zurück auf den Wahlkampf zur Europawahl im Frühjahr 2014: Der Kandidat der CDU, Jean Claude Juncker, war auf keinem Plakat zu sehen. Stattdessen hängte man die Kanzlerin auf. Alte Plakat-Restposten, die man noch bei Pofalla unterm Bett gefunden hatte. «Bloß keine unbekannten Gesichter! Lieber jemanden aufs Plakat kleben, der gar nicht antritt!» Das ist nur leider Wählerbetrug. Das ist so, wie wenn man ein Konzert von Helene Fischer ankündigt, und dann kommt Jimi Blue Ochsenknecht.

Die neue Konkurrenz von der Alternative für Deutschland plakatierte «Wir sind nicht das Weltsozialamt.» Daneben hing ein Plakat, auf dem stand: «Wir sind nicht das Sozialamt der Welt.» Das war nicht von der AfD, sondern von der NPD. Beunruhigend daran ist vor allem die Tatsache, dass die NPD den Genitiv flüssiger draufhatte als die AfD. Nach der Bundestagswahl 2013 sagte deren Chef, Bernd Lucke, über die Euro-Rettungsschirme der Bundesregierung: «Wir haben so viele Entartungen der Demokratie erlebt.» Man sagte ihm: Der Begriff ist negativ besetzt, darauf Lucke: «Welcher? Demokratie?»

Nora schaut mich etwas irritiert an: Sechs Stunden weiter in der Zukunft, in Singapur, entscheidet eine verhältnismäßig kleine Gruppe von Leuten, denen man die Gnade der singapurischen Staatsbürgerschaft hat zukommen lassen, über das Geschick aller. Die sogenannten *domestic worker*, der Bodensatz, wie die AfD sagen würde, die Häuser bauen und Fenster putzen, waschen, bügeln, legen und auf die Kinder der Reichen und Schlauen aufpassen, sind rechtlos. Sie kommen aus Malaysia und Indonesien, verdienen ihre 300 Euro und unterhalten damit auch noch ihre Familien daheim. Bei der Ankunft müssen sie ihren Pass abgeben, sie leben auf Balkonen, in Waschküchen und Abstellräumen ihrer Hausherren und haben einen Tag pro Woche frei. Wirft der Arbeitgeber sie raus, was ohne Begründung jederzeit möglich ist, müssen sie innerhalb von sieben Tagen das Land verlassen. So lässt sich eine schlagkräftige Powermarktwirtschaft natürlich zielführender organisieren. Je weniger Leute mitentscheiden, je straffer das Ausschlussverfahren, desto effizienter die Ergebnisse. Wer die Tyrannen der Mehrheit in die Abstellkammern gesperrt hat, kann optimale Entscheidungen treffen. Darin liegt die Gemeinsamkeit von Rechtspopulisten in Europa und der gegenwärtigen Zukunft in Singapur.

WÄHLERENTSCHEIDUNGEN

Sie schickten die fast 700 Kinder auf etwas, wovon sie begeistert sein würden: auf eine Schiffsreise durch das Mittelmeer. Sie fand zu Forschungszwecken statt, darum war sie auch nur virtuell, im Rahmen eines Computerspiels. Die Kinder bekamen paarweise Bilder zu sehen, und aus den beiden Gesichtern, die sie sahen, sollten sie jeweils den Kapitän wählen. In mehr als zwei Drittel aller Fälle wählten die Kinder den Kandidaten, der auch im wirklichen Leben gewonnen hatte. Was man ihnen verschwiegen hatte: Die Kapitäne waren Kandidaten der französischen Parlamentswahlen.

Das Spiel funktioniert auch mit Erwachsenen: Genau die gleiche Vorhersagegenauigkeit kam heraus, als Psychologen ihren Probanden für eine Zehntelsekunde ein Männergesicht zeigten. Sie sollten die Bilder auf Vertrauen und Kompetenz prüfen. Auch hier waren bei späteren Präsidentschaftswahlen überwiegend die Kandidaten die Gewinner, deren Gesichter von den Probanden die höchsten Kompetenzwerte zugesprochen bekommen hatten. Vielleicht sollten sich in Zukunft nur die Leute als Kandidaten aufstellen lassen, die am häufigsten auf der Straße nach dem Weg gefragt werden. Die Sympathiewerte in der Studie waren deutlich unwichtiger als die Kompetenz. Gesichter, die Stärke und Vertrauenswürdigkeit ausstrahlen, verbanden dabei ein starkes Kinn mit einem leichten, selbstbewussten Lächeln. Das erklärt sowohl die Karriere von Barack Obama als auch die von Rudi Scharping.

Offenbar gibt es gewisse biologische Muster, die auch bei Wahlentscheidungen einen Ausschlag geben. Kompetenz scheint sich im Gesicht niederzuschlagen. Aus der Psychologie ist bekannt, dass Führungskräfte häufiger körperlich groß, Einzelkinder und Erstgeborene sind. Wenn sie dann auch noch Kaiser, König oder Kanzler heißen, steht der Megakarriere nichts mehr im Wege. Heißen sie einfach Boss, können Sie sich auch noch ihre eigenen Anzüge schneidern.

Auch traumatische Erfahrungen in der Kindheit wie eine Scheidung der Eltern oder auch mehrere, scheinen förderlich für eine Karriere in der Politik zu sein. Fazit: Was viele schon immer bei ihrem Chef vermutet haben, ist in der Politik nun verbrieft: Wir werden regiert von Psychopathen. Eigentlich klar. Kein normaler Mensch ließe sich jahrelang freiwillig prügeln dafür, dass er Entscheidungen durchpeitschen muss, die keiner gut findet. Eine schwere sadomasochistische Pathologie lässt sich quer durch alle Fraktionen ferndiagnostizieren.

Diktiert nun wirklich die Biologie, wen wir wählen, ganz ohne dass wir bewusst eine Wahl hätten? Das greift natürlich zu kurz: Wenn das Kriterium «groß», «Einzelkind» und «starkes eckiges Kinn» ist, dürfte Angela Merkel heute höchstens zum vierten Mal in Folge gescheiterte Ortsvorsteherkandidatin in Pasewalk sein.

Vielleicht ist die Wahl einer Partei ja auch nur Kopfsache. In den USA sagen Psychologen, sie könnten anhand der Hirnstrukturen eines Menschen erkennen, welche Partei er wählt. So haben Konservative angeblich einen kleineren präfrontalen Kortex, das ist die Region, in der Entscheidungen getroffen werden. Verdammt! Mit einem Satz sind gefühlte 16 Jahre Angela Merkel erklärt. Der präfrontale Kortex entscheidet allein, dass es seit Jahren nichts zu entscheiden gibt.

Das rettet nicht nur Merkel, das rettet auch mich! Wann immer Nora mir in Zukunft vorwirft, mein Optimiergehabe führe zu meiner Entscheidungsschwäche, rufe ich nur «Kortex» über die Couch, und schon ist Ruhe.

Und es kommt noch besser: Bei konservativen Wählern ist zugleich die Amygdala größer als bei liberalen und linken Wählern. Die Amygdala ist das Zentrum für Angst und Emotionen – nicht die merkwürdig angezogene Prinzessin aus Star Wars III. Zudem reagieren Konservative auf negative Stimuli stärker als auf positive. In einer Studie in den USA zeigten Forscher Teilnehmern einer Studie Bilder einer Wunde mit Maden oder einer Spinne, die über ein ängstliches Gesicht krabbelte. Erzkonservative Befürworter der Todesstrafe und Gegner der Homoehe reagierten viel schockierter als liberalere Wähler. Nachvollziehbar also, dass sämtliche Wahlkämpfe auf Kosten von Minderheiten aus den Labors konservativer Kandidaten kamen. Von härteren Strafen für gewalttätige Jugendliche (Roland Koch, 2008), über «Kinder statt Inder» (Jürgen Rüttgers, 2000) bis hin zur Maut für Ausländer (Horst Seehofer, 2014).

Geht es nach den Hirnvermessern, wird ein Konservativer, der im Flugzeug einen bärtigen Mann mit Turban sieht, die Maschine fluchtartig verlassen oder nur unter größten Strapazen den Flug überstehen. Der Linke dagegen setzt sich absichtlich neben ihn und fängt ein Gespräch über das Verhältnis von Islam und Christentum im abendländischen Diskurs des 21. Jahrhunderts an, um endlich auch mal die andere Seite zu verstehen. Was aber macht der Wähler in der Mitte? Er setzt sich neben den Gast, zieht ihm den Turban ab, reißt ihm das Toupé vom Kopf und ruft aus: «Dass sich die Nazis jetzt schon als Salafisten verkleiden, ist ja was ganz Neues!», setzt sich zurück auf seinen Platz und bestellt einen Tomatensaft.

Nun gibt es aber auch sehr viele, ehemals linke, progressive Geister, die erst im Lauf der Jahre ins Lager der Konservativen konvertiert sind. Oft gilt: Je linker die Jugend, desto reaktionärer die Rente. «Im Alter dunkelt man nach», hat der frühere bayerische Ministerpräsident Günter Beckstein einmal gesagt. Wie

QUIZ

Risiko! Wir fürchten immer das, was uns nicht umbringen wird. Testen Sie Ihre Risikokompetenz.

Was fordert mehr TODESOPFER?

1. *Asthma oder Tornados?*

2. *Blitzschlag oder Lebensmittelvergiftung?*

3. *Unfälle oder Diabetes?*

Auflösung auf Seite 316.

wollen die Hirnforscher diese langsame Eintrübung der Überzeugungen erklären? Ich glaube, sie können es nicht, weil das, was sie ihre Wissenschaft nennen, für die entscheidenden Prozesse des Lebens zu starr und unbeweglich ist. Wo Hirnstrommessungen zur Scharlatanerie werden, steht die Erfahrung in der Tür und ruft: «Ich war's!»

Je älter Menschen werden, desto risikoscheuer werden sie. Wer nichts wagt, hat Angst und wer Angst hat, wird bewahrend. Darum sind möglicherweise auch viele Reiche häufig konservativ. Ihr Ziel ist, das zu behalten, was sie haben, wenig bis keine Risiken einzugehen und den bekannten Status quo aufrechtzuerhalten. Je tiefer der Abgrund, desto größer die Vorsicht. Das gilt erst recht und im Besonderen für eine Welt, die Abstürze und Fehler nicht als integralen Teil des Lebens anerkennen kann, sondern mit dem sozialen Tod bestraft.

Glaubt man den Forschern, die dem Menschen eine Entwicklung zutrauen, sind politische Präferenzen wohl erblich, darin sind sie dem Glauben verwandt. Ob ein Mensch eher links oder rechts steht, hängt oft von der prägenden Haltung der Eltern ab. Haben sie eindeutige Positionen, steigt die Wahrscheinlichkeit, dass Kinder dieselben Vorlieben haben, um etwa 20 Prozent. Das würde auch erklären, warum gerade die hauptberuflichen Zahnarzt- und Rechtsanwaltssöhne, sobald sie mit 29 zu Hause ausgezogen sind, die Kutten der Bürgerlichkeit abwerfen und in die Ecke pfeffern, um sie dann mit spätestens 35 Jahren wieder hervorzukramen, heimlich anzuprobieren, einmal gründlich durchzuwaschen, um dann herauszufinden, dass sie eigentlich doch ganz gut passen. Es ist dabei nicht ganz klar, ob sich die Formen des Körpers den Kleidern angepasst haben oder umgekehrt.

Übernehmen die Kinder das Parteigängertum der Eltern fast bedingungslos, kann das weltpolitisch auch mal derb danebengehen, wie das Beispiel George W. Bush eindrucksvoll beweist.

Tradition und Tragödie flossen hier filmreif ineinander. Hätte sich George jun. für eine unauffällige Karriere als langweiliger Highschool-Lehrer in Nevada entschieden, wäre der Welt viel Leid erspart geblieben. Bei der Religion ist es ähnlich: Die meisten Leute sind in der Kirche, in der auch schon ihre Eltern waren, auch wenn sich ihre Überzeugungen stark unterscheiden. Auch Menschen, die viele Freunde haben, sind insgesamt linksliberaler als der Durchschnitt, während Einzelgänger eher konservativ sind. Das zeigt schon die Sprache: Genossen sind nichts anderes als Linke, die das gesellige Wort «genießen» immerhin noch in der Vergangenheitsform kennen. Politische Überzeugungen sind ansteckend wie die Menge des Essens, das wir in Gesellschaft im Restaurant bestellen.

Das gilt auch fürs Nichtwählen: Wer viele Nichtwähler in den Freundesstand erhoben hat, wird es ihnen sehr wahrscheinlich gleichtun. Ist Nichtwählen eine Entscheidung? Ja. Auch wer sich gegen etwas entscheidet, aufschiebt oder andere für sich entscheiden lässt, entscheidet sich für diesen Weg. Das ist das Perfide an Entscheidungen: Man kommt nicht drum rum. Der große Psychologe Paul Watzlawick prägte das Wort: «Man kann nicht nicht kommunizieren.» Das gilt auch für Entscheidungen. Man kann nicht nicht entscheiden. Auch das Nichtwählen ist damit eine Wahl.

Das bedeutet noch lange nicht, dass es deshalb eine gute ist. Im Rahmen der Bundestagswahl 2013 kam es zu einem Wahrnehmungswechsel: Erstmals outeten sich geschätzte, respektierte intellektuelle Wortführer wie die Philosophen Richard David Precht und Peter Sloterdijk als bekennende Nichtwähler. Dass sie dabei weit hinter ihren gedanklichen Möglichkeiten zurückblieben, nahmen sie offenbar billigend in Kauf. Auch das ist eine Entscheidung, die man respektieren muss. Das Ziel dieser Achselzuckerfraktion war, das Menschenrecht auf Stimmverweigerung aus der prekären Ecke der desinteressierten Popanze herauszuholen, in der es bis dahin sein tristes Schattendasein geführt hatte. Die Betroffenen versuchten, das Nichtwählen als heroischen Akt zu verkaufen. Das Problem daran war: Die Entscheidung zum Nichtwählen ging mit einer solchen Verachtung gegenüber der repräsentativen Demokratie, ihren Möglichkeiten, Vertretern und Institutionen einher, dass sie ihrerseits in vordemokratische Denkmuster kippte, an den Rand des Idiotischen vordrang und damit den Extremisten links und rechts der demokratischen Vernunft das Wort redete.

Die Realität der Nichtwähler sieht anders aus: Mehr als die Hälfte aller Haushalte, in denen sie leben, müssen mit weniger als 2000 Euro im Monat auskommen. Drei von fünf Nichtwählern haben keinen Job. Dauernichtwähler sind selten, sie sind eher Wähler auf Urlaub, die vom kleinkarierten Gezänk zwischen Parteien, die sich jetzt hassen, aber zwei Minuten später wieder gemeinsame Sache machen, die Schnauze voll haben. Was also tun? Um die Zahl der Nichtwähler zu senken, könnte ein simpler Trick vor Wahlen helfen: weniger über sie und ihre hohe Zahl reden. Damit sind wir zwar nicht gegen ihren Einfluss geimpft, immerhin könnte die Ansteckungsgefahr aber deutlich sinken. Stattdessen in der Vorwahl-Berichterstattung die stark machen, die wählen gehen. Das ist ein sehr wirkungsvoller Effekt, der in vielen anderen Bereichen des Lebens schon gut funktioniert. So, wie es sinnvoller ist, vor einer Operation von einer Überlebenswahrscheinlichkeit von 90 % zu sprechen und nicht von einer Sterbewahrscheinlichkeit von 10 %. So, wie es für Werber sinnvoller ist, von zu 90 % fettfreien Produkten zu sprechen, als von 10 % Fettanteil. Was sonst oft ein mieser Industrietrick ist, könnten sich Politstrategen hier für eine gute Sache zunutze machen.

DAS UNHEIL DER POLIT-ASTROLOGEN — WARUM MEINUNGSFORSCHER MEISTENS DANEBENLIEGEN

34 Parteien haben an der Bundestagswahl 2013 teilgenommen, acht Jahre vorher waren es zehn weniger. Je mehr Optionen wir bei einer Wahl haben, desto schwieriger wird die Entscheidung. Was ist die MLPD? Der Nachfolger der mp3? Was unterscheidet die Tierschutzpartei von der FDP? Die Zahl der Stimmen wohl kaum.

Um die Wahlentscheidung an dieser schwierigen Stelle zu erleichtern, gibt es Meinungsforschungsinstitute: Wenn Hauptstadtjournalisten mit Bedenkenträgermiene in die Kamera gucken und die Zukunft vorhersagen wollen, schlägt die Stunde der Unentschiedenen. Endlich sollen sie auch noch einen politischen Heimathafen finden. Und das obwohl die Institute mehr als einmal kolossal danebenlagen: 2009 überschätzten sie die CDU und unterschätzten die FDP. Keiner hatte ihre radikalliberalen 15 % vorhergesehen. Bei der letzten Wahl war es umgekehrt. Seitdem wird gestritten, wann der Zeitpunkt für die letzten Umfragen ist: Das ZDF hat vor der Bundestagswahl 2013 zum ersten Mal drei Tage vor der Wahl eine Last-Minute-Umfrage veröffentlicht, die ARD gibt die letzten Daten eine Woche vor der Wahl heraus und zieht es vor, danach die Klappe zu halten. Begründung: Tägliche Umfragen vor einer Wahl könnten einen Kreislauf taktischer Wahlentscheidungen hervorrufen. Die Gegenseite argumentiert: In Anbetracht der Tatsache, dass rund 40 % aller Wähler ihre

Entscheidung erst kurz vor dem Wahltag treffen, sei es unseriös, Menschen mit Zahlen zu behelligen, die längst kein Abbild der aktuellen Stimmung mehr seien. Das Problem an allen Umfragen, insbesondere an den kurzfristigen: Die meisten Zuschauer fassen die Daten als realistische Einschätzung der politischen Lage auf und wählen entsprechend taktisch so, dass sie eine bestimmte Koalition stärken könnten. Meinungsanalyse wird zu Meinungsbildung.

Psychologen haben herausgefunden, dass menschliches Handeln durch Gedanken beeinflussbar ist. In einem Experiment legten sie Studenten vier Wörter vor, aus denen sie Sätze bilden sollten. Bei der ersten Gruppe enthielt die Hälfte der Wörter Begriffe, die mit Alter und alten Menschen verbunden waren wie «vergesslich», «glatzköpfig», «grau» oder «Falte». Nach dem Versuch mussten sie in ein Büro am Ende des Gangs laufen. Die Forscher maßen unauffällig die Zeit, die die Probanden brauchten, um dorthin zu kommen. Ergebnis: Die Studenten, die einen Satz aus altersbezogenen Wörtern gebildet hatten, liefen erheblich langsamer als die anderen Teilnehmer. Umgekehrt ist es komplizierter: Nur weil Sie an einen Marathon denken, sind Sie noch lange keine 10 Kilo leichter.

So ist es auch bei Wahlentscheidungen: Eine Studie in Wahlbezirken des US-Bundesstaates Arizona zeigte: Wenn sich das Wahllokal in einer Schule befand, war die Bereitschaft der Wähler, höhere Bildungsausgaben in Kauf zu nehmen, bedeutend größer. Zeigte man den Wählern Fotos von Klassenzimmern, waren sie eher bereit, eine Schulinitiative zu unterstützen. Wenn das die Pharmalobby spitzkriegt, wird sie bald dafür sorgen, dass sämtliche Bundestagswahlen in Apotheken durchzuführen sind.

Einen ähnlichen Einfluss hat die Art und Weise, wie Meinungsforscher am Telefon sprechen. Die ersten Fragen sind hier entscheidend, sie erzeugen eine positive Grundstimmung. Wer

Menschen fragt, ob sie einen Ladendiebstahl begehen würden, bekommt mehr Geständnisse, wenn er vorher von mildernden Umständen gesprochen hat. Es gibt einfach keine reine, optimale Art, Fragen zu stellen.

Hinzu kommen systematische Verzerrungen. Angerufene haben keine Zeit (die Waschmaschine ist fertig), keine Lust (das Auto muss noch geputzt werden) oder beides (Waschmaschine muss noch geputzt werden und Auto ist fertig). Außerdem sind bildungsferne und ältere Menschen traditionell unterrepräsentiert. Das kenne ich von meiner Oma, die einem Fremden am Telefon grundsätzlich keine Frage beantworten würde. Nicht einmal die nach dem Weg nach Hause. Die Meinungsforschung ist also eine Art «Blinde Kuh» der Politikinteressierten.

Wenn Sie einmal von einem Meinungsforschungsinstitut angerufen werden und gefragt werden, was Sie wählen, drehen Sie den Spieß doch einfach mal um und sagen: «Was brauchen Sie denn noch? Einen CDU-, einen SPD- oder einen Grünen-Wähler?» Damit wirken Sie wirklich meinungsbildend.

Online-Wahlwetten sind da schon aussagekräftiger: Wer mitmacht, muss tippen, wie andere wählen werden. Aus diesen Wahltipps errechnen die Ausrichter ein Stimmungsbild, das dem echten Ergebnis sehr nahe kommen kann. Auch hier lauern Gefahren: Die Spieler halten sich für politisch besonders gebildet und projizieren ihre Einstellung auf die der Mehrheit, für die Sie aber als interessierte Randgruppe nur sehr bedingt sprechen können. Noch schwieriger wird es, wenn die Zwischenstände der Wetten permanent einsehbar sind. Dann kommt es zu einem Opportunismus-Effekt. Die Spieler passen ihre Meinung mehr oder weniger bewusst dem Mittelwert an.

Können wir dann wenigstens all den Experten und Trendforschern trauen, die sich jahrein, jahraus mit nichts anderem außer Vorhersagen beschäftigen? Vor der Bundestagswahl 2013 sagte einer der renommiertesten Zukunftsforscher Deutschlands, Matthias Horx, das Ergebnis der Wahl voraus. Das Ergebnis: Der Meister der Zukunft irrte sich bei fast allen Parteien, einzig beim leichten Gewinn der SPD lag er richtig.

Besonders krass daneben lag er bei der CDU. Sie werde «schwächer als vorausgesagt, weil sich ihre Wähler verwirrt, heimatlos und demotiviert fühlen (unter 38 %)». Die CDU fuhr am Wahlabend 41,5 % der Stimmen ein und steigerte sich im Vergleich zu 2009 um 7,7 %. Im Rahmen ihrer nüchternen Möglichkeiten war die Kanzlerin an diesem Abend geradezu besoffen. Zum Beweis lief die Musik der Toten Hosen auf der Wahlparty im Adenauerhaus. Ich fragte mich: Wie muss das für eine excoole Punkband sein, wenn sie auf einer CDU-Wahlparty gespielt wird?

Ein Einzelfall? Doof gelaufen? Nein, die Irrtümer der Experten haben System.

In einer bahnbrechenden Studie an der Universität von Pennsylvania stellte der US-Psychologe Philip Tetlock diesen Eindruck auf eine breitere Basis: Er befragte fast 300 professionelle Prognostiker, die ihr Geld als Berater für politische Trends verdienen. Sie sollten beurteilen, wie groß die Wahrscheinlichkeit bestimmter Ereignisse sei. Es waren Fragen, die ausschließlich ihr Spezialgebiet betrafen. Insgesamt 80 000 Vorhersagen kamen dabei heraus. Das Ergebnis war niederschmetternd: Die Experten schnitten schlechter ab, als wenn sie einfach gewürfelt hätten. Menschen, die sich tagein, tagaus mit einem Spezialgebiet beschäftigen, treffen schlechtere Voraussagen als die alte Satansbraut, die sich für ein Medium hält und ihren Kunden das Geld aus der Tasche zieht, während sie über irgendwelchen Kugeln orakelt. Und es kommt noch schlimmer: Je gefragter die Experten waren, je häufiger sie in Talkshows saßen und in Printmedien publizierten, desto schlechter waren ihre Vorhersagen. Der

Grund: Sie überschätzten sich noch mehr als ihre Kollegen, die eher in der Nische aktiv waren. Als der Psychologe sie anschließend mit ihren schlechten Ergebnissen konfrontierte, erwiderten sie, sie hätten sich nur im Zeitpunkt geirrt oder aus richtigen Gründen das Falsche angenommen. Es herrschte eine Selbstkritik auf dem Niveau eines Hinterbänklers, die meist der Logik eines Vierjährigen folgt: Nichts hören, nichts sehen und dann ab unter Muttis Rockzipfel.

Vielleicht nennen wir das Spiel mit den Prognosen ab sofort nicht mehr Meinungsforschung, sondern «Ich sehe was, was du nicht siehst.» Ich wünsche mir eine Ausgabe von Günther Jauch, in der alle Forsas und Dimaps und Sprengs, all die Weissager, Vorauseinordner und Hinterheraufräumer, sich einfinden und im Chor sagen: «Wir wissen auch nicht, was die Zukunft bringt. Wir haben keine Ahnung. Alles andere wäre eine Lüge. Lügen aber wollen wir nicht, weil wir uns nicht auf ein Niveau mit denen stellen wollen, über die wir ständig orakeln. Bitte bezahlen Sie uns für nur diesen einen Satz: Wir wissen es nicht. Das ist die einzige Wahrheit. Vier Wörter für ein Hallelujah!» Abspann. Ende.

«Die Eule der Minerva beginnt erst mit der einbrechenden Dämmerung ihren Flug», schreibt Georg Wilhelm Friedrich Hegel, der berühmte Vogelkundler und Eulenflüsterer.[43] Wir Heutigen sagen: «Hinterher ist man immer schlauer.» Die Melancholie der Entscheidungen besteht darin, dass wir ihnen ständig hinterherlaufen, verfolgt von dem Wunsch, uns einzuholen, bevor ihre Konsequenzen es tun. Erkenntnis ist in diesem Wettlauf immer erst im Nachhinein möglich. Der Satz «Aus Fehlern wird man klüger» ist richtig, aber keine Garantie, es beim nächsten Mal besser machen zu können. Die nächste Erfahrung wird schon wieder so verschieden sein, unter so veränderten Bedingungen stattfinden, dass wir auch dann die Lerneffekte der Vergangenheit nur bedingt darauf werden anwenden können. Zwar hilft die Intuition in Form der Wiedererkennung des Bekannten, aber sie täuscht uns eben auch, weil jede Situation neu und verschieden ist und uns in unbekannte Räume treibt, die der Intuition verschlossen bleiben. Alles Große ist einmalig. Das macht es schön und schauerlich zugleich. Erkenntnis ist der Abend der Erfahrung, nicht ihr Morgen. Der gehört dem Leben.

Das Ziel der Meinungsforscher war nie Aufklärung, sondern das Erzeugen eines nervös-hysterischen Grundrauschens, das die Maschinerie der Aufmerksamkeitsökonomie am Laufen hält. Schneidet ein Kandidat in Umfragen schlecht ab, kann ein Reporterteam zu ihm geschickt werden, um zu fragen, wie er es denn nun noch schaffen will, in der Hoffnung, dass man mit der Antwort dann wieder neue Umfragen generieren kann, in deren Rahmen man Wähler fragen kann, ob denn ein Kandidat, der solche Sätze sagt, nun überhaupt noch wählbar sei oder vielleicht doch besser ausgetauscht werden sollte.

Medien haben bei Wahlen den wahrscheinlich größten Einfluss auf unser Wahlverhalten. Sie beeinflussen, welches Thema auf die Agenda kommt und welches nicht. Auch ihnen kommt die assoziative Funktionsweise unseres Gehirns, die Bauchwelt, das System 1, entgegen: So neigen wir dazu, die relative Bedeutung von Problemen danach zu beurteilen, wie leicht sie sich aus dem Gedächtnis abrufen lassen. Man nennt das Verfügbarkeitsheuristik. Sie verführt uns dazu, die Relevanz von Gefahren und Problemen vollkommen falsch einzuschätzen.

Am 25. Juli 2000 stürzte Flug 4590 der Air France eine Minute nach dem Start vom Pariser Flughafen Charles de Gaulle ab. Alle 109 Insassen und vier Personen am Boden starben. Der Hintergrund des Unglücks war: Eine zuvor abfliegende McDonnell Douglas DC-10 der Continental Airlines verlor einen 435 mm langen und 34 mm breiten Legierungsstreifen aus Titan auf der Startbahn. Die eigentlich vorgeschriebene Überprüfung der Startbahn vor dem Abflug der Concorde hatte keiner durchgeführt. Beim Beschleunigen auf der Startbahn schnitt das herumliegende Teil einen Reifen des Fahrwerkes der Concorde auf, woraufhin dieser platzte. Ein großer Teil des Reifens (4,5 kg schwer) schlug dann mit hoher Geschwindigkeit gegen die Flügelunterseite und beschädigte das Fahrwerk.

Die Verantwortung für das Unglück trugen viele verschiedene Stellen, darunter Continental Airlines, am wenigsten aber die Air France. Zwar war es schon in der Vergangenheit zu Pannen bei Concorde-Flügen gekommen, das war aber auch bei anderen Airlines wie British Airways der Fall. Dennoch ist es Nora seit dieser Nachricht unmöglich, Air France zu fliegen. Als die Airline Anfang des Jahres dann auch nur auf Platz 40 der 60 sichersten Airlines der Welt landete, war bei Nora alles aus. Zwar liegen Lufthansa und Air Berlin auch nur wenige Plätze davor, selbst die Schweizer Gesellschaft Swiss ist nicht in den Top 30, aber egal.

Wie kommt es zu diesen Täuschungen? Furcht liegt, genau wie ihre große Schwester, die Angst, in unserem Gehirn im Bereich der Amygdala. Der Bereich, der bei Konservativen ausgeprägter sein soll als bei Liberalen und Linken. Es ist evolutionär sicher sinnvoller, sich auf Intuitionen zu verlassen als auf das langsame Denken. Wenn Sie über eine Straße laufen und ein Auto rast auf Sie zu, bleiben Sie ja auch nicht stehen, um mit Hilfe einer mathematisch ausgeklügelten Formel die Wahrscheinlichkeit zu berechnen, ob und wann der Wagen Sie erfassen wird unter der Bedingung, dass ein Fahrer darin sitzt, der reaktionsschnell ist. Nein, Sie laufen instinktiv weg, und das ist auch gut so.

Medien bestimmen die politischen Themen, entsprechend glauben wir daran. «Haben wir das auch?» ist der Satz, den Redaktionsleiter am häufigsten sagen, wenn es um eine Person oder ein Thema geht, über das scheinbar gerade alle reden. Und da Medienleute Herdentiere sind, werden sie sich auf die Themen stürzen, von denen alle denken, dass alle drüber sprechen. Ein Eindruck, der nur entsteht, weil Medien drüber reden. Man schreibt also voneinander ab, zitiert sich gegenseitig, stärkt aber am Ende doch immer das eine singuläre Ereignis. So erzeugt man Hypes, positive wie negative. So werden Karrieren nach oben geschrieben und wieder runter. Darauf einen Guttenberg!

Das Bild des SPD-Kanzlerkandidaten Peer Steinbrück hatte sich im Lauf des Wahlkampfes komplett verändert, und es fiel schon nach recht kurzer Zeit schwer, zu sagen, ob er es war, der sich verändert hatte, oder das Bild, das von ihm gezeichnet worden war. Zu Beginn seiner Kandidatur war er ein über alle Parteigrenzen hinweg angesehener Finanzfachmann. Dann kamen die Diskussionen über Vortragshonorare, den Pinot Grigio für fünf Euro pro Flasche, das Hickhack um den Peerblog und immer so weiter. Mit der Zeit interessierte sich keiner mehr für das, was Steinbrück für die Zeit nach der Wahl forderte, wollte oder konnte, geschweige denn, wie sein Programm aussah. Was interessierte, war das nächste Update der Steinbrück-Pannen-Bingo-App.

Den Höhepunkt schließlich markierten die magischen drei Wörter «Hätte, hätte, Fahrradkette». Steinbrück hatte ihn, genervt von den Häuptlingen der Journaille, ihren Reporterapparatschiks hingeknallt, nachdem er den SPD-Wahlkampfslogan öffentlich gemacht hatte: «Das WIR entscheidet.» Was keiner bemerkt hatte im Willy-Brandt-Haus, war die Tatsache, dass ausgerechnet eine Zeitarbeitsfirma den Slogan schon seit Jahren okkupierte. Das war so, wie wenn die Katholiken Mohammed zu ihrem Gott erklären würden. Im Nachhinein betrachtet, passten Zeitarbeit und Steinbrück eigentlich ganz gut zusammen. Steinbrück war eine Art Zeitarbeiter der SPD, ein Kandidat auf Zeit, der jetzt, über ein Jahr danach, endlich wieder geregelter Leiharbeit bei Banken, Versicherungen und Stadtwerken nachgehen kann. Vielleicht wäre es besser gelaufen, wenn er einen Slogan gewählt hätte, der erstens zu ihm gepasst hätte und zweitens wirklich noch gar nie benutzt worden ist: Unterm Strich zähl ich.

WÄHLEN, OHNE ZU WÄHLEN –
WIE POLITIKER ENTSCHEIDEN

POLITIK

280

Wenn es wirklich wichtig wird, ist immer Nacht. Bei den Entscheidungen über Rettungsschirme für strauchelnde Länder in Südeuropa, bei Bankenrettungsprogrammen, bei Koalitionsverhandlungen. Immer ist es irgendwie 4.25 Uhr, und immer öffnen sich irgendwelche Türen, aus denen übermüdete Volksvertreter treten, um ihre Entscheidungen mitzuteilen. Journalisten in Armeestärke haben ausgeharrt vor den Türen, um anschließend abwaschbare Sätze mit Versatzstücken aus dem Werkzeugkasten der Floskelhaftigkeit in ihre Blöcke hineinzuschreiben. Es kommt immer irgendwas mit «langen Verhandlungen und intensiven Gesprächen» dabei heraus. Gerne ist man auch «aufeinander zugegangen», hat sich «engagiert ausgetauscht», bei überbordendem Mut wagt sich auch mal ein Wildgewordener aus der Deckung und spricht von «Tauziehen», aber da muss schon viel passieren.

Wie so vieles in der Politik ist auch das nur eine Inszenierung. Man hat nicht bis in die Nacht verhandelt, weil man tagsüber schon die Welt verändern musste. Oft sind diese Treffen von langer Hand geplant. Es geht um eine besondere Inszenierung rund um die eigenen Entscheidungen. Seht her, wir opfern uns für euch! Wir schlafen nicht, wir machen die Nacht zum Tage.

Die zweite Botschaft ist: Indem wir entscheiden, wenn alle schlafen, können wir machen, was wir wollen. Es wirkt auch wie ein Davonlaufen vor den Zudringlichkeiten der hellen Stunden. Sicher sind Politiker heute in einer schwierigen Situation: Sie stehen unter permanenter Beobachtung. Jeder Schritt wird gesehen und kommentiert, aufgeschrieben und weitergegeben. Das Internet leistet seinen Beitrag. Onlinemedien sind auf Geschichten im Stundentakt angewiesen, ihre Währung sind Klicks, und die kommen nur, wenn es neue Geschichten gibt. Politiker beschweren sich, dass Grenzen überschritten werden. Inhalte aus Hintergrundgesprächen, aus denen nie zitiert werden sollte, gelangen an die Öffentlichkeit. Der private und der öffentliche Raum fließen ineinander wie die Ozeane am Horn von Afrika.

So reagieren Politiker mit totaler Kontrolle aller Lebensbereiche: Interviews werden autorisiert, und das heißt, sie werden verändert bis zur Unkenntlichkeit. Häufig steht am Ende einer Freigabe am nächsten Tag das Gegenteil von dem, was während des Gesprächs gesagt wurde. Das gibt es sonst nur in langjährigen Ehen. Eine Armada an Beratern wacht mit Argusaugen darüber, was veröffentlicht wird, redet mit und entscheidet, was bleiben kann oder umgeschrieben werden muss.

Dass Kontrolle alles ist, zeigt eine Geschichte aus dem Wahlkampf von Peer Steinbrück: Eine Journalistin wollte wissen, wie viel Schlaf Steinbrück brauche auf einer Wahlkampftour. Der Kandidat antwortete ganz offen, dass ihm in Phasen wie diesen ein paar Stunden reichten, dass er aber schon froh sei, am Wochenende mal neun Stunden schlafen zu können. Später sagte die Journalistin zu einer Kollegin: «Neun Stunden, so viel hat die Kanzlerin nie. Er ist einfach nicht fit genug für den Job.»[44]

Die Hetzjagd des Journalismus auf Politiker hat in den letzten drei Jahren eine neue Qualität bekommen. Egal ob Brüderles Anmache an der Bar, Christian Wulffs Kredite oder Steinbrücks Vorträge, jedes Mal ging es nicht nur darum, zu hinterfragen, zu kritisieren und aufzuklären, es ging um Hinrichtung, vom Publikum in der Arena gewünscht und beklatscht, mit einer Mischung aus Anziehung und Abstoßung, Faszination und Schock.

Nach dem Tod Gottes brauchen wir neue Heilige. Stars, Sportler, Politiker, Manager. Sie werden in gefühlten Sekundenbruchteilen auf den Thron gehoben und genauso schnell wieder gestürzt, wenn sie einen Fehler machen. Da sie die einzigen Fixsterne in einer Welt ohne feste Bezugspunkte sind, müssen sie perfekt sein, sie müssen optimale Entscheidungen treffen und dürfen keinesfalls Fehler machen. Die Forderung an Politiker ist nicht, dass sie gut genug sind, um im Sinne des Wählers zu entscheiden. Sie müssen makellos sein, sie müssen rein sein, frei von Ecken, frei von Kanten.

Angela Merkels Beliebtheit besteht genau darin: Sie ist makellos. Sie hat keine Affären, feiert keine Geburtstage mit schmierigen Diktatoren, macht sich nicht gemein mit Lobbygruppen, Konzernlenkern oder anderen zwiespältigen Figuren. Sie macht sich vollkommen unangreifbar. Der Preis ist die vollkommene Abkehr von allem, was Demokratie ausmacht. Sie erstickt Diskussionen im Keim, hat keine Visionen oder Ideen, sie besticht nicht durch besondere Gedanken, sondern schläfert das Stimmvieh ein, pumpt es mit Floskeln aus Valium voll bis an den Rand der Ohnmacht, damit es sicher tief und fest schläft, während sie zwischen 22 Uhr abends und 4 Uhr morgens hinter verschlossenen Türen Entscheidungen treffen kann. Zugleich kontrolliert sie ihre Macht, ihre Wirkung und die Bilder, die es davon gibt, bis ins Detail.

Wie entscheidet nun die mächtigste Frau der Welt? Zögerlich zaudernd, weil sie sich nicht entscheiden kann? Ich meine, es ist Berechnung, Marotte und Masche, im Wissen, dass Haltung, Standpunkt und Überzeugung nur Stolpersteine auf der Ausbaustrecke des eigenen Machtbereichs sind. Gleichzeitig gelingt es ihr, am Ende als Entscheiderin dazustehen, ohne sich festgelegt zu haben. Sie wartet ab, kalkuliert, berechnet und beobachtet wechselnde Koalitionen und Mehrheiten. Nach den

Europawahlen gelang es ihr innerhalb einer halben Woche, erst gegen und dann für Jean-Claude Juncker als EU-Kommissionspräsidenten zu sein. Es ist eine Entscheidung ohne Entscheidung, weil sie unangreifbar bleibt. Künftige Forscher werden eine neue Kategorie von Entscheidungen hinzufügen müssen: die Teflon-Entscheidung.

Darum heißt es so oft, es gebe keine Entscheidung, mit der Merkel sich den Eintrag im Geschichtsbuch hätte sichern können. Brandt hatte seine Ostpolitik, Kohl die Wiedervereinigung, Schröder die Agenda 2010. Und Merkel? Die Raute. Und die Vermessung des Fischs, wenn die Patschehändchen bei Reden, physikalisch präzise ausgemessen und aufeinander abgestimmt, in exakt gleichem Abstand rhythmisch die Luft zerteilen. Vielleicht noch die Fäustchen bei der Fußball-WM, die schlagartig durch die Decke gehen, wenn so etwas wie ein Tor gefallen sein könnte – gefolgt von einem unsicheren Blick in Richtung Sepp Blatter, dieser einzigen Instanz, die auf die Frage antworten kann: War der jetzt drin, oder sah das nur so aus? Der Schildkrötenpanzer, der unterhalb ihres Kopfes beginnt und sich Körper nennt, lässt sie gerade in den Momenten der vermeintlichen Freude wie ein Gefängnis wirken, in dem man nicht eingesperrt sein möchte. Man fragt sich dann: Wie hält sie es in sich aus, ohne andauernd Rückenschmerzen zu haben?

Merkel verwaltet, was zu verwalten ist. Sie hat so etwas wie die konstitutionelle Demokratie mit geschaffen, in der ein Regierungschef eher ein Verwalter der Verhältnisse ist, ganz Diener seines Volks, so, als sei er gar nicht da. Vielleicht hat das mit dem Ende aller politischen Ideologien zu tun, mit der Erkenntnis, dass das, was heute als Überzeugung gefeiert wird, schon morgen ein Gefängnis sein kann. Und wie es sich in Gefängnissen anfühlt, weiß sie von sich selbst am besten. Vielleicht gilt fürs Regieren heute mehr denn je: Die Wirklichkeit ist, was der Fall ist. Planbar ist sie weniger denn je, unsicherer auch. Jede Entscheidung ist eine Entscheidung auf dünnem Eis. Kaum ein Regierungschef ist mit großen Visionen und Utopien dahin gekommen, wo er hinwollte. Meist galt: Je größer die Idee, desto tiefer der Fall. Diejenigen, die uns als große Entscheider in Erinnerung geblieben sind, waren Meister des Augenblicks, geduldige Taktiker und gewiefte Strategen, die ihre Ungeduld im Zaum halten konnten und warteten, bis die Zeit reif und die Umstände bereit waren.

Der moderne Regierungschef ist kein Offensivspieler auf dem Platz, kein Stürmer, der Tore schießen soll, sondern eher ein Torwart, dessen Ziel es sein muss, möglichst viele Bälle zu halten. Das Schwierige daran ist nur, dass noch kein Turnier ausschließlich defensiv gewonnen worden ist.

Was vielleicht von Merkel bleiben wird, ist das, was Politikstrategen etwas verquast asymmetrische Demobilisierung nennen. Dieses Spiel hat sie zur Perfektion gebracht. Gemeint ist der allgegenwärtige Topos von der Sozialdemokratisierung der Union, die fast schon gewaltsame Besetzung und Vereinnahmung von traditionell feindlichen Gebieten. Wer hätte gedacht, dass eine konservative Partei irgendwann die Wehrpflicht abschaffen würde? Dass es eine Unionskanzlerin sein würde, die der Atomkraft den Stecker zieht? Dass sich eine Konservative für den Mindestlohn stark macht? Wenngleich es eher ein Mindestlohn light war, ab und zu und in manchen Bereichen, nicht in allen, und in sehr unterschiedlichen Höhen. Unter dem Motto: Mindestlohn heißt, mindestens ein bisschen Lohn darf es schon sein!

Was alle diese Manöver gemeinsam haben, ist nicht nur die Tatsache, dass es klassische rot-grüne Positionen waren, über denen Helmut Kohl schnellstmöglich den Mantel der Geschichte geworfen hätte, um sich einzureden, dass es sie eigentlich gar nicht gibt. Asymmetrische Demobilisierung bedeutet, wir nehmen die Forderungen des Gegners, machen sie uns zu eigen und setzen sie um. Halb so radikal, aber doppelt wirkungsvoll, weil doppelt so überraschend. Gut, dass es bei politischen Ideen keinen Plagiatsvorwurf gibt, sonst wäre Angela Merkel längst hinter Gittern.

Mit dieser Vorgehensweise macht sie den Wählern ein Angebot, nach dem es eine ungeheure Nachfrage gibt: Ruhe und Entspannung. Der Wunsch danach liegt in Deutschland im System, wir sind eine Konsensdemokratie. Sie steht für Sicherheit und Verlässlichkeit, auch unterlegene und ausgeschiedene Mitbewerber, die sich danebenbenommen haben, bekommen die Chance auf parlamentarische Resozialisierung, nachdem sie ihre Besinnungshaft im Thomas-Dehler-Gefängnis abgesessen haben.

Der Nachteil einer Politik, die sich als verwaltungstechnischen Akt versteht, ist die Langsamkeit ihrer Entscheidungen und die Mühsal des permanenten kleinsten gemeinsamen Nenners. So wird als Sieg gefeiert, was bestenfalls ein schlechter Kompromiss ist. Auch Koalitionen sind Ehen unter der Drohung ihrer Auflösbarkeit.

Hinzu kommt der von andauernden Entscheidungen genervte, multioptionsgestresste Gegenwartsbewohner, der froh ist, wenn er nicht gestört, irritiert oder beunruhigt wird. Das Leben soll schließlich optimal behaglich sein und bitte nicht weh tun. Das Ergebnis ist dann das, was wir derzeit haben: eine Große Koalition. Der Inbegriff des kleinsten gemeinsamen Nenners, der Kompromiss des unteren Mittelmaßes, entpuppt sich als optimale Regierungsform.

Einmal habe ich eine Anekdote gehört, die Angela Merkels Teflon-Entscheidungen am schönsten beschreibt. In ihrem Physikstudium, das, damals ähnlich wie heute, sehr männerdominiert gewesen war, hatten die männlichen Studenten das Labor den ganzen Tag unter sich aufgeteilt. Schnell habe sie gelernt, wenn sie hier ans Ziel kommen wolle, müsse sie abwarten, bis es Abend werde und die Jungs Wichtigeres zu tun haben, als im Labor zu sitzen. Lass es Abend werden und warte ab, bis die Jungs zu Ende gespielt haben, und du hast das Labor für dich und kannst machen, was du willst. Die Kanzlerin der Minerva beginnt erst mit der einbrechenden Dunkelheit ihren Flug. Die dramatische Frage heute ist: Bleibt sie auch noch zum Frühstück? Was man, bei aller Kritik, also von Merkel lernen kann, ist die Kunst der Geduld als Grundlage jeder Entscheidung. Schlaues Abwarten, Beobachten, Berechnen und Kalkulieren. Gerhard Schröder sprach oft von seiner Politik der ruhigen Hand. Gegen das, was Angela Merkel seit acht Jahren macht, wirkt Schröders ruhige Hand wie die eines ADHS-Kindes.

Die politische Entscheidungsbühne hat sich massiv verändert. Öffentliches und Privates, große Entscheidungen und kleine Anekdoten, alles steht heute irgendwie nebeneinander. Viel ist die Rede vom Verlust des privaten Raums. In Wirklichkeit ist das Gegenteil der Fall, wie der Philosoph Slavoj Žižek bemerkt: «Was verschwindet, ist der öffentliche Raum. Menschen, die sich im Internet nackt machen, egal ob mit ihren besoffenen Selfies auf Facebook oder ihren Körpern bei Youporn, sie alle sind Tyrannen der Intimität, die ihren privaten Raum auf den öffentlichen ausdehnen.»[45] Das nennt man dann Authentizität. Oder, in der politischen Sphäre, Transparenz. Transparente Entscheidungen sind das Gebot der Stunde.

Transparenz ist in. Nach innen und nach außen, von oben und von unten. Alle loben sie, und alle setzen auf sie, vor allem die, die Dreck am Stecken haben, glauben, dass der Stecken von alleine wieder sauber wird, wenn sie nur einmal transparentes kaltes klares Wasser drüberlaufen lassen. «Transparenz schafft Vertrauen» heißt es überall. Und wer Google als Seismographen der Zustände nimmt, sieht anhand von fast einer Million Hits für das Modewörtchen «Transparenz», dass sich was zusammengebraut hat. Die Frage ist, ob der Hype vielleicht viel eher Ergebnis eines tiefen Misstrauens ist und entsprechend ständig neues Misstrauen schafft?

Im Jahr 1993 zwang die amerikanische Börsenaufsicht zum ersten Mal Unternehmen dazu, Einzelheiten über die Gehälter ihrer Topmanager öffentlich zu machen. Das Ziel war es, den Anstieg der Managergehälter zu stoppen. Die anschließenden Medienberichte über die Gehälter der Topmanager sorgten für Neid. Es bildete sich eine ganze Armada von Beratern, die Manager in Gehaltsfragen zur Seite standen und sie aufforderten, exorbitante Forderungen zu stellen. Das Ergebnis: Heute verdienen Topmanager in den USA das Dreifache von dem, was sie vor der Veröffentlichung ihrer Gehälter bekamen, und damit fast 400-mal so viel wie ein durchschnittlichen Arbeiter.

Transparenz hat das Ziel, den König vom Sockel zu stoßen, bewirkt aber in ihrer Totalität ihr Gegenteil, und wird selbst totalitär, indem sie sich nicht mehr selbst hinterfragt: Stattdessen treibt sie die Dynamik, die sie zu brechen vorgibt, auf die Spitze und sorgt für noch mehr Geld für sowieso schon überbezahlte Manager. Transparenz fordert Durchsichtigkeit, will aber nur die grelle Durchleuchtung des gesamten Lebens. Aufklärung stand immer unter dem Diktum des Erhellenden, Licht soll in die Dunkelkammern und entlegensten Winkel des Menschen und seines Lebens gebracht werden. In der Epoche von Big Data scheint die Aufklärung nun am Ziel zu sein. Die totale Ausleuchtung ist möglich geworden. Aber Aufklärung, die am Ziel ist, ist gescheitert, sie muss immer Prozess und Annäherung bleiben. Darum sind die größten Transparenz-Befürworter fast immer auch Meister des Nebulösen und Wolkigen, im schlimmsten Fall wollen sie alles durchleuchten, um dann selbst in der Dunkelheit, die nur der Raum hinter den Scheinwerfern garantiert, zu

verschwinden. Wer Durchleuchtung fordert, darf Blender nicht
fürchten.

Der Philosoph und Transparenzmuffel Walter Benjamin verachtete schon vor 100 Jahren all die durchsichtigen Gebäude aus
Glas, die damals entstanden. Er nannte Glas «Material, auf dem
sich nichts festsetzt. Ein Feind des Geheimnisses»[46]. Als er einmal in einem Hotel in Moskau wohnte, fiel ihm auf, dass erstaunlich viele Türen in den Gängen des Hotels nachts nur angelehnt
standen. Anfangs hielt er es für einen Zufall, doch dann stellte
er fest: In den Zimmern schliefen Mitglieder einer Sekte, die
geschworen hatten, sich nie in geschlossenen Räumen aufzuhal-
ten.[47] Müde Jünger, denen in offenen Räumen die Messe gelesen
wird, nennt man heute Insassen von Großraumbüros.

Je lauter das Transparenzgebrüll wird, je krasser der öffentliche Raum ausgeleuchtet wird, desto mehr ziehen sich die Entscheider in den Schutz der Nacht zurück, um alleine und ohne
Störungen zu entscheiden.

Nora erzählt noch immer begeistert von Singapur, diese Stadt
muss sie nachdrücklich beeindruckt haben. Singapur ist die absolut transparente Stadt, die dank Videoüberwachung dafür sorgt,
dass es keine Kriminalität gibt, mindestens keine sichtbare. Nora
ist noch immer der Meinung, dass wir hier ein schlagendes Ar-
gument für Transparenz und Kontrolle hätten. Wobei ich ein-
wende, dass der Begriff schlagend im Zusammenhang mit Singapur ein wenig ungeschickt gewählt ist. Transparenz durch
Überwachung führt in ihr Gegenteil, wie eine Geschichte aus
Nanjing zeigt, die der Philosoph Slavoj Žižek erzählt.

Dort stürzte vor einiger Zeit eine ältere Frau, als sie in einen Bus steigen wollte. In Zeitungsberichten stand, dass sich
die 65-Jährige dabei die Hüfte brach. Vor Ort kam ihr ein junger Mann zu Hilfe. Der Mann gab ihr 200 Renminbi, wofür
sie etwa 300 Busfahrkarten hätte kaufen können, und brachte

sie ins Krankenhaus. Anschließend blieb der Mann bei ihr, bis ihre Familie in die Klinik kam. Die Familie verklagte den jungen Mann auf 136 419 Renminbi. Das Bezirksgericht sprach ihn daraufhin schuldig und verurteilte ihn zu einer Strafe von 45 876 RMB. Die Begründung des Gerichts lautete, dem gesunden Menschenverstand zufolge habe der Mann die Frau wahrscheinlich umgestoßen, da er den Bus als Erster verlassen habe. Außerdem habe er seine Schuld eingestanden, indem er im Krankenhaus bei der Frau geblieben sei. Eine unschuldige Person wäre nicht so freundlich, wie er dies zu sein für sich beanspruchte. Der Mann habe, so Žižek, der alten Dame aus schlichtem Mitleid oder Anstand geholfen, aber da eine solche Demonstration von Güte nicht die Regel ist, wurde es vom Gericht als Beweis für seine Schuld interpretiert. Nach dem Vorfall befragte die Regierungszeitung in einer Online-Meinungsumfrage junge Leute, was sie tun würden, wenn sie sähen, dass eine ältere Person hinfällt. 87 % würden nicht helfen. Sie täten dies nur, wenn sich eine Kamera in der Nähe befände.[48]

Transparenz durch Überwachung und Kontrolle führt also in erster Linie zu schlechteren Entscheidungen, nicht zu besseren. Sie fördert, wie man an den USA sieht, Angst und Misstrauen. Die großen Politiker aber zeichnen sich nicht durch Angst und Mistrauen aus, sondern durch Risikointelligenz. Was sie alle eint, ist ein Talent, Kopf- und Bauchentscheidungen zu vereinen. Alle hatten, im Rahmen einer großen historischen Situation, das richtige Gespür für das richtige Handeln. Eine gute Mischung aus Strategie, Taktik und Kalkül mit einem Sinn fürs Spielerische der Politik. Fachbeamte, Staatssekretäre und andere langjährige Experten ihres Fachs sind oft sehr stark auf Sicherheit bedacht. Minister, Kanzler und andere Rampensäue auf der politischen Bühne dagegen sind Alphatiere, die auch das Risiko lieben. Darum ist auch die Stammtischparole, in Deutschland könne jeder

Minister werden, egal, ob er etwas von seinem Fach verstehe, nicht zielführend. Das Talent eines guten Ministers besteht nicht in Detailkenntnis, dafür gibt es eine gut geölte Maschinerie im Hintergrund. Der Politiker muss ein Bauchmensch sein, der das, was ihm andere zusammentragen, am Ende gut weiterdenken, diplomatisch vertreten und aggressiv verkaufen kann. Er ist wie ein Fernsehmoderator. Es sagt ja auch niemand: Wieso spricht Jauch diese Woche über die NSA und nächste Woche über den Irak? Weil er Leute hat, die sich mit dem Thema auskennen und er das Talent hat, vor der Kamera die richtigen Fragen zu stellen.

DIE BUNDESTAGSWAHL 2013
und die Prognose des Zukunftsforschers Matthias Horx

Vor der Bundestagswahl 2013 gab einer der renommiertesten Zukunftsforscher Deutschlands, Matthias Horx, eine Prognose zum Ergebnis der Wahl ab.

Hier sein Tipp:

CDU 38%

SPD 27%

Die Grünen 14%

FDP 6%

AfD 5%

Hier die Ergebnisse der Bundestagswahl 2013:
Der Experte irrte sich bei fast allen Wahlergebnissen.

CDU 41,5%

SPD 25,7%

Die Grünen 8,7%

FDP 4,8%

AfD 4,7%

Fazit:
Trotz bester Forschungsmodelle lässt sich die Zukunft nicht voraussagen.

Quelle:
www.fr-online.de/bundestagswahl--hintergrund/kolumne-so-seht-die-bundestagswahl-aus,23998164,24081896.html

EINBAHNSTRASSE – WORAN GROSSPROJEKTE SCHEITERN

Im Grunde genommen war es ein Schnäppchen, das zugleich alle Dimensionen gesprengt hat, zu Beginn und erst recht am Schluss. Klingt nach einer optimalen Entscheidung, hatte aber auch ihren Preis, 2,3 Milliarden Euro. So viel sollte er kosten – am Ende war es doppelt so viel. Und das für drei Hochhäuser, die je 55 Stockwerke haben und einen Dachgarten, der alle drei Türme miteinander verbindet. Im Inneren sind ein Hotel, ein Casino, ein Einkaufszentrum und zwei Theatersäle mit je 2000 Plätzen, außerdem ein futuristisches Kunst- und Wissenschaftsmuseum. Das Dach sieht aus wie eine Lotusblume. Willkommen im Marina Bay Sands Singapur. Ein Resort, das Maßstäbe setzt, Nora weiß ein Lied davon zu singen, sie war dort und – Überraschung! – vollkommen begeistert.

Da kann Deutschland direkt mal nach Hause gehen mit seinen Bahnhöfen und Flughäfen und anderem Gedöns, was man hier tieferlegen oder höherfahren will, je nach Perspektive, und doch immer genau dort endet, wo man nicht hinwollte. Dennoch dauerte es auch in der Hightech-Metropole lange, sehr lange, bis das Resort fertig war. Zunächst musste die Regierung das Casino-Verbot kippen, das Stadtgründer Lee Kuan Yew verhängt hatte (darum spricht man auch heute noch immer nicht von einem Casino, sondern von einem Integrated Resort). Nora erwidert, immerhin sei man hier trotz Bedenkenträgermienen und explodierenden Kosten fertig geworden, was man in Deutschland nicht von allen Großprojekten behaupten könne.

Egal ob Singapur oder Berlin, egal ob Flughafen, Philharmonie oder Diplomarbeit. Je größer die Entscheidung, desto stärker scheinen Menschen dazu zu neigen, sich zu verschätzen. Sobald sich der lebenspartnerschaftsbereite Mittdreißiger durch die Einschulung des Nachwuchses genötigt sieht, ein Nest am Rande der Stadt zu bauen, wird er sehen: Es wird immer doppelt so teuer wie gedacht und dauert dreimal so lange, wie es teuer wird. Der Weg zum Großprojekt ist mit guten Vorsätzen gepflastert. Ständig geschehen Dinge, die sich nicht vorhersehen ließen. Meteorologische Fukushimas beim Hausbau, die statistisch nur alle 33 000 Jahre einmal vorkommen: der Winter, die Kälte und manchmal auch, vollkommen überraschend, sogar Schnee. Schon steht die Baustelle still, und die Vollendung des Eigenheims droht mit der Volljährigkeit der Enkel zusammenzufallen.

Bei großen Entscheidungen sind für Timingdramen und Kostenschocks vor allem drei Faktoren verantwortlich. Selbstüberschätzung der Planer, Planungsfehler der Selbstüberschätzer und die menschliche Schwäche des Aufschiebens.

Beginnen wir mit der Selbstüberschätzung, die fast jeden Entscheidungsträger großer Ideen betrifft. Dazu müssen wir noch einen Schritt zurücktreten und uns fragen, was genau die Wurzel der Selbstüberschätzung ist. So eigenartig es klingen mag, es ist der Optimismus. Leute, die sich selbst als Optimisten bezeichnen, sind zwar die spannenderen Menschen, leben länger, verdienen und erreichen mehr, wie Psychologen zeigen konnten, aber sie zahlen dafür auch den Preis des Risikos. Weil sie höher pokern, treffen sie auch häufiger falsche Entscheidungen, indem sie sich von ihren Instinkten leiten lassen und Situationen zu günstig einschätzen. In den Vereinigten Staaten liegt die Wahrscheinlichkeit, dass eine neugegründete Firma die ersten fünf Jahre überlebt, bei gerade einmal 35 %. Unternehmensgründer allerdings schlagen diese Zahlen in den Wind, sie scheinen sogar voll-

kommen außerhalb ihres Sichtfeldes zu liegen. Unternehmensgründer selbst glauben nämlich, dass ihr Unternehmen zu 81 %
überleben wird. Optimisten neigen zu massiven Fehleinschät-
zungen, gerade weil sie Überzeugungstäter sind. Sie blenden mit
einer beeindruckenden Konsequenz Faktoren aus, die ihre Pläne
in Frage stellen könnten.

In der Sphäre, in der die großen Entscheidungen von Bedeutung getroffen werden, der Politik, sind wir umgeben von sich
selbst überschätzenden Ego-Shootern, die vor allem eines sein
müssen: Hochstapler im Tiefstapeln. Hätte Klaus Wowereit von
Anfang an den tatsächlichen, ungeschminkten, nicht zurecht-
gestutzten und nicht krummgebogen-gelogenen Flughafenpreis
unter Berücksichtigung aller Eventualitäten angegeben, hätte der
Wähler möglicherweise einen Strich durch die gezinkten Karten
gemacht. Schließlich würde kein Mensch, der noch halb bei Be-
sinnung ist, einen Betrag mit so vielen Nullen einfach ausgeben
für einen Plan, den sich so viele Nullen ausgedacht haben. Und
warum schlafende Wähler wecken, wenn's auch einfacher geht.
Zumal der Entscheider von Anfang an weiß: Wenn das Ding fertig ist, bin ich sowieso nicht mehr im Amt. Die Geschichte zeigt:
Auch das kann schiefgehen. In Berlin stellt sich vielmehr die
Frage: Was hat Willy Brandt eigentlich genau verbrochen, dass
ihn künftige Generationen für einen komatös-debilen Flugha-
fenbauer halten sollen?

Der Berliner Flughafen kostet 200 % mehr als geplant – nachdem die Eröffnung mehr als viermal verschoben wurde. Im Jahr
2024 möchte Berlin die Olympischen Spiele austragen – das bedeutet, Olympia käme vor dem neuen Flughafen.

Je höher die Kosten, je lauter das Hüsteln der Kritiker, desto
nervöser entscheiden die Entscheider. Nur damit scheint das
Phänomen Hartmut Mehdorn erklärbar zu sein. Mehdorn soll
einen Flughafen retten. Verstehen Sie den Witz, der schon in die-

sem Satz steckt? Nachdem er bei der Bahn und bei Air Berlin gescheitert war, ist er der Lothar Matthäus unter den Managern. Der Mann ist über 70 Jahre alt – das heißt, die Eröffnung wird frühestens sein Nachfolger erleben. Und wenn er beim Flughafen ähnlich erfolgreich sein wird wie bei der Bahn, dann hat der bald nur noch vier Probleme, nämlich die der Deutschen Bahn: Frühling, Sommer, Herbst und Winter. Mitte 2014 waren es noch über 70 000 Probleme – genauer gesagt 70 002, denn da waren Wowi und Mehdorn noch gar nicht mitgezählt. Wenn Mehdorn den Flughafen wirklich rettet, möchte ich, dass DJ Ötzi die Elbphilharmonie eröffnet.

Der Grund für dieses Versagen ist der zweite Faktor, der Planungsfehler. Im Moment der Entscheidung geht fast jeder Planer von optimalen Bedingungen aus. Das kennen wir aus dem Alltag: Andauernd machen wir Deadlines aus, die wir nicht einhalten können. Eine Verabredung am Nachmittag zum Kaffee um drei, dann kommt ein Stau, dann noch ein Telefonat, das länger dauert, ein Wasserrohrbruch oder der Laptop, der den Geist aufgibt. Wir werden von so vielen Faktoren beeinflusst, die wir nicht vorhersehen und darum auch kaum einplanen können. Im Alltag mag das nur selten zu einem Drama führen, bei Großprojekten schon, einfach, weil die Konsequenzen jeder kleinen Entscheidung weitreichender sind. Besser wäre es darum, von realistischen Einschätzungen auszugehen. Eine Zeit, die Optimierung zum obersten Ziel erklärt hat, verlangt optimale Planer und Entscheider, die sich nicht täuschen dürfen. Optimierer aber sind leider die Ersten, denen ihre durchoptimierten Pläne um die Ohren fliegen. Hektisch machen wir weiter, statt aufzugeben und dem einfachen Fünf-Jahres-Prinzip zu folgen: Kommt es innerhalb von fünf Jahren nicht zum Baubeginn, sollte das Projekt eingestellt und erst eine Generation später wiederaufgenommen werden. Grüße nach Berlin!

Oder man bringt zusammen, was zusammengehört, aber nicht zusammengehen will. Man baut einen Tiefbahnhof in den Berliner Flughafen, der dann von den Elbphilharmonikern beschallt wird. Eine Transport-Chill Out-Area des aufscheinenden 22. Jahrhunderts.

Ein klassisches Beispiel für die Tiefausläufer des Planungsfehlers ist der Stuttgarter Hauptbahnhof. Er kostet mittlerweile 225 % mehr als ursprünglich geplant. In den vergangenen Jahrzehnten überschätzten gerade emsige Bahnhofsbauer die Auslastung ihrer tiefergelegten Tempel um über 100 % – während sie die Kosten um fast 50 % unterschätzten. Die massiven Proteste gegen den Bahnhof waren dem dritten Fehler bei großen Entscheidungen geschuldet: dem Aufschieben. Mit einer Mischung aus Duckmäusertum vor den eigenen Leuten, Arroganz und Selbstüberschätzung vermieden es die Stuttgart 21-Erfinder emsig, mit ihren Wählern zu sprechen. Sie schoben es immer wieder auf, bis es zu spät war und der Widerstand losbrach.

Aufschieben ist zunächst ein zutiefst menschliches Problem. Was in der Schule oder an der Uni noch jeder im stillen Kämmerlein mit sich ausmachen muss, wird später, im Erwachsenenleben, gerne institutionalisiert. Gremien, Ausschüsse, Kommissionen und Expertengeschwader werden nur deshalb gebildet, ins Leben gerufen und auf die Welt losgelassen, damit die Entscheider das Problem von der Backe haben und aufschieben können, noch besser, aufschieben lassen können, um später das Fahrwasser der beratenden Entscheider für sich zu nutzen und deren Entscheidung zu ihrer eigenen zu machen.

Der Verhaltensökonom Dan Ariely hat in einem Experiment mit Studenten herausgefunden, wie wir Aufschieben verlernen können. Er ließ im Lauf eines Semesters drei große Arbeiten schreiben, die am Ende wesentlichen Einfluss auf die Gesamtnote haben würde.

Er teilte die Studenten in drei Kurse ein: Der erste Kurs musste sich auf einen selbstgewählten Abgabetermin festlegen. Gaben die Teilnehmer später ab, als sie es selbst festgelegt hatten, bekamen sie für jeden Tag Verspätung ein Prozent von der Punktzahl abgezogen. Der zweite Kurs hatte überhaupt keine festen Abgabetermine während des Semesters, er musste lediglich am Ende der letzten Stunde seine Arbeiten abgeben. Der dritte Kurs bekam feste Abgabetermine während des Semesters: nach vier, acht und zwölf Wochen musste etwas vorgelegt werden. Es gab also keinen Raum für eigene Entscheidungen.

Was glauben Sie? Welche Gruppe schnitt am besten ab, welche am schlechtesten und welche mittelmäßig?

Am besten war der diktatorisch geführte Kurs mit den drei fixen Abgabeterminen, am schlechtesten der mit der vollkommenen Freiheit – Abgabe am Ende der letzten Sitzung – und die Gruppe, die selbst entscheiden durfte, wann sie abgab, mit Punktabzug bei Verspätung, lag im Mittelfeld.

Erste Erkenntnis: Die beste Strategie gegen das Aufschieben sind harte Deadlines und Vorgaben. Wem das zu streng und bevormundend ist, kriegt noch eine zweite Erkenntnis: Es reicht schon, wenn man Leuten die Möglichkeit bietet, ihre Abgabetermine selbst zu bestimmen, damit sie besser abschneiden. Der Mensch braucht also Druck – am besten von außen.

Das Wichtigste in komplexen Entscheidungsprozessen ist darum organisierter Widerspruch, eine ehrliche Außensicht, ein Neinsager unter all den buckeligen Jasagern, die der gemeine Entscheider sonst in eigens geschaffenen Speichelleckerpositionen um sich schart. Da wir dazu neigen, eine Welt um uns zu bauen, die unsere Sicht auf die Dinge verstärkt und bestätigt, ist es wichtig, sich Widerspruch zu organisieren, um nicht in der eigenen Selbstüberschätzung baden zu gehen und zu ersaufen. Oder ein Coaching gegen den Optimismus – eine Art Pessimisten-Seminar für größenwahnsinnige Machertypen. Aber nach allem, was wir wissen, ist gegen Selbstüberschätzung kein Kraut gewachsen: Dieses Kapitel entstand drei Wochen nach Manuskriptabgabe.

Selbstüberschätzungen sind die Metastasen der Optimierung – wenn sie erst einmal wuchern, ist es meist schon zu spät. Hier ist Vorsorge der Königsweg. Der US-Psychologe Gary Klein empfiehlt: Kurz bevor Sie eine grundlegende Entscheidung treffen, stellen Sie sich vor, Sie befänden sich ein Jahr in der Zukunft. Sie haben Ihre Pläne umgesetzt. Das Ergebnis war eine Katastrophe. Nehmen Sie sich fünf Minuten Zeit, um die Geschichte dieser Katastrophe zu schreiben.

Das ist der Moment, in dem der Zweifel wieder durch die Tür treten darf, den große Entscheider gerne in die Dunkelkammer der Bedeutungslosigkeit verbannen. Wenn Sie eine Gruppe sind, hilft es, die penetrante Überzeugungskraft des Teamleiters etwas zu bändigen und den Raum zu öffnen für Phantasie. Aus falschem Optimismus wird nicht Pessimismus, aber Realismus. Hätte man sich Anfang der 1990er Jahre in Berlin nur fünf Minuten Katastrophe gegönnt, hätten die Bauherren des BER eine wundervolle Science-Fiction-Komödie über einen Flughafen schreiben können, der nie fertig wird, weil man den Brandschutz vergessen hat oder einfach mal davon ausging, dass Rauch nicht nach oben, sondern – exklusiv am BER – nach unten steigt. Hartmut Mehdorn wäre heute ein ganz einfacher Rentner und Eberhard Diepgen in Hollywood, mittelmäßig erfolgreich als Roland-Kaiser-Double. Bei Inbetriebnahme des Flughafens würde zur Feier des Tages weißer Rauch aufsteigen. Wahrscheinlich wäre der Plot als zu unrealistisch abgelehnt worden. Eine Kamera stumpf auf den Kamin der Sixtinischen Kapelle zu richten wäre spannender. Selbst an Tagen, an denen gar kein Papst gewählt wird.

ABER NUR MIT HELM! WARUM WIR VERBOTE SO LIEBEN

Manchmal ist es gut, wenn man rechtzeitig abtritt. Einfach, weil man sich manch eine Diskussion ersparen kann. Dem Kinderbuchautor Otfried Preußler muss es so ergangen sein. Kaum war er tot, begann eine lebhafte Diskussion darüber, ob Eltern ihren Kindern sein bekanntestes Buch «Die kleine Hexe» überhaupt noch vorlesen dürfen oder ob es nicht besser sei, dieses sehr, sehr, sehr gefährliche Buch in den Giftschrank der jugendgefährdenden Schriften zu verbannen oder wenigstens das Wort «Hexe» durch die Formel «weibliches Wesen mit Besen» zu ersetzen.

Es ist nur noch eine Frage der Zeit, bis auch der Martinsumzug im November zum «Sonne-Mond-und Sterne-Fest» wird, weil der Vorname Martin christlich kontaminiert ist. Diese Neutralisierung eines Festes könnte gleichsam zur Verhinderung der Ausgrenzung andersgläubiger Gemeindemitglieder beitragen. Ostern wäre dann auch nicht länger Ostern, sondern «Festivitätsähnliche arbeitsfreie Tage zum Zwecke der Bemalung von Eiern in allerlei buntschäckigen Farben». Der Nikolaustag darf aber nicht zum Sack-und-Ruten-Tag werden, denn der Begriff Sack lässt den Verdacht einer einseitigen Bevorzugung des männlichen Geschlechts aufkeimen. Nie wieder Mohrenköpfe und Negerküsse, sattdessen Schaumgebäck mit Migrationshintergrund, nie wieder Titten, sondern kugelförmiges Fettgewebe von Menschen mit Menstruationshintergrund.

An vielen Unis muss «der Professor» oder «der Student»

dringend raus aus allen Veranstaltungen. Frauen seien hier nur mitgemeint, aber nicht mitgenannt und damit unsichtbar gemacht, bescheinigen die Kritikerinninininnen. Die Waise ist immer eine Frau, die Geisel auch. Wahrscheinlich, würden die Vertreter der Sprachprüderiefraktion sagen, weil Frauen schon immer eine Geisel der Männer waren. Das wiederum ist dann eine Milchmädchenrechnung. Ja, auch das ist diskriminierend, bleibt aber hier stehen, mindestens, solange es den Milchbubi gibt, diese schlimmste Beleidigung, die das männliche Geschlecht über sich ergehen lassen muss.

Alles sollte geändert werden, insbesondere das Grundgesetz, indem es in Artikel 16 heißt «Kein Deutscher darf an das Ausland ausgeliefert werden». Wahrscheinlich haben die Autoren des Grundgesetzes Frauen hier bewusst verschwiegen, weil sie Alice Schwarzer schon vorausgeahnt haben. Die hat zwar nicht sich, aber immerhin ihr Geld ans Ausland ausgeliefert und damit bewiesen, dass es eben auch SteuerhinterzieherINNEN geben kann. Da soll noch einer sagen, Frauen würden in den Männerdomänen nicht gleichziehen.

Darum rettet man sich jetzt auf die Unisex-Klos der Sprache: «Arbeitende», «Fernsehende», «Lesende». Das Ende ist das Neutrum. Die optimale Sprachentscheidung ist also eine, die alles nivelliert und angleicht, alle Unterschiede und Besonderheiten hinauskärchert, sie putzt und reinigt, bis nichts mehr von ihr übrig bleibt. Es hieße dann das Kanzler, das das Junge und das Mädchen benachteiligt. Muss das dann nicht in «der Mädchen» geändert werden? Dann wären wir sprachlich da, wo Lukas Podolski schon seit Jahren ist. Ich freue mich schon auf die erste politisch korrekte Übersetzung von Goethes Faust: «Da steh ich nun, ich arme Tora! Und bin so klug als wie zuvora; Heiße Magistrina, heiße Doktorin gar.» Wobei zu befürchten ist, dass das Wort ‹heiße› hier rausfliegen wird, weil Schüler es nicht mehr mit ‹heißen›, also ‹einen Namen haben›, verbinden, sondern mit der Beschreibung des Wärmezustands ‹heiß›, einem ‹heißen Feger›, was auch nichts anderes heißt als ‹kleine Hexe›. Pfui!

Wir leben in Zeiten des Verbots und der Reglementierung. Wir lieben Vorschriften und Einschränkungen, Ampeln, so weit das Auge reicht. Wir nehmen uns selbst Spielräume der Entscheidungen. Das sind nicht nur die Ideen wildgewordener Politiker, die nicht wissen, was sie mit ihrer Zeit machen sollen, aber auch.

Im Zuge des Bundestagswahlkampfes wollten Die Grünen hintereinander das Grillen in Parks und Plastiktüten verbieten, außerdem auf der Liste: Weichmacher in Sexspielzeug, Flatrate-Puffs, Billigflüge, Heizpilze, Alkoholwerbung, Ponyreiten auf öffentlichen Veranstaltungen, Lichtverschmutzung, Erste-Klasse-Abteile in Zügen und verschiedene neue Rauchverbote, dieses Mal am Steuer und in Biergärten. Das Rauchverbot in all seinen Schattierungen ist mittlerweile schon fast das Billy-Regal unter den Verboten, funktioniert also nach wie vor prächtig.

Rauchen und Rauchverbote gehören seit jeher zusammen wie Marianne und Michael. Regelmäßig wechselten sich in der Geschichte Phasen der Begeisterung mit denen der Reglementierung ab. Die ältesten Bilder stammen von rauchenden Maya-Priestern aus der Zeit um 500 v. Chr. Die Maya zündeten das «heilige Feuer» an und rauchten wild drauflos. Klar, dass wir Heutigen diesen Schwachsinn verbieten müssen: Beim heiligen Feuer denken wir nicht mehr an entspanntes Rauchen, sondern an den heiligen Krieg, an Islam, Dschihad, al-Qaida und Mohammed, kurz, an alles Böse der Gegenwart, gespeist aus dem Geist des Mittelalters. Und das Mittelalter ist von den Maya auch nur eine brennende Mülltonne entfernt. Außerdem: Eine Kultur, die den Weltuntergang nun schon mehrfach in den Sand gesetzt hat, kann sowieso kein Mensch mehr ernst nehmen.

Das praktische Vorbild des modernen Rauchverbots liegt kurz vor Beginn der Neuzeit, im 16. und 17. Jahrhundert. Zar Michail Romanow drohte Rauchern damals schon mit dem heutigen Dreigestirn aus Verbannung (Quadrate auf Bahnsteigen), Exkommunikation (Erfrieren auf dem Balkon im Winter) und Hinrichtung (Elendes Verrecken an Lungenkrebs im kommunal runtergewirtschafteten Krankenhaus).

Der moderne Raucher ist der abgebrannte Brennstab der Genussmittelindustrie. Er gefährdet nicht nur sich, er gefährdet uns alle. Er ist der Geisterfahrer auf der Autobahn des ewigen gesunden Lebens. Alles stinkt, wenn er einen Raum betritt, der abgestandene Rauch in seinen Kleidern ist Nachwehe der Nacht, Spur des Exzesses und des benebelten Bewusstseins. Seine vergilbten, halbtoten Hände sind Vorzeichen des nahenden, uns alle irgendwann dahinraffenden Todes. Der Tod hat sich schon in ihm eingenistet, wohnt in seinen kalten Ausdünstungen zur Untermiete. Der Raucher ist ein Dead Man Walking, wahrscheinlich schlägt er auch Katzenbabys.

Nora ist Raucherin, gesellige Gelegenheitsraucherin. Aber sehr regelmäßig, da sich der Begriff der Geselligkeit vieldimensional auslegen lässt. Manchmal glaube ich, sie ist bei ihr schon am Platz, wenn sie mit sich und ihrem Ego alleine ist. Dann erzählen sich die beiden von ihrem Tag und zünden sich gegenseitig eine an. Ich bin Nichtraucher geblieben. Dennoch haben wir seltsam paradox verknotete Haltungen zu dem Thema. Nora ist rauchende Rauchverbotsbefürworterin und ich bin nichtrauchender Rauchverbotsgegner. Sie ist in eine singapuritanische Verbotsoptimiererin, ich dagegen übe mich in der Gelassenheit des Lebenlassens, die ich mit ausschweifenden Begriffen wie Pluralismus, Toleranz und ähnlich geschwollenen Blasen vollkommen unsachgemäß überhöhe. Nora sagt, die Gesellschaft müsse die Schwächsten und Dümmsten vor sich selbst schützen. Und wer raucht am meisten und erst recht zu viel? Die Dummen. Ich sage: Tabak und Alkohol sind Genüsse, ein wichtiger Teil unserer Freiheit, für die sich heute keiner mehr begeistern mag. Wobei ich vor allem gegen die Totalität der Verbote bin, wie etwa in Bayern, wo ausgerechnet das sonst so dauerbeduselte, feucht-fröhliche Ganzjahresoktoberfest-Feierbiestbundesland, dieses Paradies der Weißwurscht-Ekstase und des Dirndltechno in einem Volksentscheid «Jaaaa!» rief, als das Bevormundungs-Ministerium für Agitation und Propaganda fragte: «Wollt ihr das totale Rauchverbot?» Ich bin dafür, dass es Raucherkneipen und Raucherrestaurants gibt, genauso wie es das für uns Nichtraucher geben soll. Dieser gelassene Blick scheint verloren gegangen zu sein. Offenbar wollen wir erzogen werden und – noch viel wichtiger – unser Umfeld erziehen. Koste es, was es wolle. Bis vor den Internationalen Gerichtshof für Menschenrechte nach Den Haag würden wir ziehen, um die Freuden der anderen zu tilgen.

Singapur, sagt Nora, noch immer benebelt von ihrer Begeisterung, hat einen großen Teil seines Erfolgs seinen Restriktionen zu verdanken. Und in Deutschland? Können wir auch bald Verbotstassen einführen – zwar mit weniger drakonischen Strafen als Pointe, dafür aber mit umso mehr Verordnungen, die nur in Deutschland möglich sind: In Düsseldorf gibt es seit kurzer Zeit einen Leitfaden, wie man richtig über die Ampel zu gehen hat. Wahrscheinlich liegt es daran, dass Düsseldorf eine der wenigen Städte ist, in denen es eine Gelbphase bei Fußgängerampeln gibt. Die Gelbphase ist so etwas wie die Blaupause des Gehenden. Da kann er schon einmal üben, einen Fuß vor den anderen zu setzen, um dann, im exakt richtigen Moment, bereit zu sein fürs Loslaufen. Darum muss er vorher acht Seiten lesen, damit er weiß, wie er sich zu verhalten hat. Getreu dem Motto: Die Wüstensafari beginnt vor deiner Haustür! Bis diese Seiten gelesen sind, ist er entweder von irritierten Autofahrern über den Überweg gehupt worden, oder flinke Hände haben die Ampel abgebaut und einen Zebrastreifen hingemalt.

Es heißt also im Straßenüberquerungsleitfaden (ich bestehe auf sämtliche Rechte an dieser kryptischen Bezeichnung, sie ist von mir!): «Die Ampel springt auf Grün. Der ideale Zeitpunkt für Fußgänger, jetzt loszugehen.» Wow! Vielen Dank! Darauf wäre ich nicht gekommen. Und was ist, wenn ich jetzt eine Rot-Grün-Schwäche habe? Kann ich die Stadt dann verklagen darauf, dass sie bitte Schwarzweißampeln einführen soll mit einem schicken Grau statt Gelb dazwischen? Oder kann ich sie per Gericht zwingen, mit Worteinblendungen zu arbeiten, also «Rot», «Gelb» und «Grün» bitte auszuschreiben, weil ich lesen kann und mich diskriminiert fühle, indem mein Auge auf das platte Wiedererkennen dreier Signalfarben reduziert wird? Kann ich überhaupt sämtliche Punkte in Flensburg streichen lassen, die ich wegen Überfahrens einer roten Ampel gesammelt habe?

Auf jeden Fall wäre ich ein Opfer. Ein Opfer der Farben und der Medien. Warum Opfer der Medien, fragt mich Nora verständnislos, während sie sich eine Zigarette anzündet, die sie gern verboten hätte, aber erst, wenn sie zu Ende geraucht wäre. «Man ist heute immer ein Opfer der Medien, qua Geburt quasi», antworte ich. Es ist überhaupt wichtig, sich als Opfer zu fühlen. Gerade als Täter. Thilo Sarrazin war ein Opfer der Medien, das sich in kaum wahrgenommenen, an den Rand gedrängten, diskriminierten Blättern unterhalb der Wahrnehmungsschwelle wie der «Bild»-Zeitung Vorabdrucke und Exklusivberichte sicherte. Wer den Status des Opfers ergattert, hat gewonnen. Er muss nur einmal entscheiden und dann nie wieder. Von da an gehört Ihnen alle Aufmerksamkeit. Alle werden sich um Sie kümmern wie um ein Kind, das unschuldig aus dem Buggy gefallen ist.

Wer sich selbst zum Opfer stilisiert, kann nichts mehr entscheiden – und das Gefühl, nicht entscheiden zu können, manifestiert sich zügig. Das ist das eigentlich Gefährliche an allem, was sich politische Korrektheit nennt. Durch die Wahllosigkeit der Verbote, Vorschriften und Einschränkungen haben wir am Ende keine Wahl mehr und lernen, hilflos zu sein. Wie schnell das geht, konnten Psychologen in Experimenten mit Hunden nachweisen. Die Tiere mussten über kleine Hürden springen, um elektrischen Schlägen an ihren Pfoten zu entkommen. Die meisten Tiere lernten zügig, nur eine Gruppe nicht: die Gruppe, die man zuvor eine Reihe nicht vermeidbarer Schläge ausgesetzt hatte. Diese blieb apathisch sitzen und nahm die Schläge hin. Sie versuchte nicht einmal mehr, die Hürden zu überspringen. Sie hatte gelernt, dass sie hilflos war, und übertrug diese Hilflosigkeit auf Situationen, in denen sie die Kontrolle hatte.

Menschen sind Tieren hier sehr nahe: In einem Pflegeheim teilten Forscher einer Gruppe von Bewohnern mit, wie wichtig es sei, selbstverantwortlich zu sein. Sie sollten sich selbständig um ihre Pflanzen kümmern und weitere, ähnliche Entscheidungen treffen. Einer zweiten Gruppe sagten sie, wie wichtig es sei, vom Pflegepersonal versorgt zu werden und sich diesem zu überlassen. Das Ergebnis: Die Gruppe, die mehr entscheiden durfte, war zufriedener. Ihre Mitglieder lebten im Schnitt mehrere Jahre länger als die Gruppe, die nichts entscheiden sollte.

Regelmäßig droht die Helmpflicht für Radfahrer, bald auch für Fußgänger, die über eine Ampel wollen; wahrscheinlich werden irgendwann an den Ampeln Leihhelme angeboten, die man auf der anderen Straßenseite wieder abgeben darf. Natürlich freiwillig. Also, verpflichtend freiwillig, eine Art freiwillige Selbstkontrolle des Fußgängers, der die Helme leihen muss, aber selbst entscheiden darf, ob er sie beim Überschreiten der Straße wirklich aufsetzt, wobei spätestens in der Mitte jeder zweiten Straße ein Kontrolleur in Zivil steht und eine Nichtaufsatzgebühr eintreiben wird, für den Fall des vorsätzlichen Füßevoreinandersetzens ohne Helm bei gleichzeitiger mutwilliger Inkaufnahme der Selbstgefährdung, die jedoch zunächst nicht aktenkundig sein wird, es sei denn, es stellt sich der mehrfache Wiederholungsfall ein.

Was auch kommen wird, ist die Steuer auf gesättigte Fettsäuren, bald sicher auch auf Cola, Fanta und Sprite, eine Koffeinsteuer auf Kaffee und eine Zuckersteuer auf Obst dank Lebensmittelampel. Grün für gesund, rot für ungesund. Danach dürften wir nie wieder Vollkornbrot essen, denn da wäre dann zu viel Salz drin, auch der Orangensaft hätte zu viel Zucker für ein Grün.

In Nordrhein-Westfalen trat neulich ein Anti-Rauch-Gesetz in Kraft, das auch für Elektrozigaretten gilt, aus denen gar kein Qualm kommt. Auf vielen Bahnhöfen gibt es Raucher-Quadrate – unter freiem Himmel. Ja, so eine kraftvoll ausgestoßene Aschewolke aus dem Mund eines Rauchers ist wie ein Hund, man muss sie nur erziehen. Man muss ihr einfach laut und deutlich genug sagen, dass sie die Grenzen des gelben Quadrats nicht verlassen darf, und dann bleibt die da auch drin. Probieren Sie es aus! Raucher-Quadrate unter freiem Himmel sind ein Grund, warum das Ausland dringend wieder Angst vor uns haben sollte.

Die Verbieterei ist für mich nur der Ausdruck einer hilflosen Politik. Die Verordnungsverwalter sind nicht mehr Herr der Lage. Sie können die wirklich wichtigen Entscheidungen nicht mehr treffen, weil sie ihnen längst über den Kopf gewachsen sind. Wenn die Regulierung des Bankensektors genauso hart und konsequent vorangetrieben worden wäre wie das Verbot der Glühbirne; wenn der Schutz der Privatsphäre vor den Zudringlichkeiten von Big Data so entschieden verteidigt worden wäre wie das Rauchverbot, wären wir einen ganzen Schritt weiter.

Das Christentum ist uns abhandengekommen, der Beichtvater ist geblieben. Er tritt auf in neuer Gestalt – als Nachbar, Kollege oder anderweitiger Zeitgenosse, der sich vom Anblick des erzwungenen Nächsten gestört fühlen darf. Ihn haben wir auf die Kanzel gestellt, von der aus er die ausgelaugte Predigt des Verbots zum Klingen bringen darf. Später wird er sich in den Beichtstuhl setzen, um die Sünden des Rauchers, Trinkers oder anderweitig Lebendigen nebenan genüsslich auszukosten. Er sitzt nicht mehr wie einst, dezent und unsichtbar hinter einer Wand, unaufdringlich und wahrnehmbar nur durch seine Stimme. Im Zeitalter der vollendeten Transparenz ist er sichtbar, sein verteufelnder Blick straft vom Balkon nebenan, die Kutte hat er eingetauscht gegen das voll authentische Sonntagsunterhemd mit Angrillflecken vom Vorabend, unter dem die Wampe des Grauens zum Vorschein kommt. Sein erstes und einziges Gebot lautet: «Du sollst nicht leben.»

Zu jeder echten Religion gehören Anlässe, zu denen ihre Mitglieder die sonst gültigen Verbote gezielt übertreten sollen. Im Moment der Überschreitung ergeht an den Gläubigen der scheinbar paradoxe Befehl, das Verbotene zu genießen. Dazu zählt etwa die Totemmahlzeit, bei der die Gemeinschaft genau das Tier zusammen verspeist, das ein Stamm sonst als mythischen Verwandten ansieht und das darum niemand töten darf. Das ist schwierig geworden in einer Zeit, in der noch vor dem Herunterschlucken die Vegetaristen-Gleichstellungsbeauftragte mit einem krassen Kresseburger in der Tür steht, um festzustellen, dass sich hier erstens das Tier und mit ihm der Vegetarier gestört fühlen könnten.

Sigmund Freud schrieb zu Beginn des 20. Jahrhunderts, dass Feste «nichts anderes sind als vom Gesetz gebotene Exzesse und dieser Befreiung auch ihren heiteren Charakter verdanken»[49]. Soll heißen: Wir müssen uns gezielt danebenbenehmen, um den Alltag zu ertragen. Darum gibt es jedes Jahr Karneval. Es ist sogar zu befürchten, dass auch Freud ein Karnevalist gewesen wäre – wahrscheinlich verkleidet als Jürgen Domian. An Karneval

ist ein paar Tage lang erlaubt, was sonst verboten ist: saufen, ficken und besoffen ficken. Und das alles verkleidet. Sieht man die
ehemaligen Geschlechtspartner nach Aschermittwoch wieder,
weiß man auch, warum das besser war. Noch besser ist nur die
Tatsache, dass man von den meisten nur den Unterleib kannte.
Viele rufen an dieser Stelle aus: «Moment, das kenne ich! Das
heißt bei uns in der Firma Weihnachtsfeier!» Das stimmt wohl
und erfüllt einen ähnlichen Zweck. Nun muss ich gestehen,
dass ich für den Karneval und alles, was mit ihm zu tun hat,
so wenig übrig habe wie ein Fuchs für die Treibjagd. Aber der
kleine Freud in mir hat tiefes Verständnis: Es ist nicht notwendig, aber nötig.

Karneval ist die primitivste Bastion des gezielten Ausflippens
– und leider auch eine der letzten. Der Geburtstag des Kollegen
in der Firma ist zwar kein Grund zum verkleideten Bumsen,
aber immerhin einer, um schon mittags zu trinken und leicht
angelötet nach Hause zu gurken. Betriebskarneval für Frühins-
bettgeher. Die Frage ist: Wie lange wird es noch möglich sein,
nachmittags mit Sekt anzustoßen? Steckt doch schon im Wort
«anstoßen» das Wörtchen «Stoß», was nahelegt, dass man sich
schon am alkoholischen Anstoßen stoßen könnte und, ehe man
sich versieht, das Anstoßen anstößig findet und sich direkt gestört fühlt vom stoßweise aufkommenden anstößigen Anstoßen.
Darum wird es bald nötig sein, nur noch mit schorlifiziertem
Sekt anzustoßen, also mit O-Saft-Sekt, einem O-Sekt. Wenn sich
auch davon genügend Leute gestört fühlen, wird es nur noch O-
Saft geben. Und auch der wird bald verboten: zu viel Zucker!

Der militante Nichttrinkerkollege könnte sich beim Anblick
eines Glases Sekt schließlich gestört fühlen. Danach wird man
nur noch Wasser ausschenken und dann nur noch Wasser ohne
Kohlensäure, weil das Wasser mit Kohlensäure Aufstoßen verursachen könnte, wovon sich Umstehende erstens durch das Auf-

stoßgeräusch und zweitens durch den hernach ausströmenden Aufstoßgeruch gestört fühlen könnten.

Wäre er Raucher gewesen, hätte Immanuel Kant Tabak und Alkohol wohl als erhabene Genüsse bezeichnet. Kant, der Vater des kategorischen Aperitifs, um hier einem kleinen kulinarischen Kalauer zu später Ehre zu verhelfen. Ebenjener nebulöse Kant unterscheidet das Erhabene vom Schönen. Im Unterschied zum Schönen zeichnet sich das Erhabene immer auch durch Züge des Gefährlichen aus. Ein Gewitter ist erhaben – vorausgesetzt, wir beobachten es gut gewärmt aus den eigenen vier Wänden. Faszinierend, zugleich aber beängstigend. Neben die Freude tritt im Erhabenen immer auch Ehrfurcht und Respekt, neben Bewunderung tritt Furcht, «indem das Gemüt von dem Gegenstande nicht bloß angezogen, sondern immer wieder auch abgestoßen wird», wie Kant schreibt.[50]

Wahrscheinlich ist die Verunsicherung der Gegenwart zu groß für erhabene Gesten: Eunuchen-Mittdreißiger-Männer bieten Frauen kein Feuer mehr an, wir fragen vorsichtig, ob sie uns vielleicht mal ziehen lassen, bevor wir sie ziehen lassen, weil wir verlernt haben, richtig zu inhalieren. Zu den voll netten Salafistenbärten gesellen sich *Germany's Next Topmodel*-Viertelfinalistinnen-Imitate, die verschämt Zigaretten zum Zweck der Hungeraustreibung halb zu Ende rauchen. Sie streben weder nach Erhabenheit noch nach Schönheit, sondern einzig nach Makellosigkeit, die sie aber mit Schönheit verwechseln. Die Klumisierung der Frauen geht mit der Schweigerisierung der Männer einher. Am Ende steht menschlicher Magerquark. Am Ende eines Tages ohne Kalorien und einem Wasser ohne Kohlensäure kommt eine Person ohne Persönlichkeit. Selbstzufrieden in der Belanglosigkeit des makellos Optimierten.

Es ist, als seien die Gesetze der politischen Korrektheit und ihre Verbote die Bibel des 21. Jahrhunderts, in der das Individuum zum hyperkompetenten Gott der eigenen Entscheidungen berufen wurde. Aber das Gelingen will sich nicht recht einstellen, die Schuhe sind zwei Nummern zu groß. Das Scheitern droht schon bei der Entscheidung an der Wursttheke.

Das erste Verbot ist die Krankheit. Du musst gesund sein! Und zwar nicht gesund genug, sodass du dich wohl fühlst und in Würde älter werden kannst. Du musst fit, jung und schön sein, maximal optimiert, bitte! Wenn wir schon nicht mehr an das Leben im Jenseits glauben können, so müssen wir das Diesseits heiligen und verewigen – mit dem, was wir für ein gesundes Leben halten.

Es ist paradox: Je höher die Lebenserwartung, je besser die medizinische Versorgung, desto größer die Besorgnis um die eigene Gesundheit. Wir werden heute älter als je zuvor, und das bei besserer Lebensqualität. Und trotzdem sind wir so besorgt, als stünden Pest, Cholera und Ebola zusammen vor der Tür.

Der Entscheidungsforscher Gerd Gigerenzer gibt in seinem Buch *Risiko – Wie man die richtigen Entscheidungen trifft*[51] folgende Gesundheitstipps:

1. Fange nicht an zu rauchen, und wenn du schon rauchst, höre auf damit.
2. Sorge für ein normales Körpergewicht.
3. Bewege dich täglich so viel wie möglich
4. Vermeide Fastfood und zuckerhaltige Softdrinks
5. Iss vorwiegend vegetarisch
6. Vermeide gesalzene Nahrungsmittel
7. Vermeide Nahrungszusätze
8. Mütter sollten stillen, Kinder gestillt werden
9. Trinke weniger Alkohol

Für sich genommen ist jeder dieser Tipps sehr sinnvoll und richtig. Sobald man aber versucht, nur die Hälfte umzusetzen, kann man auch aufhören zu leben. Es ist dann das vollendet mönchsgleiche Leben, fernab von allem, was es reich macht. Es gibt auch ein Recht auf Rausch, auf Ekstase und ein ungesundes Leben. Menschen sind erstaunlich robuste Säugetiere, und man erlebt immer wieder, dass sogar Leute, die all die oben genannten Regeln links liegengelassen haben, erstaunlich alte, bewegliche, spannende Menschen geworden sind. Umgekehrt kennt jeder Beispiele von Menschen, die ihr ganzes Leben lang die Kutte der optimalen Entscheidungen getragen haben und trotzdem an genau dem Übel sterben, das gerade sie bei ihrem Lebenswandel nie hätte treffen dürfen.

Die Heiligsprechung der Gesundheit ist so zum Vorwand für alle Einschränkungen von Entscheidungsfreiheit in den letzten Jahren verkommen: nicht rauchen, nicht trinken, kein Käse in der Schwangerschaft, kein Gluten danach.

Wir haben nichts mehr außer dem eigenen Ich, um das wir kreisen, darum bleibt die Gesundheit und das möglichst ewige Leben als einziges transzendierendes Moment. Nietzsche hat das früh geahnt: «Wer will noch regieren? Wer noch gehorchen?», lässt er seinen Zarathustra fragen. «Beides ist zu beschwerlich. Kein Hirt und eine Heerde! Jeder will das Gleiche, Jeder ist gleich: wer anders fühlt, geht freiwillig in's Irrenhaus [...]. Man hat sein Lüstchen für den Tag und sein Lüstchen für die Nacht: aber man ehrt die Gesundheit. ‹Wir haben das Glück erfunden› – sagen die letzten Menschen und blinzeln.» [52]

Nach dem Tod Gottes nennt Nietzsche zwei Lebensweisen für den Menschen: den Übermenschen, der die göttlichen Züge in sich selbst wirken lässt, und den sogenannten letzten Menschen, den Spießer, der heute unsere Zeit bestimmt, der alle Entscheidungen trifft im Blick auf ihre optimierte Optimalität.

Diäten bringen zwar meist wenig und wenn dann nur kurz, aber die letzten Menschen wissen: Im Fernsehen heißt es, dass Übergewicht meine Entscheidung ist, meine Kontrolle und meine Freiheit. Also wird es wohl so sein. Wenn es anders ist, wird es wohl an mir liegen. Hätte ich mehr Selbstkontrolle, wäre alles besser. Der bedingungslose Wille zum Optimalen bringt uns in den Zustand, den die Gegenwart Burnout nennt oder einfach Depression. So sind in Kulturen, die besonders Frauen in ein extremes Schlankheitsideal zwängen, wie Großbritannien, Schweden, Tschechien und Großteile der USA, Essstörungen bedeutend häufiger als in gelasseneren Regionen. Die Depressionsrate ist hier bei Frauen doppelt so hoch wie bei Männern.

Die Verbotskultur der Political Correctness ist der Versuch, den drohenden Erschöpfungszuständen durch Regeln Einhalt zu gebieten. Burnout und PC präsentieren den Zudringlichkeiten der scheinbar unendlichen Optionen auf ihre je eigene Weise die Quittung. Sie antworten auf eine Welt, in der ein bis zur Unkenntlichkeit sich selbst verwirklichender Mensch den Kristallisationspunkt bildet. Der Soziologe Alain Ehrenberg schreibt am Ende seiner Zeitdiagnose über *Das erschöpfte Selbst*, «das wiederaufkeimende Strafbedürfnis und die Forderung nach sittlichen Grenzen ist offensichtlich eine Reaktion auf die kollektiven Bestrebungen, sein Leben selbst zu wählen». Wer alle Regeln selbst erfinden muss, ist zwischendurch auch ganz froh, wenn das mal andere übernehmen. Große Spieler können nicht auch noch perfekte Schiedsrichter sein.

Wer dem Burnout entkommt, dem bleibt noch die Flucht in neu aufgelegte Feindbilder, die plötzlich wieder auf dem Retro-Plattenteller der Hass-DJs liegen. Ganz oben auf dem Stapel sind seit einiger Zeit wieder verstärkt die Juden. Das ist der Kommt-ein-Mann-zum-Arzt-Witz unter den idiotischen Vorurteilen. War immer schlecht, funktioniert aber seit über 3000 Jahren.

Wenn Ihnen das mit den Juden und dem Islam zu einfach ist, weil Sie für sich beanspruchen, komplexer zu denken, steht eine extravagante Verschwörungstheorie in der Feindbild-Auslage für Sie bereit. Bezeichnen Sie einfach Amerikaner als Faschisten, die die Weltmacht wollen und darum die EU, diese untergehende Bürokraten-Diktatur, in Beschlag genommen haben – zusammen mit deren gleichgeschalteter Medienmafia, deren öffentlich-rechtliche Zwangsgebühren auf direktem Wege in die Kassen der NSA wandern, um den nächsten Osama bin Laden aufzubauen und schließlich zum Abschuss freizugeben, damit er als Sündenbock für Anschläge dient, die doch eigentlich «kontrollierte Sprengungen» waren – oder Energiewaffenbeschuss von Killer-Satelliten. Und überhaupt: Michael Jackson ist nicht tot. Er tritt als Elvis-Imitator in Las Vegas auf und verabredet sich nach Feierabend mit Kurt Cobain zum Tontaubenschießen. Je unübersichtlicher die Zeiten, desto wirrer die Antworten. Einfach nur, um abzulenken von der Angst.

Der Journalist Nils Minkmar hat in seinem Buch *Der Zirkus* mit dem renommierten Psychologen Stephan Grünewald gesprochen. Er führt jedes Jahr 7000 Tiefeninterviews, um die Gefühlsregungen des Landes besser zu verstehen. Er sieht Deutschland in erster Linie als ein von Globalisierung, Digitalisierung und Maximierung ermattetes Land. Das Diktat der Effizienz, die allen optimalen Entscheidungen zugrunde liegt, wirkt beängstigend und lähmend. Es herrscht keine Stimmung der Befreiung, sondern eine der Angst. Wer viele Entscheidungen treffen muss, wird schneller müde, haben Psychologen in Experimenten mit Richtern festgestellt. Vielleicht ist das Gesabbel von der «Alternativlosigkeit», das die Kanzlerin wie eine Monstranz vor sich herträgt, darum auch kein Anlass für Widerspruch, sondern eher Balsam für die entscheidungsgestresste Seele. Es wächst die Sehnsucht nach Beistand in dieser Zeit, und die Adresse für ihre

Erfüllung ist die der Kanzlerin. Sie führt das zölibatäre Leben, das die asketische Kultur der Korrektheit heute von großen Vorbildern erwartet. Sie wirkt wie menschgewordene Erfüllung aller Forderungen der Political Correctness. Gleichzeitig scheint sie vollkommen gelassen und frei von Optimierungszwang.

Die Väter hingegen haben versagt: Zwei Bundespräsidenten sind zurückgetreten in den letzten Jahren, Köhler und Wulff. Die Präsidenten im Bellevue wechselten schneller als George Clooney die Partnerinnen. Auch der junge Erlöser, Karl Theodor zu Guttenberg, stieg hoch und fiel tief, indem er eine Doktorarbeit mit einem Remix verwechselte. Sowohl Guttenberg als auch Wulff waren miserable Krisenmanager, sie waren keine Männer mit Eiern, wie man gerne sagt, Aufklärer im Dienst der Sache, die zu dem stehen können, was sie getan haben. Sie wichen aus, täuschten vor und schlugen sich in die Büsche. Sie gaben nur zu, was sie nicht mehr leugnen konnten. Sie entschieden sich fürs Grenzgebiet der Halbwahrheiten, fürs defensive Spiel, statt für den offensiven Ernst. Sie outeten sich als Feiglinge, die nicht einmal sich selbst gewachsen waren.

Bei Gauck weiß man nicht so recht, woran man ist. Er schenkt mal dem türkischen Ministerpräsidenten Erdogan ein, dann wieder wünscht er sich ein größeres militärisches Engagement der Deutschen im Ausland, dreimal betonte er das mittlerweile. Gauck wird immer mehr zum Beweis dafür, dass für einen Bundespräsidenten das Gleiche gelten sollte wie für den Straßenverkehr: Wenn einer dreimal hintereinander über Rot gefahren ist, muss der Lappen weg und der Fahrer zum Idiotentest.

Die Sehnsucht nach Vaterfiguren, die Entscheidungen treffen, ja, abnehmen, ist groß wie lange nicht mehr. Macht und Autorität als Schutz sind längst mehr als nur weit entfernte, asiatische Werte. Sie sind keine Drohungen, sondern Hoffnungen am Firmament der Desillusionierten. Aber die Väter enttäuschen in einer Schnelligkeit, dass man kaum hinterherkommt. Die entstandene Leerstelle füllen die Verbote, ihre Maßregelungen und Einschränkungen. Wer keinen Vater hat, erfindet einen oder nimmt sich selbst an die Hand, um sich die Welt zu erklären. Wir aber haben uns entschieden, den Vater als autoritären Zensor und Reglementierer unseres Lebens in uns selbst wachzurufen. So bleibt als letzte echte elterliche Instanz die zähe Orchideenmutti. Sie kommentiert das Kommen und Gehen ihrer Partner nur mit den kühlen Worten des «vollsten Vertrauens». Spätestens, wenn sie diesen Satz sagt, ist klar: Sie steht nicht nur am Ufer und guckt zu, wie die Leichen an ihr vorbeiziehen, sie kann auch schubsen.

7 STUFEN DES LEUGNENS

Stufe	Taktik	Ihr Satz, wenn's brennt
1	Barone und Schavane	*Ich war es nicht, und selbst wenn ich es war, kann ich es nicht gewesen sein.*
2	Fukushima	*Ich kann Ihnen sagen, eine dauerhafte Verstrahlung ist nicht schlimm! Fragen Sie Margot Käßmann!*
3	Zumhoeneßwinkel	*Ich kann nichts dafür! Es war alles nur virtuell.*
4	Übermutti	*Es war alternativlos! Ich konnte nur, was ich sollte, und sollte, was ich eh schon muss.*
5	Schwarzer Block	*Ich habe nicht gewusst, dass das Auto in Flammen aufgeht, wenn ich es anzünde!*
6	Jan Delay	*Eigentlich bin ich ganz anders, ich komm nur viel zu selten dazu!*
7	Teilzeithooligan	*Verzeiht mir! Es wird nie wieder vorkommen ... erst nächsten Samstag.*

Auflösung Tod-Quiz: Asthma (20-mal mehr Tote), Blitzschlag (etwa 20-mal häufiger), Diabetes (Verhältnis 4:1)

8. Kapitel

EXIT
ODER VOM STERBENLASSEN

Schweiz

Hospiz

Nora und ich waren schwer außer Atem, als wir an dem Haus angekommen waren, das schief in die Straße hineingebaut wirkte. Eine Straße, die von unten aussah wie eine unüberwindbare Bergetappe der Tour de France. Hätte man das Haus im Fernsehen gesehen, man wäre versucht gewesen, vor Schreck Bücher unter den Flatscreen zu legen, um die Schieflage zu begradigen. Eine Straße wie das Gesicht von Claus Kleber.

Der dicke Kroate, Mitte zwanzig, der Nora und mir mittags um 2 in Boxershorts die Tür öffnete, wusste von alldem nichts. Er wusste nichts von dem, was sich auf diesem Flur abgespielt hat, nichts von den Medikamenten, die nicht gewirkt, und erst recht nichts von Maden, die sich hier ausgebreitet hatten. Die Nachbarn hatten mehr zu erzählen, sie wussten zumindest von den Maden, wegen der sie die Feuerwehr gerufen hatten, weil der Gestank zu heftig geworden war. Sie berichteten auch von häufigeren Bahnreisen in eine Universitätsstadt, vielleicht 100 Kilometer entfernt. Mit dem Schwerbehinderten-Ausweis fährt man ja umsonst. Wahrscheinlich habe er dort Freunde gehabt, nein, das könne nicht sein, nach Freunden sah er nicht aus, vielleicht Verwandte, nein, auch nicht, er habe von einer Familie erzählt, die er einst verlassen habe, einem Sohn, zu dem es aber keinen Kontakt mehr gebe, der sich sicher irgendwann melden werde, wenn es an der Zeit sei. Mir, dem Sohn, fiel es schwer, zu glauben, dass hier ein Mensch gestorben war, mit dem ich die größte genetische Übereinstimmung hatte – bei gleichzeitiger völliger emotionaler Ferne.

Wenn ich uns gesehen hätte, von außen, wie wir hier marschierten, Nora mit ihrer Kamera und ich daneben, ich hätte uns für ein Reporterteam gehalten, auf der Suche nach einer Geschichte, nah dran und doch so weit weg. Nur so lässt sich übersetzen, wofür sonst keine Worte zu finden sind. Vielleicht hätte er seinen Text mit einem Zitat begonnen: «In diesen Tagen schmerzt mich nicht, das ich vergessen kann und mich erinnern muss.»[53] Tag in Weiß.

Der Ort, an dem sich der Mann, den ich meinen Vater nennen sollte, entschieden hatte, seinem Leben ein Ende zu setzen, schien weit weg. Der Wald und die hohen Berge, denen die kleine Stadt scheinbar dienend zu Füßen lag, atmeten die bedrückende Schwere einer Endzeit. Ich gehöre zu einer Generation, für die der Vater ein Gerücht ist. Ein Bild im wohlgeordneten, fein säuberlich beklebten Fotoalbum der allerfrühesten Jahre, vor deren Erinnerung uns eine höfliche Nachsicht der Natur oft bewahrt. Der Vater war eher ein Mensch, mit dem man, wie Jean-Paul Sartre einmal schrieb, «eine Zeit lang die gleiche Erde bewohnt»[54]. Die Scheidung meiner Eltern muss sich in etwa dem Moment zugetragen haben, als das erste Fotoalbum bis zur letzten Seite vollgeklebt war. Ein zweites brauchte man gar nicht mehr anzufangen, darum konnte man gleich Nägel mit Köpfen machen. Standesgemäß ging die Scheidung von der Seite aus, die auch sonst stets für die Entscheidungen zuständig ist: der Frau. Wie es sich eben gehört in einer zeitgemäßen Ehe. Anschließend Kontaktverlust; der Vater war erst verschwunden, dann untergetaucht, dann nicht auffindbar. Wir wissen es nicht, war der Satz, den ich sagen sollte, wenn jemand fragte. Kein Wunder, gab die Mutter beim heimischen Abendbrot zu Protokoll, er sei schließlich schon immer ein Vagabund gewesen, einer, der es nirgends lange aushielt, vor allem nicht bei sich selbst. In ihm war eine Sehnsucht nach Abenteuer, nach Gefahr und Risiko. Ausflüge in die Berge, Wanderungen bei drohendem Gewitter in unbekannte Gebiete, das Leben als Folge von Entscheidungen, die das eigene Ende stets als

Möglichkeit erscheinen ließen. Wäre er ein Hund gewesen, man hätte ihn einen Streuner genannt. Ein aufsässiger noch dazu, der immer gegen alles und jeden war, weswegen nichts blieb, wofür er hätte sein können. Wahrscheinlich wäre er auch gegen dieses Nichts gewesen, aber da wird es kompliziert. Aus seiner Sicht war ich ein Unfall, ungeplant und später nur in seltenen Momenten kulleräugiger Kindlichkeit erwünscht.

Bis hierhin hatte ich erfolgreich sämtliche Vaterfiguren, lebende wie tote, weit entfernte wie sehr nahe, aus meiner Vorstellungswelt verbannt. Wer nicht da war, hatte es nicht verdient, bedacht zu werden. In der Not der Jugend überhöhte ich das Dasein, das ich als vaterloser Geselle fristete, zu einer Art Befreiung, zu einer notwendigen Vorbereitung auf ein Leben in einer unsicheren Welt ohne Fixpunkte. «Lasst euch scheiden, wenn ihr euren Kindern einen Gefallen tun wollt!», hätte ich der Welt am liebsten entgegengebrüllt. Wo Brüche die Existenz mehr bestimmen werden als Konstanten, wo die Antworten den Fragen nie genügen könnten, war es gut, wenn man seit frühester Kindheit vorbereitet war.

Wenn ich Noras Großfamilie sah, die einfach zu funktionieren schien, die immer eine Einheit war, oder mindestens so auftrat, dachte ich oft, welche Hypothek mir erspart geblieben war. Die Hypothek eines Systems, eines Vaters, der Schatten warf, die weiter waren, als man je springen konnte. Man hatte dann die Wahl, sich mit den Mitteln des Kampfes zu befreien und selbst ins Licht zu gelangen oder sich in seinem Schutz unterzustellen und irgendwie immer «Kind von» zu bleiben. Im schlimmsten Falle gelingt beides nur halb, und man endet wie Walter Kohl.

Am Anfang der Reise stand also ein Anruf: Das jahrzehntelange Schweigen zwischen ihm, dem Unbekannten aus dem leicht vergilbten Fotoalbum, und mir, wurde gebrochen von der Stadtverwaltung des Walddorfes. Man wolle nur mitteilen, mein Vater sei verstorben, wenn er denn mein Vater sei, was man zu wissen glaubte, wenn man den Abstammungsurkunden glauben durfte, was man tat, weswegen nun eine Zahl im Raum stand: 4098.

Ich war verblüfft: Was war die 4098? Ein Safe, in dem das Erbe lag? Die PIN seiner letzten EC-Karte oder die Telefonnummer des Schuldenberaters, sollte ich das Erbe nicht rechtzeitig genug ausschlagen? «Immer dieser Fatalismus, getarnt als humoristisches Spiel», sagte Nora. «Der Schriftsteller scheut sich vor Gefühlen, die sich zur Veröffentlichung nicht eignen; er wartet dann auf seine Ironie», antwortete ich ein wenig gekünstelt großspurig. Hinter der 4098 stand ein €-Zeichen und die Höhe davor war die Höhe der nun anfallenden Bestattungskosten inklusive Herauskratzen aus den Dielen, Verbrennen, Einäschern und Verbuddeln unter der Nummer 15 auf dem anonymen Teil des Friedhofes. All das sei noch nicht geschehen, die Rechnung aber schon fertig, das ist Deutschland. Wenn man eine Faxnummer bekäme, sei die Sache schnell erledigt, ich könne überweisen, am besten gestern, und alles sei wieder wie vorher. Ach ja, man habe vergessen, die Umstände des Todes seien ein wenig mysteriös, man habe ihn gefunden, in seiner Wohnung, nach zehn Tagen Liegezeit. Vielleicht waren es auch zwei Wochen, so genau wisse man das nicht. Die Nachbarn, vor deren Türe Nora und ich jetzt standen, hatten seit Tagen diesen stechenden Geruch bemerkt und daraufhin die Feuerwehr gerufen, die herbeigeeilt sei, um alles aufzubrechen, was nach Tür aussah: Todesursache unklar, Fremdverschulden ausgeschlossen, für eine Obduktion sehe der Staatsanwalt keinen Anlass. Anschauen der Leiche auch schwierig, der Zustand lasse Besichtigungen nicht zu. Aber die 4098 € bitte und die Faxnummer, bei Fragen jederzeit melden, immer gern zwischen 8 und 10 Uhr und 15 bis 17 Uhr, außer mittwochs und donnerstags und dienstags auch nur manchmal, aber sonst immer.

Über den Tod wird geschwiegen, auch dort, wo sonst über alles gesprochen wird. Es ist das Thema, das wir verdrängt haben, das wir zum Verschwinden bringen wollen; fast so, wie eine Sandburg am Strand von der nächsten Flut hinweggespült wird, als wäre nie etwas gewesen. Gerade weil das Ende mit so vielen schwierigen Entscheidungen verbunden ist: Wie will ich sterben? Wann sollen Geräte abgestellt werden? Kann ich das überhaupt entscheiden, und wenn ja, wie? Oder muss ich vielleicht gar nicht sterben, weil das nur eine Konvention ist, die man noch nicht überwunden hat? Spricht man mit Älteren, hört man andauernd Stimmen, die Pillen haben oder einen garantiert sicheren Cocktail kennen, der das Ende einläutet. Das spiegelt sich auch in den Statistiken wider: Fast zwei Drittel aller Deutschen sprechen sich mittlerweile für aktive Sterbehilfe aus. Genauso viele finden, dass sich die Gesellschaft mehr mit dem Tod beschäftigen sollte. Zugleich werden Särge schneller vernagelt und verschraubt, als der Herzstillstand festgestellt werden kann.

Und was ist mit denen, die bleiben? Hinter atemlosen Trainings im Fitnessstudio, Boobiejobs, Botox, Resten kalorienfreier Schokolade zwischen den Kiemen und ähnlichen Dehnübungen der ewigen Jugend, wächst ihre Sprachlosigkeit. Der Hinterbliebene wird zusammen mit seiner Trauer ins Pflegeheim der emotional Gebrechlichen geschickt, wo er sich dann die Wunden lecken und die Rechnungen bezahlen kann, sofern er genug auf der hohen Kante hat. Von der Hoffnung auf andere Formen der Anteilnahme sollte er im eigenen Interesse Abstand nehmen. Trauer ist eine Krankheit, ansteckend womöglich, darum muss der Infizierte in Quarantäne, ohne jeden Außenkontakt. Tod und Trauer sperren wir mit der gleichen Prüderie weg wie den Raucher in sein Quadrat und das Kleinkind in seine Frühförderungsanstalt, damit es im abgesteckten Zirkel ein optimiertes Leben proben kann, frei von Störungen, frei von Leben.

Die so eingesperrte Trauer bricht in Momenten aus, in denen Prominente, am besten bis dahin unschuldige, strahlende, zölibatäre Monarchensternchen, ihre Anwärter oder andere Wurmfortsätze des royalen Klimbims, ableben. Wie der Platzregen aus schweren Gewitterwolken steht die Welt still in einer Schockstarre der Fassungslosigkeit. Es ist dann ein reinigender Tod, sauber, weil weit genug weg, um nicht wirklich zu erschüttern, und doch nah genug, um die Flagge des eigenen Egos mal für ein paar Tage betroffen auf Halbmast zu setzen.

So wie wir beim Ableben der Sternchen hinglotzen, gucken wir betreten und schweigend weg, wo sich die Abgründe des Endes wirklich zeigen. Als sich der Schriftsteller Wolfgang Herrndorf, Autor des Bestsellers *Tschick*, unheilbar erkrankt an einem Hirntumor, im August 2013 am Ufer des Berliner Hohenzollernkanals erschossen hatte, war es sein Wunsch, dass die Details seines Todes veröffentlicht würden, «für Leute in vergleichbarer Situation», wie es im Nachwort seines posthum veröffentlichten Blogs *Arbeit und Struktur* heißt: «Er zielte durch den Mund auf das Stammhirn. Das Kaliber der Waffe entsprach etwa 9 mm. Es dürfte einer der letzten Tage gewesen sein, an denen er noch zu der Tat imstande war.» In den Medien gilt das Gesetz, dass über die Umstände eines Suizids nicht berichtet wird, um Nachahmer zu verhindern. Im Fall Herrndorf twitterte die Bloggerin Kathrin Passig die wichtigsten Details und setzte die Journaille und ihre heuchlerischen ethischen Ansprüche damit im Handumdrehen schachmatt. Für Herrndorf war es ein Akt selbstbestimmten Sterbens. Damit brach er vor dem Hintergrund versagender Kräfte gleich mehrere Tabus, die das Wort optimal genauso lächerlich erscheinen lassen wie einen Clown in einer Raubtiernummer.

Nur wenige Tage nach der Mitteilung der Zahlenkombination 4098 machte ich mich also auf die Suche nach einem Unbekannten. Wie war es zu diesem Tod gekommen? Was war aus dem Fremdvertrauten geworden? Wie kam es zu diesem mysteriösen Tod? Das Leben des Vaterlosen, so meine Philosophie bis hierhin, muss das einzig Wahre sein, das Leben, das aus einem Mangel entstanden war. Nur wo ein Mangel ist, ist ein Wille. Und wo ein Wille ist, ist ein Weg. Aber, was ich unterschätzte, war, dass Leerstellen nicht heilen wie Wunden, sondern neu besetzt werden wollen wie Planstellen in einem Beamtenapparat, meist werden sie gefüllt von Provokationen.

«Wer ein Vater ist, bestimme ich!», rufen wir Vaterlosen. Wir kennen nur zwei Haltungen gegenüber vorgeblichen Autoritäten: die der Überhöhung und die der Herabwürdigung, wobei die letzte meist überwiegt. Früh zur Selbständigkeit gezwungen, verwechseln wir Autorität mit Bevormundung – und aus dem Willen zur Selbstbestimmung wird Sturheit. Für die Befremdeten ringsum entpuppen wir uns als bockige Besserwisser mit Hang zu Härte, Arroganz und Unnachsichtigkeit. Der Geist des Widerspruchs wird zum Lebenselixier, und wir rennen hinein ins Verderben der Vorgänger, dem zu entkommen uns erst recht in ihre Spur brachte; wie ein Tollpatsch, der auf mehr Bananenschalen ausrutscht, je bestimmter er sich vornimmt, ihnen auszuweichen.

Doch hier, im Angesicht des Endes, dachte ich, dass es vielleicht auch billig und einfach war, an der Überflüssigkeit einer Vaterposition festzuhalten. Ich ahnte, dass ich das kleine wohlige Wolkenkuckucksheim verlassen musste, wollte ich mit mir selbst weiterkommen. Es war kein Boxkampf mit einem Gegner auf Augenhöhe, es war Schattenboxen, geschützt von der Abgeschiedenheit und Weltferne der eigenen Gedankenwelt, die Ordnung bot, weil sie sich in mir immer wieder selbst bestätigen konnte. Ich hatte plötzlich das Verlangen nach Wissen. Schlagartig schien mir klar, warum sich Erwachsene, die als Kinder zur

Adoption freigegeben worden waren, später so oft auf die Suche nach ihren leiblichen Eltern machen. So profan es klang, aber vielleicht war dieser simple alte Satz wahr, dass man wissen muss, wo man herkommt, um wissen zu können, wo man hinwill.

Freundlicherweise hatte mir die Stadtverwaltung die Nummer des Vermieters überlassen, so dass ich beginnen konnte, diese Lebenslücke zu füllen. Der Vermieter ließ wissen, er sei eigentlich gar nicht der Vermieter, schließlich bekomme ein Vermieter einen Mietzins, der seit Monaten nicht mehr eingegangen sei, weswegen eine Räumungsklage gelaufen sei. Kontakt habe er kaum gehabt, aber die Caritas, die habe da jemanden abgestellt, eine Betreuung. Ich solle doch einmal nachfragen. Die Betreuung hatte diese warme, für alles Verständnis aufbringende Stimme der sozialarbeitenden Klientel, die Stimme einer Frau, der kein Abgrund zu tief und kein Schicksal zu fremd sein konnte. Eine, der man sein Leben anvertrauen wollte in dem tiefen Wissen, dass nichts peinlich wäre, und wenn, würde sie so tun, als sei es ganz normal, keinesfalls aber seltsam oder bedenklich.

Sie habe helfen wollen, Telefonate geführt, das Sozialamt habe ihn an sie übergeben. Zwei, drei Gespräche, ohne Ergebnis. Man habe versucht, die Kündigung durch den Vermieter rückgängig zu machen. Einmal ein Besuch in dieser Wohnung, die jetzt von dem Kroaten eigenommen war, darin eine Matratze, ein Stuhl und weiter nichts. Ein Stapel Bücher und eine Lupe zum Lesen, kein Licht, außer dem Tageslicht, das konnte einem kein Amt und kein Vermieter nehmen, aber auch keine Caritas verlängern. Im Winter zu kalt, im Sommer zu warm. Das Übliche. Irgendwann habe er gesagt, er werde den Rest alleine regeln. Dann kein Kontakt mehr.

Nora blickte mich besorgt an, während wir den Berg hinunter in die fein herausgeputzte Fußgängerzone liefen. Der Ort wirkte wie eine dralle Landpomeranze, die sich zu einem festlichen Anlass geschmückt hat mit feinen Kleidern, die aber Spuren ihrer Pomeranzigkeit auch hinter der Fassade des Upgrades nicht recht zum Verschwinden bringen konnte. So schien die Frühlingssonne allzu grell auf die weißen großen Steinplatten, die an Tagen wie diesen blendeten und zum Augenzusammenkneifen zwangen. Wollte man den Stadtplanern eine Absicht unterstellen, wäre es wohl die gewesen, dass sie ein römisches Flair in diese blitzblanken Gassen zaubern wollten. Man hätte auch den Triumphbogen oder den Potsdamer Platz hier verkleinert hinkopieren können, es hätte auch nichts gebracht. Das Besondere mag nicht leuchten, und so kippt das Kunstvolle ins Künstliche.

Es muss eine seiner letzten Reisen gewesen sein, an jenem Novembermorgen. Beobachtet von den Nachbarn, wie alles hier. Er war in ein Taxi gestiegen, den Berg hinauf zum Bahnhof, der zu Fuß nicht mehr zu erreichen war. Wer von hier wegwollte, musste hoch hinauswollen, auf die Brücke über einer Schlucht, die zwei Gleise beheimatete, eines nach Osten und eines nach Westen. Wenn alles mit rechten Dingen zuging, sollten sich die beiden Züge einmal in der Stunde hier treffen. Da es aber selten mit rechten Dingen zuging, versäumten sie sich meistens, wie zwei Menschen, die immer den richtigen Zeitpunkt verpassen. Die Brücke ließ die Züge wie Abgesandte eines anderen Lebens wirken, wie Satelliten, die andeuteten, dass es mehr geben musste als das, was der Fall war, irgendwo da draußen, weit weg von hier. Mit dem Rollator sei er gelaufen, dieser hagere ältere Herr, dessen Äußeres sein Alter nicht recht preisgeben wollte. Das, was in seinen Papieren über ihn stand, hatte sich gelöst von ihm wie ein Pflaster nach dem Duschen.

Das Ziel der Reise kannte schließlich eine etwas aufgedrehte Stimme am anderen Ende der Leitung. Ich hatte lange gebraucht, um sie zu finden, über Ecken und weitere Ecken nur war sie auffindbar. Eine frühere Begleiterin, Gefährtin. Er war gekommen wegen Adressen, es sollte sich herausstellen, dass sie die falsche war. Nach einer Krebserkrankung hatte sie sich der Hospizbewegung angeschlossen. Er selbst, Prostatakrebs-Patient, der sich geweigert hatte, mit Ärzten Kontakt aufzunehmen, weil Ärzte, wie er sagte, nicht Heiler, sondern Scharlatane seien, alle miteinander, wie sie da waren, die ihm nicht geben konnten, was er wollte: Adressen von Sterbehelfern oder Helfern von Helfern, die helfen könnten, Hauptsache gehen, wenn es so weit sei, autonom gehen.

Mit der Hospizbewegung hat sich der Blick auf das Sterben grundlegend verändert: Erstmals war der Wille des Sterbenden und seine Würde wichtiger als der Wille von Ärzten, die nur das zwanghafte Weiterleben des Patienten als Maßnahme kannten. Seither greift die Idee vom selbstbestimmten Sterben um sich. Hospize sind der einzige Ort, an dem Sterben möglich ist, ohne die Sorge, dass durchgeknallte Apparatefetischisten das eigene Leben qualvoll in die Länge ziehen, sinn- und blutentleert, an Schläuchen und Tropfen langsam dahinsiechend in den Fängen der Einpeitscher des ewigen Weitervegetierens. «Du klingst schon wie dein Vater», meinte Nora. «Liebevolles Unterlassen», nennen Palliativmediziner ihre Begleitung in den letzten Tagen. Teams aus Sozialarbeitern, Pflegern, Krankenschwestern und Psychologen klären die letzten Fragen am Lebensende. Ihre Arbeit schränkt die paternalistische Allmacht des Arztes ein und ist damit auch eine Rebellion gegen das medizinische Establishment, das nur eines kennt: Optimierung der Technik bei gleichzeitiger monetärer Maximierung der eigenen Taschen.

Natürlich, so die Freundin, habe der Vater jeden Gedanken an ein solches Hospiz weit von sich gewiesen. Selbstbestimmtes Sterben sei unabhängiges Sterben, ohne dubiose Einflüsterer. Ich musste an Wolfgang Herrndorf denken: «Von einer Freundin gehört, dass ihr in der Ausbildung im Hospiz beigebracht wurde, das Fenster im Zimmer der Gestorbenen zu öffnen, damit die

Seele raus kann. Das hat mir gerade noch gefehlt, zu verrecken in einem Haus, das von offensichtlich Irren geleitet wird.»[55] Das hätte auch von meinem Vater sein können. Er muss gegangen sein mit einer Adresse in der Hand, der Adresse eines Arztes in der Universitätsstadt, 100 Kilometer entfernt von hier, dem Dorf im Wald. Der Arzt, der großzügig war bei der Vergabe von Morphium und von dem sie wusste, er könne hilfreich sein im Moment der Lebensmüdigkeit.

In den vergangenen 45 Jahren sind die Suizidraten weltweit um 60 % gestiegen, berichtet die Weltgesundheitsorganisation WHO. In Deutschland hatte sich die Zahl zwischen 1980 und 2007 halbiert, steigt aber seither wieder an. In allen Ländern töten sich mehr Männer als Frauen, das Verhältnis liegt etwa bei 4 : 1. Meist wählen Männer auch die härteren Methoden wie Erhängen, Erschießen oder ein Sturz in die Tiefe. Testosteron wirkt – auch zum Schluss. Die meisten Leute, die sich töten wollen, geben eindeutige Signale, nur sehr wenige tun es plötzlich oder gar spontan. Die Zahl der Suizidversuche liegt etwa 20-mal höher als die Zahl der vollzogenen Taten. Ein Großteil möchte dabei gar nicht sterben.

Der französische Soziologe Émile Durkheim unterscheidet drei Haupttypen des Suizids, die auch zusammen auftreten können: die egoistische Form, die anomische und die altruistische. Der egoistische Typ ist in erster Linie einsam, er hat sich «von der Welt losgelöst, die ihn nicht mehr bestimmen kann. Seine Leidenschaften liegen im Verzicht, er ist ganz in sich selbst gekehrt.» Das Gefühl der Sinnlosigkeit ist hier ein Hauptmotiv. Beim altruistischen Suizid sieht der Täter einen Lebenssinn, der aber nur außerhalb des eigenen, erreichbaren Lebens sein kann und damit unbekannt bleiben muss. Wer den anomischen Suizid begeht, hat sich zuvor «in der Unendlichkeit des Verlangens» verloren, wie Durkheim schreibt, «die Begierde hat kein Ziel, weil sie keine Begrenzung mehr anerkennt». Es ist der Suizid derer, die wir häufig in einer sehr oberflächlichen Annäherung als «Gestörte» bezeichnen.

Warum entscheidet sich ein Mensch für den Freitod? Darf man das sagen, Freitod, fragte Nora. Ist es nicht Schönfärberei in einer ausweglosen Situation? Selbstmord geht gar nicht, sagte ich, das ist schon darum eine vollkommen deplatzierte Bezeichnung, weil es den Lebens- und Leidensmüden in die Nähe eines Schwerverbrechers, eines Mörders, rückt und moralisch verurteilt. Aber Freitod, das klingt nach Romantik, nach dem Schlusspunkt eines erfüllten Lebens. So wie im Fall des französischen Ehepaares Georgette und Bernard Cazes, die im Jahr 2013 gefunden wurden – Hand in Hand, erstickt in Plastiktüten, in einem Pariser Hotelzimmer. Sie wollten gemeinsam aus dem Leben gehen, mit 86 Jahren, nach jahrzehntelanger Ehe, gesund und bei vollem Bewusstsein. Sie Literaturprofessorin, er Offizier der Ehrenlegion. Es war ein Tod aus freien Stücken, ein Freitod.

Wer oder was ist verantwortlich für die Zahl der Suizide, die weniger ein Freitod als eher wie ein *last exit* scheinen? Das Wetter? So banal es klingt: ja, auch. Zwar ist es ein Gerücht, dass sich die meisten Menschen ausgerechnet im dunkelsten Monat November das Leben nehmen, aber dennoch ist der meteorologische Einfluss nicht zu leugnen. Weltweit steigt die Zahl der Suizide im Spätfrühling massiv, wenn es wärmer wird und die Sonnenstunden häufiger werden. Der Grund: Menschen, die sich umbringen, sind meist depressiv, und Depressive vergleichen sich stärker mit anderen. Wird also die Stimmung im Frühling allgemein besser, sind sie es, die sich noch schlechter fühlen – eine destruktive Spirale.

In den Jahren während und nach der Finanzkrise gab es Anzeichen, dass die Suizidrate unter Londoner Bankern angestiegen war. Schwäche und Scheitern sind verpönt, Kontrolle und Funktionieren ist alles, Geld wird mit Glück gleichgesetzt. Brechen eine oder gleich mehrere dieser Konstanten weg, wirkt die eigene Lage aussichtslos.

Sogar der Klimawandel hat einen Einfluss auf die Zahl der Suizide: Im Rahmen einer Studie wollten Forscher wissen, warum sich in schweren Dürreperioden Südaustraliens bedeutend mehr Menschen das Leben nahmen. Das Ergebnis: Lange Trockenheitsphasen mit hohen Temperaturen verursachen finanziellen Stress für Farmer und kleine Gemeinden. Zinsen steigen, Preise fallen, Exporte nehmen ab.

Offenbar spielen beim Suizid auch die Gene eine Rolle: Zwillings- und Adoptionsstudien haben gezeigt, dass sich Kinder von Menschen, die sich selbst getötet haben, mit einer doppelt so hohen Wahrscheinlichkeit ebenfalls das Leben nehmen. Bei Geschwistern ist das Risiko dreimal, bei eineiigen Zwillingsgeschwistern fünfzehnmal so hoch. Kommt dagegen ein adoptiertes Kind in eine Familie, in der es Suizide gab, steigt sein Risiko nur geringfügig. Grundsätzlich gibt es aber kein Suizidgen, sagen Wissenschaftler. Nachweisbar sind lediglich Gene, die an Verhaltensweisen beteiligt sind, die ihrerseits die Gefahr eines Suizids erhöhen.

Das beantwortet noch nicht die alles entscheidende Frage: Ist der Suizid eine freie Entscheidung? Der österreichische Autor Jean Améry würde diese Frage bejahen. «Der Freitod, das Sich-selbst-Töten ist Aktivität», schreibt er. «Wer sterben muss, der ist im Zustande des Antwortens auf ein Geschick. Der Suizidant aber redet selber. Er spricht das erste Wort.»[56] Hier weht also der Wind der Aktivität. Die Mehrzahl aller Psychologen schlägt bei diesen Worten die Hände über dem Kopf zusammen und argumentiert: Ein Mensch, der keinen anderen Ausweg mehr sieht als den, sich zu töten, ist in einer so gravierenden seelischen Notlage, dass die Rede von freien Entscheidungen blanker Hohn sei.

Es muss etwa vier Monate vor seinem Tod gewesen sein, als er bei der früheren Freundin noch einmal angerufen hatte, wutentbrannt, um mitzuteilen, es funktioniere nicht. Immer wieder sei er bei dem Arzt in der Universitätsstadt gewesen, er habe das Morphium gesammelt und gehortet, um es irgendwann, wenn der Zeitpunkt gekommen sei, auf einmal zu nehmen und seinem Leben ein für alle Mal ein Ende zu setzen. Immer wieder habe er es nun versucht, aber es wollte nicht klappen. Immer wieder müsse er sich übergeben. Ziemlich genau zwei Monate später würde die Feuerwehr kommen und die Tür aufbrechen, nachdem die Nachbarn angerufen hatten wegen eminenter Geruchsbelästigungen. Irgendwann muss das Morphium seine Wirkung getan haben. Muss wohl. Den Rest regelte die Staatsanwaltschaft.

Mit keinem weiteren Arzt habe er sprechen wollen, und auch in kein Heim habe er gehen wollen, wie auch immer es aussehe, habe er bei seinem letzten Besuch festgestellt, ein für alle Mal und unwiderruflich. Alles, was mit der Endsilbe «heim» endete, löste Bilder von düsterer Hilflosigkeit aus, von Nächten, denen kein Tag mehr folgen sollte. Früher hätte es «heim ins Reich» geheißen, heute müsse man «reich ins Heim!». Das war, wie ich hörte, sein gerne wiederholter Gag, der ihn in höhnisches Lachen ausbrechen ließ, in dem dieser Reststolz aufschien, der für sich beanspruchte, mit den Mitteln des Humors auch über ausweglose Situationen hinwegkommen zu können.

Der umstrittene Verein Sterbehilfe Deutschland des früheren Hamburger Justizsenators Roger Kusch veröffentlicht jedes Jahr das Weißbuch, in dem er Auskunft gibt über seine Suizidbegleitungen. Mehr als die Hälfte aller Klienten litt nicht unter Schmerzen oder anderen schweren Krankheitssymptomen. Sie hatten einfach nur Angst vor dem, was kommen könnte: Pflege und Heim. «Besser tot als ins Heim» ist ein häufig zitierter Satz. Ich erinnere mich noch genau an das Sterben meiner Großtante im Pflegeheim. Wie sie, nicht mehr wiederzuerkennen, ohne die Züge der Güte, die so viele ältere Gesichter so liebevoll erscheinen lassen, hilflos dalag, tagelang ungewaschen, unfähig, etwas zu ändern, angewiesen auf überlastete Pfleger. Hätte sie keine Angehörigen gehabt, die sich kümmerten und aufopferten, wäre sie verloren gewesen.

Das Problem liegt im System. Je höher der Anteil rüstiger Rentner in einem Heim, desto weniger Personal darf es einstellen. Im Schnitt darf ein Pfleger fürs Haarekämmen eine Minute brauchen, für mundgerechte Zubereitung dessen, was hier Nahrung heißt, zwei Minuten und fürs Windelnwechseln nach Stuhlgang sieben Minuten. Es wirkt, als sei die Anweisung der Heimleitungen: Wer das nicht schafft, ist eben ein Waschlappen! Was dem Hotel seine Putzkolonne, ist dem Heim sein Pfleger. Schnell rein und noch schneller wieder raus. Ergebnis: Drei Viertel aller Alten bekommen zu wenig Zuwendung, mindestens ein Drittel kriegt zu wenig zu trinken, jeder dritte Bettlägrige ist wundgelegen, selten gibt es eigene Ärzte in den Einrichtungen. Sterben in einem Krankenhaus ist aber auch keine Alternative. Im Vierbettzimmer eingekesselt zwischen Neonlicht und Linoleumboden, piepsenden Geräten und Desinfektionsmittel-Gestank. Kein Wunder, dass eine Mehrheit in Umfragen für aktive Sterbehilfe votiert. In Deutschland eine komplexe Angelegenheit. Wer hier meint, alle Optionen kennen zu müssen, um dann eine optimale Entscheidung treffen zu können, muss den unbändigen Willen mitbringen, sich in eine komplexe Wissenschaft einzuarbeiten.

Verboten ist hierzulande die aktive Sterbehilfe, also einen Menschen aktiv sterben zu lassen, indem ihm eine tödliche Medikamentendosis gespritzt wird. Das wäre Tötung auf Verlangen. Erlaubt ist die indirekte Sterbehilfe, wenn also, wie beim Vater, ein Arzt ein Medikament gibt, um Schmerzen zu lindern, und damit in Kauf nimmt, dass er das Leben des Patienten verkürzt.

Ebenfalls erlaubt ist die passive Sterbehilfe, bei der künstliche Ernährung gestoppt oder andere lebensverlängernde Maßnahmen verkürzt werden.

Richtig kompliziert wird es dann bei der Beihilfe zum Suizid. Ein Arzt oder Angehöriger hilft einem Menschen, sein Leben zu beenden, indem er entsprechende Medikamente bereitstellt oder verschreibt. Der Sterbewillige muss das Medikament selbst einnehmen. Das ist nicht strafbar, weder für Ärzte noch für Angehörige. Die Ärztekammer schreibt aber vor, dass Ärzte keine Hilfe zum Suizid leisten dürfen. Diese Vorgabe des Deutschen Ärztetages, Beihilfe zum Suizid zu verbieten, haben die Landesärztekammern aber nur zum Teil übernommen. Willkommen im Irrsinn des Föderalismus: Wer am Nordrhein lebt, hat Pech gehabt, in Westfalen-Lippe ebenso, hier riskiert der Arzt seine Zulassung, wenn er doch hilft. In Bayern und Baden-Württemberg dagegen ist die Beihilfe erlaubt. Nicht nur am Lebensanfang entscheidet also die Herkunft über die Zukunft, das Gleiche gilt für das Ende.

Es hat sich eine große Koalition der Schutzbefehlenden gebildet, eine Achse des Bösen unter dem Deckmantel des Gutmeinenden: Ärztekammer, Kirchen und Politik behaupten, im Sinne des Lebens und des Menschen zu entscheiden, tun aber genau das Gegenteil. Die Ärzteschaft treibt täglich Menschen in den Tod, weil sie sich nicht einig wird. Ein Ärztetag, der sich nicht entscheiden kann, wie Menschen zu helfen ist, hat sein Existenzrecht verwirkt. Auch die Kirchen sind wie immer ganz vorne mit dabei, wenn es darum geht, unter dem Signum der Nächstenliebe die schlimmste Bigotterie in die Welt zu tragen. So schreiben die Heuchler vom Rat der Evangelischen Kirche Deutschlands zum Thema Suizidbeihilfe: «Aus christlicher Perspektive ist die Selbsttötung eines Menschen grundsätzlich abzulehnen.» So viel reaktionären Bullshit kennt man sonst nur von den Mafiosi der katholischen Kirche und ihren verlogenen Anhängseln. Gott hat das Leben gegeben, Gott nimmt das Leben, Suizid ist eine Todsünde. Wer sich umbringt, ist den Einflüsterungen des Teufels erlegen. Man hört den Exorzisten schon vor der Tür.

Die dritte Säule des Blödsinns ist verlässlich die Politik: Bundesgesundheitsminister Hermann Gröhe, der bislang nur als Deutschlandflagge-Schwenker auf der Wahlparty der CDU aufgefallen ist, hat sein verlottertes Fähnchen neuerdings in den Wind eines Verbots der organisierten Sterbehilfe in Deutschland gehängt. Es ist egal, was das Volk will, dem man zu dienen hat, solange man ein Thema hat, das hilft, von den eigentlichen Problemen abzulenken. Das Scheitern seiner Vorgänger hat dem amtierenden Minister offenbar gezeigt, dass man sich besser nicht in die Nesseln der Lobbyverflechtungen des Gesundheitswesens setzt, sondern lieber über eine Frage sinniert, mit der man sich ein paar Meriten verdienen kann, weil man am Ende eine Gewissensentscheidung ohne Fraktionszwang des Bundestags herbeiführen konnte. Ein Gewissenloser fordert Leute, die ihr Gewissen an der Tür abgegeben haben, damit das Ego durchpassen konnte, zu einer Gewissensentscheidung auf. Man könnte auch einen ausgehungerten Hai bitten, ob er vielleicht Kurzzeitveganer werden und auf den Badegast als Mittagessen verzichten möge.

Was sind die Argumente der Sterbehilfe-Gegner? Bei der Ärztekammer ist es Angst vor der Verantwortung und Geldgier unter dem Vorwand der Lebenserhaltung. Wenn die Apparate schon dastehen, müssen sie auch laufen, damit sie abgerechnet werden können. Bei den Kirchen ist es Dummheit und bei der Politik Klientelpflege. Die Konservativen in der gebeutelten Merkel-CDU sollen mal wieder gepampert werden mit einem richtig leckeren reaktionären Leichenschmaus. Alle drei benutzen das Sterben für ihre Zwecke.

Wenden wir uns also den ernstzunehmenden Stimmen in der Gegnerschaft zu.

Der Medizinethiker Giovanni Maio fürchtet, dass eine Gesellschaft, die den Suizid als nachvollziehbare Tat ansieht, auch anderes Leben leichtfertig in den Tod schicken könne. Behindertes und gebrechliches Leben, letztlich jedes Leben, das sich dem optimierten Funktionieren der Gegenwart entzieht. Wer also das Gefühl hat, anderen zur Last zu fallen, könnte sich mit der Erwartung konfrontiert sehen, sich doch bitte zur Entlastung seines Umfelds selbst aus dem Weg zu räumen. So wie das ungesunde Leben am Anfang aussortiert werden kann, wird es auch am Ende der Selektion in dienlich und nicht dienlich, nützlich und nicht nützlich, in Freund und Feind des Fortschritts eingeteilt. Die Beihilfe zum Suizid sieht er als verdeckte Tendenz zur totalen Abwertung gebrechlichen und behinderten Lebens an. Am Ende ist es nur die Angst vor der Entmachtung, vor dem Angewiesensein, dem Kontrollverlust und dem Loslassen, was da zu Unrecht in ein Pathos der Freiheit umgedeutet werde.

All das sind gewichtige Argumente, ohne Zweifel. Hinterm Rücken steht die Nazikeule schon bereit. Man hört das Wort Euthanasie schon wummern wie die Bässe vor den Türen eines Technoclubs. Sowohl Beihilfe zum Suizid durch Ärzte als auch aktive Sterbehilfe wollen das Gegenteil von wahlloser Tötung. Es geht gerade nicht um einen Sterbenszwang, gegen den Willen eines Patienten, sondern um selbstbestimmtes Sterben aus freien Stücken, der Arzt folgt dem expliziten Wunsch des Patienten nach entsprechend sorgfältiger Prüfung mehrerer voneinander unabhängiger Stellen. Wie das menschenwürdig funktionieren kann, zeigt der Blick über den Tellerrand der eigenen Landesgrenzen. Der US-Bundesstaat Oregon beschloss schon Mitte der neunziger Jahre ein Gesetz, das Beihilfe zum Suizid ermöglicht und regelt: Die Voraussetzung, damit ein Patient ein tödlich wirkendes Medikament bekommen kann, lautet: Zwei Ärzte müssen bescheinigen, dass eine unheilbare Krankheit vorliegt und dass die Lebenserwartung unter sechs Monaten liegt. Das geht nur bei einem einsichts- und urteilsfähigen, volljährigen Menschen mit ständigem Wohnsitz in Oregon. Außerdem muss der Patient das Medikament zweimal in zwei Wochen mündlich beim Arzt beantragen. Anschließend muss er das Mittel in Gegenwart eines Zeugen noch einmal schriftlich anfordern. Außerdem muss ihn ein Arzt ausführlich über alle Behandlungsalternativen aufklären. Missbrauch ist also ausgeschlossen. In acht Jahren starben 246 Menschen auf diese Weise. Besonders interessant: Ein Drittel aller Patienten, die sich ein Rezept ausstellen ließen, lösten es am Ende nicht ein. Ähnliches gilt für die Schweiz, wo es mit Exit und Dignitas zwei Sterbehilfe-Organisationen gibt. Viele Mitglieder treten den Vereinen bei, um dann selbstbestimmt(er) weiterleben zu können. Sie suchen das, was der Autor Herrndorf eine Exitstrategie nannte. In seinem Fall war es die Waffe, mit der er seinem Leben ein Ende setzen wollte. Als er sie schließlich hatte, schrieb er von einer «durchschlagend beruhigenden Wirkung, dass unklar ist, warum das nicht die Krankenkasse zahlt. Globuli ja, Bazooka nein. Schwachköpfe.»[57] Bei Herrndorf war es dann auch die Waffe, die ihn am Ende erlöste. Bei sehr vielen anderen Menschen ist wichtiger, eine sichere Option zu haben, eine andere Entscheidung treffen zu können, um sie gerade darum nicht treffen zu müssen.

In den Niederlanden ist sogar Tötung auf Verlangen möglich. Auch hier liegt die Zahl derer, die diese Option wählen, nicht höher als vor der Einführung des Gesetzes. Schwerkranke Jugendliche müssen hier mindestens zwölf Jahre alt sein, um zu entscheiden, ob sie sterben möchten. Können sie das überhaupt? Medizinethiker sprechen von einem Alter ab 14 Jahren, in dem Jugendliche die Tragweite und Bedeutung ihrer Entscheidungen verstehen können. Wer sich mit 14 die Pille besorgen kann, sich mit 16 von Heidi Klum die regelmäßige Nahrungsaufnahme verbieten lässt oder fürs Vaterland im Auslandseinsatz sterben darf, muss auch das Recht haben, über sein eigenes Leben zu bestimmen.

Insofern, sagte ich zu Nora auf dem Dorffriedhof mit dem Grab Nummer 15, gibt es keine Alternative zur Möglichkeit einer aktiven Sterbehilfe. Es gibt keinen Gott, der uns retten und die Last unserer Verantwortung nehmen könnte. An seine Stelle ist das hyperkompetente Ich getreten, von dem man höchste Selbstbestimmung erwartet, Entscheidungen und Verantwortung am laufenden Band. In jeder erdenklichen Situation geht es darum, das Leben in die eigene Hand zu nehmen, in Freiheit etwas daraus zu machen, Eigenverantwortung zu übernehmen, wie die Plappermäuler im Politschmierentheater immer rufen, aber am Lebensende kommen die Paternalisten von Ärzteschaft, Kirchen und Politkaspern und wollen uns im Handumdrehen den Hals umdrehen, uns an die Gurgel gehen und vorschreiben, was nicht vorzuschreiben ist.

Der Staat hat mir nicht vorzuschreiben, wie ich zu sterben habe, sagte ich so laut, das Nora mich bremsen musste, damit ich die Totenruhe hier nicht störte mit meinem aggressiven Gehaspel. Nicht auszudenken, was los wäre, wenn ich hier den Friedhofswärter auf den Plan rufen würde; wahrscheinlich ein Typ, bei dessen Anblick die Entscheidung schwerfiele, ob er Gräber pflegt oder selbst einem entstiegen ist. Ich bin der Souverän, fuhr ich leicht gedämpft meine Rede zur Lage der Toten fort. Der Staat ist mein Diener, auch wenn er sich oft so aufführt, als sei er mein Schulmeister. Er hat es mir nicht gegeben, dieses Leben, also hat er auch nicht darüber zu befinden, wann und wie es endet. Verbindlich ist nur das, worauf ich mich verlassen kann, und das bin ich selbst. Selbstbestimmung ist die einzig wahre Gewissensentscheidung, es gibt ein Recht auf Leben, keine Pflicht. Und das Lebensrecht ist kein Lebenszwang.

Nora blickte mich etwas genervt an und meinte, selten habe jemand sein Autoritätsproblem in blumigere Worte gekleidet. Sie sah das anders: Genau diese Selbstbestimmung über das Leben hinaus ist ihrer Meinung nach die Fortsetzung jener Optimierung, deren Opfer ich sei. «Und wie kannst du, der du aus allem ein grundsätzliches Problem machst, der du alles nur als Vorspiel einer apokalyptischen Zukunft siehst, ausgerechnet hier glauben, dass es zu keinem Dammbruch kommen wird? Ist das nicht naiv?»

Ich widersprach, weil ich meinte, dass wir hier, bei einer Entscheidung über Leben und Tod, die Sphäre des Optimalen längst verlassen haben. Alle Zuschreibungen, Einteilungen und Raster, die das Leben auf so verzweifelt-komische Art leichter machen sollen, fallen in sich zusammen wie ein Kartenhaus, wenn es um die wirklich entscheidenden Fragen geht. Im Angesicht des Endes gibt es keine optimalen Entscheidungen mehr,

Als wir ins Auto stiegen, war Nebel aufgezogen, so, wie er nur hier aufziehen kann. Bedrohlich und schwer, als würde er sich hier einrichten. Mit dem Motor sprang das Radio an. Sie spielten Glasperlenspiel. Mein linker Stinkefinger fuhr aus und beendete das Gejaule des Zitterstimmchens, noch bevor sie das Wort «perfekt» zu Ende bellen konnte. Ich schaute nach rechts zu der hohen Brücke. Hinter den dichten Nebelschwaden sah es so aus, als würden sich die entgegenkommenden Züge am Ende der Brücke für einen kurzen Moment berühren. Dann trat Nora aufs Gas, und die Brücke verschwand im Nebel.

REUETEST

Hätte, hätte Reuekette

Machen Sie mit beim ultimativen Reuetest. Sie sind oft unzufrieden mit Ihren Entscheidungen? Das zieht Sie runter? Vielleicht ist alles nur halb so schlimm. Schreiben Sie hinter diese Fragen eine Zahl von 1 (trifft gar nicht auf mich zu) bis 7 (trifft voll auf mich zu). Dann zählen Sie die Punkte zusammen. Je höher die Punktzahl, desto stärker bedauern Sie, was Sie nicht mehr ändern können.

Hätte 1 Nach jeder Entscheidung, die ich getroffen habe, frage ich mich, was passiert wäre, wenn ich mich anders entschieden hätte. *Punktzahl:*

Hätte 2 Wenn ich eine Entscheidung treffe, versuche ich hinterher herauszufinden, zu welchem Ergebnis die anderen Alternativen geführt hätten. *Punktzahl:*

Hätte 3 Selbst eine gute Entscheidung empfinde ich als Misserfolg, wenn sich herausstellt, dass eine andere Möglichkeit besser gewesen wäre. *Punktzahl:*

Hätte 4 Wenn ich über mein Leben nachdenke, kommen mir oft verpasste Chancen in den Sinn. *Punktzahl:*

Hätte 5 Wenn ich mich einmal entschieden habe, hinterfrage ich diese Entscheidung nicht und blicke nicht mehr zurück. *Punktzahl:*

AUSWERTUNG

Gesamtpunktzahl:

 5-15 Punkte

 16-26 Punkte

 27-35 Punkte

150 MILLISEKUNDEN ODER VON DEN CHANCEN DER GELASSENEN ENTSCHEIDUNG

Was tun, Herr Schroeder? Was tun nach so vielen Seiten über Entscheidungen? Gibt es nun die eine, gute Entscheidung? Das wäre schön, aber so einfach ist es dann leider doch nicht. Aber vielleicht gibt es ja einen Weg zu besseren, gelasseneren Entscheidungen? Ich bin selbst überrascht von mir, während ich das hier hinschreibe. Vielleicht muss ich aber genau das tun, was mir am schwersten fällt: ein Gelassener werden.

Was ist das, Gelassenheit, wie könnten gelassene Entscheidungen aussehen und warum sind sie seit einigen Jahren so angesagt? Heißt gelassen sein wirklich nur, sich mit Entscheidungen zufriedenzugeben, die «gut genug» sind? Hat Gelassenheit doch diesen etwas großväterlichen Geschmack im Abgang, von Kaugummigedanken in der Hängematte des Lebens. Muss sie nicht jeder halbwegs ernstzunehmende Stürmer und Dränger U60 als Seniorenolympia der Gleichgültigkeit verteufeln?

Wahrscheinlich schließt sich der Kreis erst dann, wenn ich den Mann befrage, der mir am Anfang des Buches, verloren zwischen Haarshampoos und Notebooks, schon einmal den Weg gewiesen hat: Barry Schwartz. Von ihm habe ich gelernt, dass Routinen gut sind. Habe ich ein Shampoo, ein Deo, ein Restaurant oder einen Job gefunden, mit dem ich zufrieden bin, kann ich die Suche nach Alternativen einstellen und mich daran erfreuen, meinen Platz gefunden zu haben. Ich habe das ausprobiert und festgestellt, dass Nora mich seitdem immer häufiger versucht, zu überreden, doch mal dieses Rasierwasser oder jene Bodylotion auszuprobieren. Immer häufiger lehne ich ab, weil ich ja habe, was ich brauche, und so nur auf Abwege der Verbissenheit geraten könnte.

Daneben habe ich mir vorgenommen, meine eigenen Erwartungen zu bremsen. Wenn Unzufriedenheit, dann eher wegen überspannter Anstrengung, also Optimierungsablagerungen, die sich in meine Entscheidungen hinterrücks einschleichen, einfach aus Gewohnheit. Auch das habe ich neulich, wie ich meine, erfolgreich ausprobiert. Ich war mit Nora in einem sehr durchschnittlichen, netten Restaurant. Ich hatte es im Vorbeilaufen gesehen, und es war mir in seiner Unauffälligkeit irgendwie sympathisch. Ich wusste, es würde «echt» sein. Wir erlebten dann einen ganz wundervollen Abend, schöner als alle meine Besonderheitsversuche der letzten Jahre zusammen. Selbst das Vergleichen gewöhne ich mir gerade ab. Ich gestatte mir selbst genau drei Tests, die ich ganz lese, bevor ich etwas kaufe. Dann schalte ich den Laptop aus und frage Freunde, Bekannte oder sonst wen, denen ich vertraue. Das Wichtigste auf dem Weg zur entspannten Entscheidung: Weg mit dem Satz «Hätte, hätte, Fahrradkette». Nie wieder Reue! Den Fokus auf das lenken, was ich erreicht habe, und nicht auf das, was in einer anderen, besseren, idealeren Welt, die es aber für mich gerade nicht gibt, vielleicht möglich gewesen wäre. Immer häufiger folge ich auch meiner Lieblingsband Tocotronic, die vor ein paar Jahren einen sehr schönen Song gemacht hat, dessen Adressat ich sein könnte: «Mach es nicht selbst.» Andere für mich entscheiden lassen, wenn ich gar nicht mehr weiterweiß. So wie im Fall meines verzweifelten Notebook-Kaufes. Im Zweifel kann es besser sein, einen Freund zu fragen, dem man Kompetenz zutraut, als sich dem Irrsinn der Optionen hinzugeben.

Die Kunst der Entscheidung bestünde dann darin, unterscheiden zu lernen, wo es am Platze ist, etwas zuzulassen, und wo es besser ist, selbst zu bestimmen.

Oder ist am Ende doch alles für die Katz? Schließlich behauptet die Hirnforschung seit Jahren steif und fest, dass wir fast nichts selbst entscheiden. Wagen wir also einen Blick in die Zukunft: Wir leben im Jahr 2030 oder 2040, Psychologie und Psychiatrie haben ausgedient, mindestens als ernstzunehmende Wissenschaften, die dem Menschen den Menschen näherbringen können. Sie sind noch eine Wellness-Resterampe mit integriertem Seelenbalsam für die Alltagsgestressten und anderweitig Dauergeplagten, die mal eine Expedition ins Tierreich des eigenen Innenlebens machen wollen. Ernst genommen werden einzig die Wissenschaften, welche die Vorsilbe «Neuro» vor sich hertragen. Der Hirnscan hat all die alten Kategorien von freien Entscheidungen, Verantwortung, Schuld und Sühne obsolet werden lassen. Mehr als 2000 Jahre Denkgeschichte sind am Ende, im Abendland ist endgültig die Sonne untergegangen, der Letzte macht die Energiesparlampe aus. Das Gehirn sagt, was getan werden muss, und der Zellklumpen darunter führt aus, was der Kopfnicker oben soeben befohlen hat. Veränderung quasi ausgeschlossen. An dieser Stelle ist das Raunen, Ächzen und Stöhnen der alten Garde der Geistes- und Sozialwissenschaftler schon deutlich hörbar. Renommierte Psychologen und Philosophen reagieren entsetzt auf diese Thesen. Ob ein Mensch schizophren ist oder andere psychotische Auffälligkeiten zeigt, ist auf keinem Hirnscan dieser Welt zu erkennen. Vollkommene Psychopathen, die nach der Vermessung ihres Hirns garantiert Verbrecher hätten werden müssen, sind es nicht geworden, weil sie Glück, Geld, eine gute Familie oder ein ähnlich intaktes soziales Umfeld hatten. Sie werden vielleicht Politiker, Banker oder Manager.

Sie sind jetzt eben nicht im organisierten, sondern im unorganisierten Verbrechen tätig. Angefangen hat alles mit dem Experiment eines berühmten US-Hirnforschers. Benjamin Libet wollte wissen, wie viel Zeit zwischen einer bewussten Entscheidung, wie dem Heben des rechten Arms, und ihrer tatsächlichen Ausführung vergeht. Elektroden zeichneten auf, wann sich der Arm anspannte. Im Schnitt war das Gehirn der Teilnehmer fast eine halbe Sekunde lang tätig, bevor sie realisierten, dass sie ihr Handgelenk bewegen wollten. Ist also am Ende dieses Buches alles umsonst? Habe ich nun Zeile für Zeile in die Tasten gehackt, um Ihnen, verehrter Leser, am Schluss die Zunge rauszustrecken und mitzuteilen, dass das ganze Unterfangen nur ein großspuriger Gag war, weil wir in Wahrheit gar nichts entscheiden? Sie haben sich nicht entschieden, dass Sie dieses Buch lesen wollten, und ich nicht, es zu schreiben? Es haben uns also einfach nur unsere Synapsen dafür gesorgt, dass wir ein paar Nächte zusammen eingeschlafen sind? Ich kann Sie beruhigen. Libet selbst war der Auffassung, dass mit seinem Experiment keineswegs die Unfreiheit des Menschen bewiesen sei. Unsere Entscheidungen werden zwar vom Gehirn vorbereitet, unserem Bewusstsein bleibt aber ein Zeitfenster von 150 Millisekunden, das ausreicht, um eine Entscheidung doch noch zu verhindern. Ich meine, der Siegeszug der Hirnforschung ist auch eine Reaktion auf die Überbetonung der Freiheit, auf die Überforderung durch die Autonomie in einer Zeit der scheinbar endlosen Möglichkeiten. Sie bietet eine Atempause, in der für uns entschieden wurde, und zwar von uns, ohne dass wir es bemerkt haben. Das Karussell des Schnellerbessergrößerweiter steht einfach einmal still. Keine Verantwortung, keine Schuld, kein Scheitern. Feuerpause an der Optimierungsfront. Wenn Absturz, dann unschuldig. Wenn Scheitern, dann ohne eigenes Zutun.

Vielleicht gibt es aber auch eine Möglichkeit, den Zwang zum autonomen aktiven Entscheiden zu brechen, ohne gleich den Apologeten der Determination das Wort zu reden. Vielleicht können wir entscheiden, ohne es optimal tun zu müssen. Das würde bedeuten, dass Fehler erlaubt und notwendig sind. Entspannt wählen. Vielleicht geht es im nächsten Schritt weniger darum, aus falschen Entscheidungen hektisch zu lernen, als vielmehr sich selbst durch Erfahrungen des Scheiterns besser kennenzulernen. Das Scheitern wäre dann ein Anlass, sich mit sich selbst zu beschäftigen. Wenn Fehler und Scheitern eine Chance ist, dann deshalb, weil man eben gerade nicht schnell aus ihnen lernen kann, sondern weil sie zur Auseinandersetzung mit sich selbst zwingen. Aber wie könnte diese Auseinandersetzung aussehen?

Vielleicht wäre ein erster Schritt, nicht an Zielen festzuhalten, die nicht zu erreichen sind. Die versunkenen Kosten nicht bestimmend werden zu lassen. Die Nachbarn im Haus sind die Hölle, die Wohnung ist nicht mehr die schönste, aber man hat so viel reingesteckt, die Beziehung hat sich eigentlich auch erledigt, das Auto bricht auf den nächsten Kilometern zusammen, aber man ändert nichts, man hält am Falschen fest, weil man ja schon so viel investiert hat. «Dieses Denken orientiert sich an der Vergangenheit, nicht an der Zukunft», diagnostiziert Barry Schwartz.[58] Wenn es darauf ankommt, hat die gesamte westliche Zivilisation keine Kultur des Scheiterns. Der Mut, zu sagen, wir haben uns getäuscht, der erhoffte Erfolg hat sich nicht eingestellt und wird sich nicht einstellen, darum ziehen wir ab oder aus oder uns wenigstens zurück, fehlt, weil er nicht belohnt, sondern bestraft wird. Wir fühlen uns unseren Zielen verpflichtet; ein Scheitern einzugestehen hieße, einzugestehen, dass wir eine falsche Entscheidung getroffen haben.

Im Silicon Valley hat sich seit einiger Zeit eine neue Spezies herausgebildet, die wild ihr Unwesen treibt, die Fail-forward-

Philosophen. Hier, wo das Scheitern angeblich zum Tagesgeschäft gehört wie die Morgenvisite im Krankenhaus, veranstalten sie Scheiterkonferenzen, auf denen erfolgreiche Musterschüler der Fehlerindustrie ihren Erfolg preisen und das Scheitern in seinen Dienst stellen. Sie suggerieren, nur erfolgreich zu sein, weil sie einmal gescheitert sind. Das Scheitern wird also herabgestuft zum Mittel zum Zweck und aus der Welt geschafft. Echtes Leid und wirklicher Schmerz kommen nicht einmal in die Nähe eines Mikrophons. Das ist dann wohl optimiertes Scheitern, der vielleicht schlimmste Versuch der Optimierungsindustrie. Noch während ich ermattet drin liege, soll ich das Hamsterrad aus eigener Kraft wieder in Bewegung setzen.

Die Voraussetzung, um unkonventionelle Wege einschlagen zu können, ist Mut, die vielleicht entscheidende Fähigkeit dieser Tage und zugleich die am meisten vernachlässigte. Mut ist, nach Aristoteles, die Mitte zwischen Feigheit und Leichtsinn. Mut ist also irgendwas zwischen Trinkkuren mit Fachinger-Heilwasser und Koma-Saufen mit Rasierwasser. «Der Mutige ist unerschrocken. Er wird auch solche über menschliche Kraft hinausgehende Dinge fürchten, diese jedoch so, wie man soll.»[59] Mut und Furcht sind also Zwillinge des täglichen Lebens.

In einer Zeit, die gefangen ist in einem Teufelskreis aus Angst und Optimierung, droht die Feigheit zum einzigen Ausweg zu werden. Feige ist, wer sich übermäßig fürchtet, insbesondere vor dem, was ihn nicht umbringen wird. Dem Feigen mangelt es an Zuversicht, weil er vor allem zurückschreckt, sagt Aristoteles. Das Leben der Zukunft kann nur ein gelassenes, mutiges Leben sein, das bereit ist zum täglichen Versuch und stündlichen Irrtum. Es ist das Gegenteil des entmündigenden G8-Bachelor-Trial-and-error-du-hast-einen-Schuss-frei-Prinzips, das die Gegenwart in den Schwitzkasten genommen hat und in dem es nur die eine Chance, die eine optimale Entscheidung gibt. Immer wieder mutig entscheiden, weder perfekt noch optimal, sondern einfach entscheiden; sich einlassen auf den gewählten Weg und zugleich den möglichen Neustart zulassen können, das wäre eine Kunst der Entscheidung, die den scheinbar unendlichen Optionen der Gegenwart auf der Höhe der Herausforderungen die Stirn bieten könnte, ohne sich von ihnen beherrschen zu lassen. Oder, wie es Samuel Beckett einmal beschrieben hat: «Immer das gleiche. Nie etwas anderes. Immer versucht. Immer gescheitert. Macht nichts. Wieder versuchen. Wieder scheitern. Besser scheitern.»[60]

Und wenn Sie jetzt sagen: Kann der denn nicht einmal, wenigstens auf der letzten Seite, diese Zitiererei bleibenlassen? Dann sage ich: Nein. Aber ich übersetze das Zitierte gern noch einmal ins Lebensweltliche, wie die etwas weltfremden Großgeister sagen. «Besser scheitern» heißt auch: Nur wer scheitert, kann gescheiter werden. Und wenn Sie sich für sehr gescheit halten, was Sie ohne Zweifel sind, sonst hätten Sie nicht bis hierhin durchgehalten, gilt der Satz für Sie selbstverständlich auch umgekehrt: Auch Gescheite müssen gescheitert sein, um Gescheite bleiben zu können. Gescheit wiederum kommt von scheiden. Sich scheiden lassen ist zwar meist kein Akt der Gelassenheit. Aber scheiden können, heißt unter-scheiden können. Und nur wer unterscheiden kann, kann auch entscheiden. Am Ende ist die Entscheidung also nichts anderes als eine Wiederverheiratung. Indem ich dem Jein entfliehe und ja oder nein sage, kommt zusammen, was zusammengehört. War das ein Zitat? Ich glaube nicht.

ANMERKUNGEN

1 I. Kant, Beantwortung der Frage: Was ist Aufklärung?, A 481, Werkausgabe, Bd. 11, Frankfurt am Main 1974

2 I. Kant, Grundlegung zur Metaphysik der Sitten, BA 87, Werkausgabe, Bd. 7, Frankfurt am Main 1974

3 B. Ch. Han, Topologie der Gewalt, Berlin 2011, S. 38

4 I. Kant, Metaphysik der Sitten, A 98, Werkausgabe, Bd. 8, Frankfurt am Main 1974

5 F. Nietzsche, Die Fröhliche Wissenschaft, KSA Bd. 3, München 1999, S. 481

6 zit. nach P. Gross, Die Multioptionsgesellschaft, Frankfurt am Main 1994, S. 231

7 M. Frisch, Mein Name sei Gantenbein, Frankfurt am Main 1975, S. 45

8 G. W. F. Hegel, Grundlinien einer Philosophie des Rechts, Werkausgabe, Bd. 7, Frankfurt am Main, § 163 Z, S. 315

9 G. W. F. Hegel, Phänomenologie des Geistes, Werke, Bd. 3, Frankfurt am Main 1986, S. 24

10 G. Gigerenzer, Risiko, 2013, S. 150 ff.

11 N. Novemsky und D. Kahneman, The Boundaries of Loss Aversion, Journal of Marketing Research 42 (2005), S. 119–128, hier zit. nach D. Kahneman, Schnelles Denken, langsames Denken, S. 349

12 Aristoteles, Politik, 1260a, in: ders., Philosophische Schriften in sechs Bänden, Band 4, Hamburg 1995

13 Aristoteles, Politik, 1259a

14 I. Kant, Beobachtungen über das Gefühl des Schönen und Erhabenen, A 50, A 53, in: Vorkritische Schriften bis 1768 2, Werkausgabe Bd. 2, Frankfurt am Main 1968

15 A. Schopenhauer, Parerga und Paralipomena II, §§ 369, 371, in: A. S., Sämtliche Werke, Band 5, II, Frankfurt am Main 1986

16 O. Weininger, Geschlecht und Charakter, München 1980, S. 114 ff.

17 I. Kant, Anthropologie in pragmatischer Hinsicht, A 292, in: Schriften zur Anthropologie, Geschichtsphilosophie, Politik und Pädagogik 2, Werkausgabe, Band 12, Frankfurt am Main 1968

18 H. Hesse, Der Steppenwolf, Frankfurt am Main 1973, S. 69

19 G. Gigerenzer, Risiko, 2013, S. 157

20 Th. W. Adorno, Minima Moralia, Frankfurt am Main 1997, S. 253

21 G. Gigerenzer, Risiko, 2013, S. 56

22 N. N. Taleb, Antifragilität, München 2013, S. 525

23 vgl. Die Zeit, Nr. 19/2013, S. 13 ff.

24 Spiegel-Interview mit Jerome Kerviel, Nr. 46/2010, S. 99 f.

25 vgl. C. v. Braun, «Der Preis des Geldes», Berlin 2012, S. 73

26 J. Hörisch, Bedeutsamkeit, Über den Zusammenhang von Zeit, Sinn und Medien, München 2009, S. 298

27 F. Fukuyama, Das Ende der Geschichte, München 1992, S. 435

28 zit. nach C. Péguy, Argent, in: Boltanski/Chiapello, Der neue Geist des Kapitalismus, Konstanz 2003, S. 19

29 W. B. Yeats, Das Zweite Kommen, in: W. B. Y., Die Gedichte: Neu übersetzt von Marcel Beyer, Mirko Bonné, Gerhard Falkner, Norbert Hummelt, Christa Schuenke, Berlin 2005

30 M. Heidegger, Reden und andere Zeugnisse seines Lebensweges, 1910–1976, in: Gesamtausgabe, Bd. 16, S. 587

31 Der Begriff stammt von M. Meyers, Happy Accidents: Serendipity in Modern Medical Breakthroughs, New York 2007

32 zit. nach C. von Braun, 2012, S. 365

33 G. W. F. Hegel, Wissenschaft der Logik, in: Werke, Bd 5, S. 40

34 J.-J. Rousseau, Emile oder Über die Erziehung, Stuttgart 2009, S. 243

35 D. Brooks, Das soziale Tier, München 2011, S. 103

36 M. de Montaigne, Essais, I, 21, Frankfurt am Main 2002, S. 234

37 F. Schiller, Über die ästhetische Erziehung des Menschen in einer Reihe von Briefen, Stuttgart 2000, S. 61

38 F. Nietzsche, Also sprach Zarathustra, in: KSA, Bd. 4, S. 189

39 F. Nietzsche, Menschliches, Allzumenschliches, KSA, Bd. 2, S. 149

40 A. Bernard, Kinder machen. Neue Reproduktionstechnologien und die Ordnung der Familie, Frankfurt am Main 2014, S. 442 f.

41 F. Nietzsche, Jenseits von Gut und Böse, KSA, Bd. 5, S. 90

42 S. Žižek, Das «unendliche Urteil» der Demokratie, in: Agamben u. a., Demokratie? Eine Debatte, Frankfurt am Main 2012, S. 116

43 G. W. F. Hegel, Grundlinien einer Philosophie des Rechts,

Werkausgabe, Bd. 7, Frankfurt am Main 1986, S. 11

44 N. Minkmar, Der Zirkus. Ein Jahr im Innersten der Politik, Frankfurt am Main 2013, S. 47

45 S. Žižek, Vom geistigen Tierreich, in: Lettre International 100, Berlin 2013, S. 70

46 W. Benjamin, Erfahrung und Armut, in: Gesammelte Schriften, Bd. II, 1, Frankfurt am Main 1980, S. 217

47 W. Benjamin, Der Surrealismus, a. a. O., S. 298

48 zit. nach S. Žižek, Lettre International 100, Berlin 2014, S. 69 f.

49 S. Freud, Massenpsychologie und Ich-Analyse, in: Studienausgabe, Bd. IX, Frankfurt am Main 2003, S. 122

50 I. Kant, Kritik der Urteilskraft, Frankfurt am Main 1974, B 74, 75

51 G. Gigerenzer, Risiko, 2013, S. 282–286

52 F. Nietzsche, Also sprach Zarathustra, KSA, Bd. 4, S. 20

53 I. Bachmann, Tage in Weiß, in: ders., Sämtliche Gedichte, München 2003

54 J. P. Sartre, Die Wörter, Reinbek 1981, S. 13

55 W. Herrndorf, Arbeit und Struktur, Berlin 2013, S. 406

56 J. Améry, Hand an sich legen. Diskurs über den Freitod, Stuttgart 1976, S. 24

57 W. Herrndorf, Arbeit und Struktur, Berlin 2013, S. 79

58 B. Schwartz, Anleitung zur Unzufriedenheit, Berlin 2006, S. 181

59 Aristoteles, Nikomachische Ethik, in: Philosophische Schriften in sechs Bänden, Band 3, Hamburg 1995, 1115b, S. 60

60 S. Beckett, Worstward ho. Aufs Schlimmste zu, Frankfurt am Main 2002, S. 4

LEKTÜRETIPPS

Für alle, die Lust haben, ins Thema
Entscheidungen noch tiefer vorzudringen.

In der Entscheidungsforschung gibt es zwei, scheinbar unvereinbare Positionen, die aber gar nicht so weit auseinanderliegen: Die Befürworter der Bauchentscheidungen, für die das Glas stets halbvoll ist. Hier sei zunächst der Psychologe Gerd Gigerenzer mit seinen sehr lesenswerten Bestsellern *Bauchentscheidungen* (Goldmann Verlag, München, 2008) und *Risiko: Wie man die richtigen Entscheidungen trifft* (C. Bertelsmann Verlag, München 2013) genannt.

Und die skeptischen Rationalisten, deren Glas tendenziell eher halb leer ist, vertritt vor allem der Wirtschaftsnobelpreisträger Daniel Kahneman. Sein Buch *Schnelles Denken, Langsames Denken* (Siedler Verlag, München 2012) ist ein großartiger Einstieg in die Entscheidungsforschung. In Kahnemans Tradition stehen auch Richard Thaler und Cass Sunstein mit ihrem Buch *Nudge: Wie man kluge Entscheidungen anstößt* (Ullstein Verlag, Berlin 2010).

Der All-Time-Klassiker ist Barry Schwartz' *Anleitung zur Unzufriedenheit* (Ullstein Verlag, Berlin 2006). Sehr spannend ist auch der Verhaltensökonom Dan Ariely mit *Denken hilft zwar, nützt aber nichts* (Knaur Verlag, München 2010). Wer sich eher philosophisch mit dem Thema Entscheidungen beschäftigen möchte, dem sei Nassim Nicholas Taleb empfohlen, insbesondere *Der Schwarze Schwan* (Hanser Verlag, München 2008) und *Antifragilität* (Knaus Verlag, München 2013).

Viel Spaß beim Weiterlesen!